中国工业产能过剩的多元化
形成机理、经济效应及其破解对策研究

韩国高　著

国家社会科学基金一般项目（项目批准号：18BJL050）
国家自然科学基金青年项目（项目批准号：71403043）
教育部人文社会科学一般青年项目（项目批准号：13YJC790036）　　　　资助
中国博士后科学基金特别资助项目（项目批准号：2014T70259）
中国博士后科学基金一等资助项目（项目批准号：2013M540230）
辽宁省社科规划基金项目（项目批准号：L18AJL003）

科 学 出 版 社

北　京

内 容 简 介

本书在国内外产能过剩相关理论的基础上，结合我国工业产能过剩的发展历史和治理对策情况，以计量经济学方法作为研究工具，分别从宏观角度和微观角度全方位实证解读我国工业产能过剩的多元化形成机理，并对其宏观经济效应进行系统论证，根据研究结果本书给出产能过剩的化解对策及其经济效应。本书对产能过剩的研究内容更加全面细致，理论研究与实证研究相结合，多角度系统化地全面审视产能过剩问题。

本书可供从事宏观经济分析与工业产能过剩的专业人员，高等学校相关专业的高年级本科生、研究生和教师，国家各级政府部门的分析与决策人员，银行等金融机构的相关决策人员，工业企业的经营管理层，宏观经济和行业经济的研究人员及对工业产能过剩有兴趣的研究人员阅读和参考。

图书在版编目（CIP）数据

中国工业产能过剩的多元化形成机理、经济效应及其破解对策研究 / 韩国高著. —北京：科学出版社，2019.11

ISBN 978-7-03-059768-7

Ⅰ. ①中…　Ⅱ. ①韩…　Ⅲ. ①工业产品－生产过剩－研究－中国
Ⅳ. ①F424

中国版本图书馆 CIP 数据核字（2018）第 277146 号

责任编辑：郝　悦 / 责任校对：杨赛
责任印制：吴兆东 / 封面设计：正典设计

科学出版社 出版
北京东黄城根北街 16 号
邮政编码：100717
http://www.sciencep.com

北京虎彩文化传播有限公司 印刷
科学出版社发行　各地新华书店经销
*
2019 年 11 月第 一 版　开本：720 × 1000　B5
2020 年 1 月第二次印刷　印张：14 3/4
字数：290 000

定价：118.00 元
（如有印装质量问题，我社负责调换）

前　言

　　我国产能过剩问题由来已久，进入 21 世纪以来，大量固定资产投资建成投产、产能集中释放使得产能过剩问题得到了专家学者的高度关注，特别是 2003 年以来我国进入新一轮经济增长时期，国民经济快速发展，固定资产投资高速增长及对外贸易增速持续攀高等使得国内诸多制造业行业的需求旺盛和利润丰厚，进而诱发钢铁、水泥、有色等重化工业投资过热，产能扩张速度远超过了需求扩张速度，投资增长与消费增长严重失衡，抑制产能过剩更是成为这一阶段国家宏观调控的重要内容，国家采取严格的项目审批、供地审批、贷款核准和强化市场准入与环保要求、清理违规项目等措施控制投资过快增长，实行差别电价、土地管理、淘汰落后产能和节能减排等结构调整手段来遏制高耗能行业盲目扩张。然而，这些政策和措施在地方政府的作用下收效甚微，重复建设和产能过剩问题仍然屡禁不止，并且这一阶段国际市场旺盛的需求为过剩产能提供了宽阔的消化渠道，过剩行业生产的大量产品被旺盛的出口需求和国内强劲的房地产投资需求吸纳，产能过剩问题被暂时缓解，产能泡沫并未破裂。

　　随着 2008 年全球性金融危机和欧洲主权债务危机的相继爆发，发达国家经济衰退导致其财富缩水，国际市场需求持续疲软，国际市场对中国商品需求增速的下降使得我国诸多出口导向型制造业行业出口订单大幅下滑，特别是"两头在外"的产业产能过剩矛盾尤其突出，我国大批以出口加工贸易为主体的中小企业处于生产萎缩、利润下降的状态，为中小企业提供能源、矿产等上游产品的国有企业也难以避过产能过剩的困境，处于利润下降的状态。国外需求的持续萎缩导致我国制造业产品出口增速出现大幅下滑，这些以外贸为主的企业开始转战国内市场，但是由于国内经济形势同样不景气及缺乏国内市场经营经验和配套资金，很难打开国内市场销售渠道，外向型经济主导下的产能过剩问题严重。面对国内错综复杂的经济形势，居民预防性动机加强，在国家一系列扩大居民消费支出政策作用下，居民消费支出甚至出现下降。很多国内企业面对复杂的国内外经济形势也难以判断未来的发展态势，静观其变，减少了部分企业投资，降低了对基础原材料行业的消费需求。国内居民消费支出和企业投资下降导致了整个制造业生产的萎缩和设备闲置，大多数行业产能利用率下降，产品供过于求，经济结构矛盾越来越突出。为了应对金融危机的冲击，国家出台了一揽子计划,其在抵御经济危机冲击等方面起到了立竿见影的作用,刺激了钢铁、水泥等基础原材料行业的需求,在一定程度上释放了相关行业的过剩产能,但也带来了过度开发和重复建设等问题,再次掀起投资热潮,增加了未来化解产能过剩的压力。库存高企已经成为折射我国产能过剩的一面镜子,"去库存化"是经济周期的收缩性调整行为,也是缓解需求不足和产能过剩矛盾的有效途径,我国很多工业行业面临着巨大的产能消化压力,尤其是出口形势急剧恶化、国外需求萎缩及国内市场持续低迷造成产品滞销、库存积压现象凸显,企业形成巨大的库存风险,背上沉重的亏损包袱,为了降低损失,企业需要快速削减过高的库存水平,剧烈的库存调整对我国经济运行也造成了较大冲击。

我国当前正进入经济转型升级阶段,面临着内需与外需不振、大量产能无法消化的局面,产能过剩问题凸显,严重阻碍了国内产业结构调整和经济良性发展,在中央经济工作会议中多次将化解产能过剩、调整产业结构作为工作重点,消化库存只是刚性需求的反映,在短期库存调整结束之后,企业一般只能维持较低水平的生产,因此,我们不能高估"去库存化"过程对经济复苏的正面影响。长期来看还需要从供给端来化解产能过剩,迫切需要政府完善产业的出清和重组机制,进入产能收缩阶段,供给侧去产能成为目前解决产能过剩问题的主要手段。去产能是压缩存量的过程,短期内将会导致我国出现投资水平下降、部分行业萎缩、结构性失业增加、银行呆坏账等不良贷款规模大幅增加及经济增速趋缓等风险。但从全局和长远来看,去产能能够遏制矛盾进一步加剧,是影响经济全面回升的关键因素,对加快产业结构调整,促进产业转型升级,提高投资效率和资源配置效率,防范系统性金融风险及促进经济复苏和持续稳定增长具有重要作用。

正是基于上述背景,本书在收集和阅读国内外与产能过剩研究相关的大量文献基础上,运用定性和定量分析相结合的方法,从国内政策调整、经济体制扭曲及国外需求萎缩等角度对我国当前产能过剩的形成机理进行研究,并分析了产能约束作用下内部需求和外部需求之间的关系,探讨了与产能过剩密切相关的产成品库存投资的经济周期性特征,考察了当前复杂经济形势下经济政策不确定性、生产成本不确定性及需求不确定性等如何影响微观企业投资需求,为促进实体经济投资需求增加提供决策性参考。鉴于从供给侧去产能是当前化解产能过剩的重要手段,本书还对我国工业产能过剩的形势及去产能进展缓慢的困境进行分析,深入探究去产能所带来的短期经济风险和长期经济效果,试图为我国政府部门加快去产能进程及容忍和应对短期内所出现的经济下滑提供理论性参考。本书是笔者主持的国家社会科学基金一般项目"高质量发展阶段我国供给体系产能优化的路径研究"(项目批准号:18BJL050)、国家自然科学基金青年项目"产能波动与库存调整的经济效应：一般均衡分析与非线性传导"（项目批准号：71403043）及教育部人文社会科学一般青年项目"外部冲击、结构失衡与我国制造业产能过剩问题：形成、影响及对策研究"（项目批准号：13YJC790036）的主要研究成果，并且是在笔者的博士后流动站出站研究报告《我国工业产能过剩形成机理及去产能的经济效应研究》的基础上进一步充实和完善后整理成册的。本书共分五篇15章进行论述，具体内容如下。

第一篇为总论，包括第1章和第2章。第1章主要梳理了我国工业产能过剩及其治理对策的发展历程，介绍了20世纪90年代以来工业产能过剩形成的发展脉络及我国政府在全球性金融危机前后应对产能过剩所出台的各类举措及其效果。第2章主要对国内外有关产能过剩的经济理论进行梳理和总结，为本书其他章节相关研究奠定理论基础。

第二篇主要是从宏观角度对我国工业产能过剩的形成机理进行研究，包括第3～第7章。第3章主要运用2002～2014年我国30个省区市的面板数据，研究了要素价格扭曲对我国工业产能过剩的影响并对其传导机制进行检验，考察了要素价格扭曲对产能过剩的异质性影响。第4章是对第3章的进一步延伸，环境成本也是一种价格扭曲，考察环境规制如何影响制造业产能利用率实际上是在探讨环境价格扭曲如何形成了产能过剩问题。这一章主要运用我国制造业行业数据研究了环境规制对产能利用率的影响及传导机制，并深入研究了环境规制对产能利用率在不同产权性质、企业规模和污染强度下的异质性影响及其传导机制。第5章主要以中央扶持政策较多的战略性新兴产业为例，运用博弈论当中的囚徒困境来解释两个地方政府在响应中央政府产业扶持政策过程中的决策行为。进一步采用集体博弈做法，将两个地方政府的决策推广到多个地方政府在响应中央产业扶持政策过程中的决策行为。第6章主要是在对我国2001～2015年30个省区市（不包括西藏、香港、澳门和台湾）的工业产能利用率进行测度的基础上，运用动态面板数据模型实证考察了以直接税与间接税比重来衡量的税制结构对工业产能利用率的影响，并针对产能严重过剩地区和产能相对不过剩地区进行了税制结构异质性影响分析。第7章主要是考虑到外部市场需求在消化国内日益严重的过剩产能过程中意义重大，其是国内体制性产能过剩和结构性产能过剩得以长期存在未引发经济下滑的重要原因。运用向量自回归模型中的脉冲响应分析和方差分解方法重点探究了外部需求冲击对我国工业产能利用水平波动的效应。

第三篇主要从微观经济主体角度考察了企业投资需求不足也是产能过剩形成的重要原因，包括第8～第10章。第8章基于Rodrik（1991）所提出的政策不确定性条件下进行投资决策的理论模型，利用我国制造业上市公司面板数据模型深入研究了政策不确定性对企业投资需求的影响，从微观层面解析了当前国内投资需求不足和产能难以消化的原因。第 9 章主要是基于 2003 年 1 季度至 2014 年 1 季度我国制造业上市公司数据,利用面板数据模型的工具变量——广义矩估计方法,从销售收入增长率和资本存量误差修正项两个方面考察了能源价格不确定性对企业投资的影响,并且通过计算弹性对不同能耗强度行业的企业投资状况进行比较,探究生产成本不确定性对微观投资需求的影响情况。第 10 章主要利用工具变量——广义矩估计方法考察了需求不确定性与投资者信心对制造业企业库存投资需求的影响,并且分别研究了经济周期不同阶段和不同股权性质下的需求不确定性增加和投资者信心增加对企业库存投资影响的非对称效应。

第四篇主要是对产能过剩与宏观经济之间的联系进行研究,包括第 11 章和第 12 章。第 11 章主要是在当前经济刺激政策效应逐渐减弱、国内外需求持续增长乏力及企业产能和流动性受到约束的经济背景下,运用非线性的平滑转换回归(smooth transition regression,STR)模型重点考察了国内需求与工业制成品出口之间的关系,重点分析了不同产能状态下两者之间的非对称关系。第 12 章通过构建包含产成品库存、产能利用与销售收入的非线性马尔可夫区制转移向量自回归(Markov switching vector auto regression,MS-VAR)模型,重点考察了与产能过剩密切相关的工业产成品库存投资的非对称周期性特征。

第五篇主要考察了我国产能过剩的化解对策,对部分产能过剩化解对策进行了定量研究,包括第 13~第 15 章。第 13 章主要分析了现阶段我国工业产能过剩的形势,阐述了我国当前去产能的典型化事实及困境形成的博弈分析,并对我国工业去产能的现状进行了深入剖析,解读了当前去产能所面临的诸多挑战。第 14 章主要对当前化解产能过剩的主要对策即去产能政策的短期经济风险和长期经济效果进行阐述,并且以去产能政策能够带来产能利用率提高为前提,运用我国 2004 年 1 季度至 2014 年 4 季度的样本数据,通过建立向量自回归模型考察了工业投资效率与产能利用率、投资结构、国有企业比重及工业固定资产投资额之间的动态关系,着重探讨产能利用率变动对工业投资效率的影响,是去产能政策长期经济效果的创新性检验。第 15 章主要是从前文实证研究中得到化解产能过剩的其他对策。

鉴于数据可得性和研究时点不同等,本书研究的样本区间存在差异性。在本书出版之际,首先要感谢我的博士后合作导师王立国教授,在他的精心指导和无私帮助下,我顺利完成了博士后出站研究报告并最终完成本书的写作;其次要特别感谢科学出版社的编辑,是他们的辛勤工作和耐心指导,使得本书得以顺利出版。

有关产能过剩问题的研究文献浩如烟海,本书的研究成果只是沧海一粟。尽管笔者本着严谨的写作态度,查阅了大量的数据和资料,力求对我国工业制造业产能过剩相关问题的研究做出微薄贡献，但由于水平有限，不足之处在所难免，诚恳希望专家、同行和有兴趣的读者不吝赐教。

韩国高

目　　录

第一篇　总　　论

第二篇　产能过剩的形成机理研究——宏观角度

第五篇　产能过剩的化解对策

第一篇 总 论

第 1 章　产能过剩及其治理的发展历程

当前的重复建设和产能过剩问题已经严重制约了我国经济的可持续发展，与"扩内需、保增长、调结构"的总体要求亦是相悖的。治理重复建设，解决产能过剩问题是关乎国计民生的重大问题，务必将其重要性提升到战略层面，给予高度重视。虽然，重复建设和产能过剩问题危害严重，导致投资效率明显下降、企业经营困难、政府财政收入下降、金融风险积累等负面效应，但与此同时，我们也能够看出，产能过剩也为国家进行产业结构调整和促进产业发展带来了难得的机遇。目前所面临的国内外经济形势给产能过剩行业带来新的发展契机，正如刘元春在 2013 年"中国宏观经济论坛（2013—2014 年）"上所言，世界经济已经进入技术周期的转折期、全球化红利的递减期、增长模式的调整期、制度体系的改革期、宏观经济政策的大调整期及周期逆转的交接期，我国依附于全球不平衡的增长模式、依附于全球化红利的分配模式，与全球宏观经济政策协调的宏观经济政策、与全球技术周期相对应的技术创新模式及与全球周期基本一致的周期定位都必须做出相应调整。对处于经济转轨时期的中国，投资推动出口导向型的发展模式，在全球性金融危机的冲击下，出现严重的供求失衡在所难免，全球结构的大调整使得中国传统出口投资驱动模式陷入了危机，诱发了中国深层次的结构问题，迫使中国做出被动式调整，然而中国被动式调整并没有按预期从出口投资驱动模式转向消费驱动模式，政府"看得见的手"在弥补市场"看不见的手"失灵过程中出现了更为复杂的双失灵困境。政府干预过度，形成严重的资源错配；以地区生产总值增长为核心的地方政府政绩考核制度和官员晋升制度；财政分权制度下地方政府财权与事权不匹配；投融资体制的缺陷；地方政府干预下进入门槛降低，退出门槛抬高，落后产能未淘汰，越治理越严重；金融体制改革不到位引发的预算软约束等问题所导致的后果充分暴露出来，其中以产能过剩矛盾最为突出。周期性产能过剩与体制性产能过剩作用叠加给我国实体经济特别是制造业带来的最大问题即利润整体严重下滑，企业陷入生存困境。制造业是我国工业的主体，而工业又是我国国民经济的重要组成部分，因此，制造业产能过剩已经成为当下中国经济最亟待解决的关键问题，也是中国实体经济能否实现复苏所面临的最大风险，迫切需要出台有效的措施来化解产能过剩。

1.1　我国产能过剩的发展历程

20 世纪 90 年代中期以来，随着我国分配体制的变化，我国逐步由卖方市场转为买方市场，特别是在亚洲金融危机的影响之下，我国经济增长率由 1996 年以前高于 10%跌至 1998 年的 7.8%，并开始了长达数年的通货紧缩。大多数工业行业生产能力闲置，产销率持续下降，产成品库存积压，商业部门库存问题日趋严重，工业企业开工严重不足。1996 年末，产能过剩现象已经开始波及国民经济的部分领域，既包含传统行业如纺织业，也包含现代电子工业如彩电、洗衣机、电冰箱、收录机等；既包含轻工业也包含机床、造船等重型工业。1998 年，亚洲金融危机继续深化，国家统计局对 900 多种主要工业产品生产能力进行普查，绝大多数工业产品产能利用率均在 60%以下，其中以空调、洗衣机、彩电等耐用消费品最为明显，最低的产能利用率仅有 10%。在强有力的宏观调控政策的推动下，中国经济逐步走出了亚洲金融危机的阴影。

　　进入 21 世纪以后，产能过剩迅速从消费品生产领域蔓延到投资品生产领域。特别是 2003 年以后，受多年积极财政政策效应集中释放和入世等利好因素影响，我国宏观经济运行进入了新一轮景气扩张周期，市场预期良好，企业投资意愿大大增强，特别是发展中国家在高速增长时期，容易通过学习，从相对发达国家获得技术，产业追赶、基础设施追赶等路径比较明确，社会各类主体容易形成投资共识，因此，这一时期固定资产投资规模加速扩张，2003～2007 年我国全社会固定资产投资年均增长 25.8%，基础原材料行业的需求大幅扩张。人们在经济高速增长时期倾向于形成"高增长将会持续下去"的盲目乐观预期，助长了企业投资热情。与此同时，我国进入工业化、城镇化加速发展，房地产市场开始全面启动的新阶段，使得钢铁、水泥、电解铝等部分生产资料领域出现短缺，也引发大规模的投资热潮。然而，投资的迅猛增长在促进我国经济增长的同时也带来了相关行业的过度投资和产能过剩问题。有利可图的个体理性带来了行业产能或者潜在产能过剩的集体非理性，供给的增长速度已经远高于需求的增长速度，我国居民储蓄率较高，最终消费需求相对不足尤其是与投资相比存在长期结构性失衡，而且过度投资会带来投资对消费的"挤占"效应，我国很多企业是在压低消费的前提下来实现高投资增长率的，并且投资过热所导致的资产膨胀和通货膨胀等最终也会"挤占"消费，使得国内需求萎缩。因此，在大规模的投资周期结束、巨大产能开始集中释放时，产能过剩矛盾便凸显出来，严重影响了我国工业行业和企业的健康发展，部分行业的企业之间恶性竞争，市场经济秩序混乱，产品价格大幅回落、企业经济效益下降甚至亏损倒闭。此时，出口作为我国过剩产能的重要消化渠道在缓解产能过剩问题方面发挥了重要作用。2005～2007 年世界经济保持强劲增长，全球制造业由发达国家向发展中国家转移的速度不断加快，使得我国逐步成为世界生产基地和制造业大国，大量产品销往国外，在此期间我国工业制成品出口的增长率均在 25%以上，外贸顺差大幅上升，外部需求在很大程度上吸纳了国内的大量过剩产能，我国出口的长期加速增长在一定程度上掩盖了我国工业产能过剩的真实性，大量投资被经济的快速发展和出口的高速扩张支撑，产能泡沫并未破裂。这种情况下，即使行业发生产能过剩，企业也不愿主动退出市场，甚至还在不断增加固定资产投资来扩大生产能力，因为其总是寄希望于其他企业削减市场份额来达到去产能的目标。

2008 年下半年，美国次贷危机引发的全球性金融危机爆发，世界经济大幅减速，中国实体经济也遭受重创，2008 年 4 季度我国 GDP 增速为 6.8%，2009 年 1 季度则进一步跌至 6.1%，为 10 年来经济增速最低水平。对我国这样对外依存度较高的制造业大国来说，工业制成品在我国出口总额中占比高达 95%左右，而且工业制成品在国际市场上也占有较高份额，因此，国际市场需求的变动在很大程度上决定了国内大部分产业发展的命运。以往过度投资所形成的过剩产能，可以通过调整出口政策，开拓发达国家的市场进行消化。然而受此次全球性金融危机的影响，发达国家经济衰退导致其财富缩水，国际市场需求持续疲软，国际市场对中国商品需求增速的下降使得我国诸多出口导向型制造业行业出口订单大幅下滑，特别是"两头在外"的产业产能过剩矛盾尤其突出，如高度依赖国际市场的光伏产业，欧洲光伏市场需求骤降造成我国光伏产业制造环节出现严重的产能过剩问题。在此次全球性经济危机的影响下，我国大批以出口加工贸易为主体的中小企业处于生产萎缩、利润下降的状态，为中小企业提供能源、矿产等上游产品的国有企业也难以避过产能过剩的困境，处于利润下降的状态。美国次贷危机的爆发对发达国家的经济影响最为严重，欧洲主权债务危机的爆发更使得不同国家需求份额替代变成不可能，欧盟和日本没有成为美国对中国商品需求份额下降的替代区域，导致我国制造业产品出口增速出现大幅下滑，这些以外贸为主的企业开始转战国内市场，但是由于国内经济形势同样不景气及缺乏国内市场经营经验和配套资金，很难打开国内市场销售渠道，外向型经济主导下的产能过剩问题严重。

在全球性金融危机爆发的背景下，特别是经济出现周期性下降带来了国内市场的不景气，面对国内错综复杂的经济形势，居民预防性动机加强，在国家一系列扩大居民消费支出政策作用下，居民消费支出甚至出现下降。很多国内企业面对复杂的国内外经济形势也难以判断未来的发展态势，静观其变，减少了部分企业投资，降低了对基础原材料行业的消费需求。国内居民消费支出和企业投资下降，进口减少，进而导致了整个制造业生产的萎缩和设备闲置，大多数行业产能利用率下降，产品供过于求，经济结构矛盾突出，很多企业经营十分困难，经济效益大幅下滑，亏损面增大。与此同时，过去以盈利性较高的产能过剩行业作为主要贷款对象的金融机构也采取了惜贷措施，逐渐退出产能过剩行业，很多产能过剩行业的企业出现资金链断裂，难以维持运营，宣布破产倒闭。在国内结构性产能过剩矛盾尚未解决之际，周期性产能过剩的出现使得国内产能过剩矛盾充分暴露出来，给国内实体经济以沉重打击。

国际上，世界经济已经进入深度调整期，诸多复杂多变的因素使得经济复苏可能是一个缓慢的过程。欧洲、美国和日本等发达国家或地区经济体市场增长乏力，短期内难以形成新的经济增长点，缺乏能够强有力地带动经济恢复的新兴产业。发达国家经济持续低迷制约了国家贸易和投资的扩大，导致新兴经济体增长回落，而且随着欧洲、美国和日本等发达国家或地区的制造业回归和"再工业化"战略的推进、贸易保护主义抬头及居民消费模式的改变等，依靠国外市场消化过剩产能的空间越来越小，我国出口制造业在较长一段时期都会面临产能过剩的压力。2012 年，国际货币基金组织（International Monetary Fund，IMF）指出，我国制造业的平均产能利用率只有 60%，不仅低于美国等发达国家当下工业产能利用率 78.9% 的水平，而且低于全球制造业 71.6% 的平均水平。而根据 2012 年工业和信息化部所公布的统计结果，在中国目前的 24 个行业中，有 22 个行业存在着严重的产能过剩。2013 年 1 季度工业企业产能利用率仅为 78.2%，同比回落 1.6 个百分点，比上一年 4 季度回落 1.9 个百分点，达到了 2009 年 4 季度以来的最低点。产能过剩不仅存在于钢铁、水泥、有色、平板玻璃、石化、家电等传统行业，还扩展到刚刚发展十几年的光伏、风电设备、多晶硅等代表未来发展方向的新兴行业，呈现出普遍性和全方位产能过剩的新特点。其中，2013 年初钢铁、水泥、电解铝、平板玻璃、焦炭等传统行业的产能利用率在 70%～75%，而光伏、风电设备等新兴行业主要依靠政府产业政策的扶持成长，产品缺乏技术含量，低水平重复建设现象严重，竞争力不强，主要依赖于国外市场，全球经济增速下滑所带来的国际市场需求萎缩使得新兴产业的产能利用率仅在 70% 以下，光伏利用率都不到 60%。而且大部分行业的产能过剩呈现出绝对性，不仅低端产能过剩，高端产能也严重过剩，而且此轮产能过剩出现了许多整个产业链都过剩的行业，如钢铁、电解铝、光伏、风电设备等，牵一发而动全身，化解难度相当大。2015 年，我国钢铁、煤炭、水泥等行业开工严重不足，产能利用率进一步下滑至 67%、74%、67%，亏损面分别达到 50%、80%、40%，产业竞争力严重下降，实体经济面临有史以来的最大挑战。产能过剩问题作为宏观经济运行中诸多问题的根源已经引起了专家学者和政府部门的高度关注，无论是理论界还是政府部门都认为，要保持经济在长期内持续快速健康发展，就必须将重复建设和产能过剩作为宏观经济运行问题研究的重要切入点，产能过剩问题迫切需要建立长效机制。

1.2 我国产能过剩治理的发展历程

1.2.1 全球性金融危机前的治理对策

中央政府曾出台多项政策措施积极应对重复建设和产能过剩问题。2003 年，国家发展和改革委员会、国土资源部、商务部、国家环境保护总局和银监会共同制定了《关于制止钢铁行业盲目投资的若干意见》《关于制止电解铝行业违规建设盲目投资的若干意见》《关于防止水泥行业盲目投资加快结构调整的若干意见》。2003 年 12 月 23 日，国务院办公厅签发《国务院办公厅转发发展改革委等部门关于制止钢铁电解铝水泥行业盲目投资若干意见的通知》（国发办〔2003〕103 号文），督促相关部门执行。此后，国家陆续对一些产能过剩行业提出了严格控制固定资产投资过快增长和加快推进结构调整的一系列政策措施，如国务院相继出台了《国务院办公厅关于清理固定资产投资项目的通知》、《关于印发国家发展改革委核报国务院核准或审批的固定资产投资项目目录（试行）的通知》和《企业投资项目核准暂行办法》（国家发展和改革委员会令第 19 号）、《国务院关于调整部分行业固定资产投资项目资本金比例的通知》，采取严格的项目审批、供地审批、贷款核准和强化市场准入与环保要求、清理违规项目及投资目录指导等措施进一步严格控制钢铁、电解铝、水泥行业的投资，避免可能出现的产能过剩；2004 年还出台了《电石行业准入条件》《钛合金行业准入条件》《焦化行业准入条件》，采取严格具体的行业准入条件，定期向社会公告符合准入条件的企业名单，实行动态管理、社会监督，遏制电石、钛合金和焦化行业的低水平重复建设和盲目扩张趋势。

　　在金融方面，中央银行分别上调存款准备金率和金融机构存贷款基准利率，从信贷上控制固定资产投资增长。在出口退税方面，国家为了防止过剩产能，调整了出口退税的相关政策。2005 年 3 月，财政部和国家税务总局发布了《财政部国家税务总局关于钢坯等钢铁初级产品停止执行出口退税的通知》（财税〔2005〕57 号），5 月 1 日开始将钢材出口退税从 13% 下调至 11%。2006 年 9 月，我国发布了《关于调整部分商品出口退税率和增补加工贸易禁止类商品目录的通知》（财税〔2006〕139 号）并从 2006 年 11 月起采取对初级钢铁产品加征 10% 的出口关税的措施，从税收角度来控制产能过剩。在生产要素定价方面，2006 年 9 月，国务院办公厅发布《国务院办公厅转发发展改革委关于完善差别电价政策的意见》（国办发〔2006〕77 号），规定对电解铝、铁合金和电石等 8 个高耗能行业实行差别电价政策，明确对这 8 个行业中淘汰类和限制类企业用电加价的时间和标准，同时规定各地一律不得自行对高耗能企业实行优惠电价，已经实行的要立即停止执行。2007 年 4 月，国家发展和改革委员会、国家电力监管委员会①针对《关于坚决贯彻执行差别电价政策禁止自行出台优惠电价的通知》（发改价格〔2007〕773 号）和 2006 年 9 月《国务院办公厅转发发展改革委关于完善差别电价政策意见的通知》（国办发〔2006〕77 号）的贯彻落实不平衡再次发出通知，要求各地区提

---

① 2013 年已将国家电力监管委员会组建为国家能源局。

高认识、自查自纠,坚决制止违规行为出现,电网企业要严格执行国家电价政策,并会对各地贯彻落实差别电价政策和纠正优惠电价措施情况进行督察。

2006 年 6 月,国务院发布《国务院办公厅转发发展改革委等部门关于加强固定资产投资调控从严控制新开工项目意见的通知》(国办发〔2006〕44 号),加强对固定资产投资的调控,从严控制新开工项目,以避免相关行业产能过剩进一步加剧。对电力、钢铁、电解铝、电石、焦化、铁合金等行业的违规项目开展了督察和清理工作,对违反项目建设程序、不符合市场准入标准的项目采取公告停工等措施,开展了新开工投资项目的清理督查工作。对各类拟建项目,严格审查是否符合国家产业政策、发展建设规划和市场准入标准,严格执行项目审批、核准、备案等程序,要按照土地管理、环境影响评价等规定从严把关。不符合法律和政策规定、未履行完必要程序的项目,一律不得开工建设。从严控制钢铁、电解铝、电石、铁合金、焦炭、汽车、水泥、煤炭、电力、纺织等行业新上项目,提高环保、土地、安全、能耗、水耗、质量、技术、规模等方面的准入门槛。2006 年 4 月,国土资源部、国家工商行政管理总局[①]联合发布《国土资源部国家工商行政管理总局关于发布〈国有土地使用权出让合同补充协议〉示范文本(试行)的通知》(国土资发〔2006〕83 号),对土地闲置做出更加明确、细化的规定;2006 年 5 月,国土资源部下发《国土资源部关于当前进一步从严土地管理的紧急通知》;2006 年 6 月,国土资源部发布《关于严明法纪坚决制止土地违法的紧急通知》,从土地方面严格控制固定资产投资快速增长。

在产业结构调整方面,国务院发布《国务院关于发布实施〈促进产业结构调整暂行规定〉的决定》(国发〔2005〕40 号)、《国务院关于加快推进产能过剩行业结构调整的通知》(国发〔2006〕11 号),国家发展和改革委员会会同有关部门配套制定了《国家发展改革委关于加快推进产业结构调整遏制高耗能行业再度盲目扩张的紧急通知》(发改运行〔2007〕933 号),针对一些地区高耗能行业又开始盲目扩张的现象出台紧急通知,综合采用经济、法律手段及必要的行政手段来遏制高耗能行业再度盲目扩张,进一步加快制定产能过剩行业结构调整指导意见及相关行业准入条件。在淘汰落后产能和节能减排方面,2007 年 4 月,国家发展和改革委员会与北京等 10 个主要生产省区市人民政府签订《关停和淘汰落后钢铁生产能力责任书》;2007 年 5 月,发布《国务院关于印发节能减排综合性工作方案的通知》;2007 年 10 月,发布《国家发展改革委关于严格禁止落后生产能力转移流动的通知》;2007 年 11 月,发布《中国银监会关于印发〈节能减排授信工作指导意见〉的通知》;2008 年 1 月,发布《关于报送关停和淘汰落后钢铁产能任

---

① 2018 年将国家工商行政管理总局的职责整合,组建国家市场监督管理总局;将国家工商行政管理总局的商标管理职责整合,组建国家知识产权局。

务完成及第二阶段实施方案等有关情况的通知》，要求各地报送进一步淘汰落后钢铁产能的方案，从淘汰落后产能、节能减排的角度来缓解产能过剩。

　　然而，上述政策和措施并没有完全消除重复建设和产能过剩问题，环境产权模糊、生产要素价格扭曲及投融资体制缺陷等均降低了企业投资和生产成本，在一定程度上扭曲了企业投资行为，导致企业产能规模持续扩张，因此应从体制因素视角寻找缓解行业产能过剩问题的长效机制。

1.2.2　全球性金融危机后的治理对策

　　为了应对全球性金融危机的冲击，我国政府出台了一揽子计划，旨在促进经济回升和发展，其在保证经济增长速度及抵御经济危机冲击等方面起到了立竿见影的作用，计划主要投资在铁路、公路和交通等基础设施方面，这种基础设施建设投资短期效应明显，减弱了全球性金融危机对我国宏观经济增长的负面冲击。在 2009 年和 2010 年宽松货币政策的刺激下，房地产投资增长十分强劲，刺激了钢铁、水泥等基础原材料行业的需求，乐观的预期又刺激了基础原材料行业投资出现快速增长，2009 年和 2010 年我国全社会固定资产投资增速回到了危机发生前的水平，2010 年全社会固定资产投资为 278 140 亿元，比上年增长 23.8%，扣除价格因素，实际增长 19.5%，其中，房地产业投资为 57 557 亿元，占总投资额的 21%，比 2009 年增长 33.5%，在一定程度上释放了相关行业的过剩产能。但与此同时，也要看到这些投资所带来的过度开发和重复建设等问题，在市场出现短期需求趋旺、价格上涨时，很多企业又看到了希望，抓住机会继续投资建设，中央政府的逆周期调控措施增加了未来化解产能过剩的压力。随着投资刺激政策效应发挥结束，投资需求大幅下降，全社会固定资产投资增速从 2010 年的 23.8%下滑至 2011 年的 12%，2012 年虽达到 20.6%，但 2013 年全社会固定资产投资增速却只达到 19.6%，低于上一年同比增速。同期，我国经济增长速度也由 2010 年的 10.4%下滑至 2012 年的 7.8%，在经济增速下滑的背景下，地方在财政收入、就业等方面的压力日益沉重，为刺激经济加快发展，2012 年下半年开始，多省区市的地方政府再次瞄准短期内对稳增长作用大、见效快的政府基础设施建设和重化工业，相继推出了一系列投资刺激计划，从短期来看壮大了地方经济实力，从中长期来看可能会增加地方债务风险问题。随后这些投资的供给效应开始显现，在形成了巨大规模生产能力的同时，许多传统重工业产品需求峰值已经或接近到来。我国正处于经济转型时期，产业结构调整和产品优化升级是实现我国经济转型的重要任务，即使未来市场需求有所恢复，已有的产能也未必能够适应未来市场需求。再加上经济增长放缓、房地产调控政策不放松及外需疲软，这些行业未来增长空间也十分有限，大量库存积压,产能过剩呈现出长期性的特点,短期内依靠市场不可能将这些行业带出产能过剩困境。

　　与此同时,我国正进入经济转型升级阶段,使得产能过剩这一问题更加棘手。事实上,欲从根本上治理重复建设,解决产能过剩问题并非易事,必须从诸多方面加以治理和改进。2009 年 8 月 26 日,温家宝总理主持召开国务院常务会议,研究部署抑制部分行业产能过剩和重复建设,引导产业健康发展的策略,并颁发了《关于抑制部分行业产能过剩和重复建设引导产业健康发展若干意见的通知》(国发〔2009〕38 号),此举充分体现了我国政府着力治理重复建设,解决产能过剩问题的决心和态度。另外,淘汰落后产能一直是老生常谈的话题,在我国经济发展面临调结构、促转型的当前,淘汰落后产能是实现这一愿景的有效手段,但长期以来我国落后产能的退出机制尚不完善,很多企业采取"以小换大、等量置换""先拆后建"等方式来淘汰落后产能,导致淘汰落后产能面临诸多困难和阻力,产能出现"屡压屡涨""越限越多"现象,大部分落后产能在有市场需求的情况下不会轻易退出市场,进而加剧了产能过剩问题。为此,国家多次下决心淘汰落后产能。2010 年 2 月颁布的《国务院关于进一步加强淘汰落后产能工作的通知》中,强调"采取更加有力的措施,综合运用法律、经济、技术及必要的行政手段",并进一步强化了问责制的实行和行政上的组织领导。加快淘汰落后产能既是转变经济发展方式、调整经济结构、提高经济增长质量和效益的重大举措,也是促进节能减排、积极应对气候变化、走中国特色新型工业化道路的迫切需要。根据这一通知,2010 年 8 月,工业和信息化部向社会公告了 18 个工业行业淘汰落后产能企业的名单,共涉及企业 2087 家,要求有关方面要采取有效措施,确保列入淘汰落后产能名单企业的落后产能在 2010 年 9 月底前关停。然而,在此次落后产能的淘汰工作中,落后产能并未完全关停。2014 年 8 月,工业和信息化部向社会公告了第二批工业行业淘汰落后和过剩产能的企业名单,包括炼钢、铁合金、铜冶炼、水泥、平板玻璃、造纸等十个产业,共 132 家企业,要求在 2014 年底前关停列入公告名单内企业的生产线,拆除相关主体设备,确保不得恢复生产和向其他地区转移。

　　中国当前正面临着内外需不振、大量产能无法消化的局面,产能过剩问题凸显,严重阻碍了国内产业结构调整和经济良性发展,在中央经济工作会议中多次将化解产能过剩、调整产业结构作为工作重点,并在 2013 年 10 月 15 日提出化解当前产能严重过剩矛盾的八项主要任务和行业分业施策意见。产能过剩问题已经成为当下中国经济最亟待解决的关键问题,也是中国实体经济能否实现复苏所面临的最大风险。考虑到产能周期滞后于经济周期,产能过剩问题将在未来继续影响中国经济,通过提升需求以解决产能过剩的余地较小,短期内中国无可避免地要展开新一轮的去产能行动,进入产能收缩阶段。在 2013 年 12 月 13 日闭幕的中央经济工作会议中，调整产业结构成为 2014 年经济工作的重点，"去产能化"也成为最值得市场关注的结构性机会。去产能是压缩存量的过程，短期内将会导致我国出现投资水平下降、部分行业萎缩、结构性失业增加、银行呆坏账等不良贷款规模大幅增加及经济增速趋缓等风险。根据 2012 年工业和信息化部所公布的统计结果，在中国目前的 24 个行业中，有 22 个行业存在严重的产能过剩，绝大部分行业落后产能问题严重，去产能迫在眉睫，同时如此大规模的去产能对我国短期内经济周期的影响不容忽视。2015 年 12 月召开的中央经济工作会议上，去产能、去库存、去杠杆、降成本和补短板被确定为供给侧改革五大经济任务，去产能已经成为经济深化改革和转型升级绕不过去的坎。然而，去产能的过程并不简单，不仅需要对存量过剩产能进行淘汰，还要防止大量在建、拟建等新增产能扩张，削减产能的过程更是涉及人员安置、资产处置、债权债务、产业转型等问题，面临诸多障碍和挑战，情况非常复杂，因此也导致我国当前去产能进程较为缓慢。钢铁和煤炭则是我国去产能的重点，但这两大行业的去产能效果并不理想。数据显示，截至 2016 年 7 月底，钢铁、煤炭行业分别退出产能 2100 多万吨、9500 多万吨，去产能分别完成全年任务的 47% 和 38%，去产能工作进度较慢（参见http://news.cctv.com/2016/08/16/ ARTIldwbfFqk6JiYcORdTSgN160816.shtml）。地区间去产能进程也呈现出差异性，不少地区去产能进展迟缓甚至尚未实质性启动，部分地区则出现去产能决心动摇和往复现象。由此可见，产能退出过程面临诸多问题，工业"去产能化"任重而道远。随后 2016 年底召开的中央经济工作会议开始强调利用市场和法治的办法做好去产能工作，减少去产能进程中的行政审批，更多发挥市场作用来治理产能过剩。2016 年，《国务院关于钢铁行业化解过剩产能实现脱困发展的意见》（国发〔2016〕6 号）和《国务院关于煤炭行业化解过剩产能实现脱困发展的意见》（国发〔2016〕7 号）这两个专门针对特定行业的文件预示着我国告别了早期产能过剩治理"一刀切"的政策，分类施策成为去产能的有效路径选择。主要任务是严格控制新增产能、加快淘汰落后产能和其他不符合产业政策的产能、有序退出过剩产能及严格治理违法违规建设等。产能过剩的治理方式逐渐发生一些积极性改变，分类管制、市场配置资源、规范竞争及市场更加开放这些举措为产能过剩的有效治理开拓了思路。2017 年 3 月 5 日，政府工作报告中指出 2017 年重点工作任务第一条即扎实有效去产能，更多运用市场化法治化手段，有效处置僵尸企业，坚决淘汰不达标的落后产能。2017 年 7 月国家发展和改革委员会等 16 个部委发布了《印发〈关于推进供给侧结构性改革 防范化解煤电产能过剩风险的意见〉的通知》（发改能源〔2017〕1404 号）进一步对煤电行业产能提出要求，指出要从严淘汰落后产能、清理整顿违规项目、严控新增产能规模等，有力有序有效推进防范化解煤电产能过剩风险工作。2017 年底中央经济工作会议也指出，当前深化供给侧结构性改革的重点仍然是三去一降一补工作，在去产能方面,会议强调更加注重去除无效供给,特别是以处置"僵尸企业"作为重要抓手推动化解过剩产能,反映了我国钢铁、煤炭等重点行业去产能工作已取得明显成效,行业供求失衡状况有了根本性改善,去产能工作要适应新的形势,不再过多追求"去"的数量,而是更加强调去除"无效"和低质量产能,把去产能与促进优胜劣汰和推动高质量发展结合起来。2018 年 4 月 9 日,国家发展和改革委员会、工业和信息化部、国家能源局、财政部、人力资源和社会保障部、国务院国有资产监督管理委员会联合印发《关于做好 2018 年重点领域化解过剩产能工作的通知》(发改运行〔2018〕554 号)对 2018 年钢铁、煤炭和煤电行业化解过剩产能目标进行安排,分别制定了钢铁、煤炭和煤电行业化解过剩产能工作的要点,以更加科学有效地做好去产能工作。从全局和长远来看,去产能能够遏制矛盾进一步加剧,是影响经济全面回升的关键因素。对加快产业结构调整,促进产业转型升级,提高投资效率和资源配置效率,防范系统性金融风险及促进经济复苏和持续稳定增长具有重要作用。

1.3　本章小结

本章主要梳理了我国工业产能过剩及其治理对策的发展历程,介绍了 20 世纪 90 年代以来工业产能过剩形成的发展脉络及我国政府在全球性金融危机前后应对产能过剩所出台的各类应对举措及其效果。

1)新一轮经济增长周期中投资的迅猛增长在促进我国经济增长的同时也带来了相关行业的过度投资和产能过剩问题,然而出口的长期加速增长掩盖了我国工业产能过剩的真实性,产能泡沫并未破裂。全球性金融危机的爆发导致发达国家经济衰退和财富缩水,国际市场需求持续疲软,国际市场对中国商品需求增速的下降使得我国诸多出口导向型制造业行业出口订单大幅下滑,在国内结构性产能过剩矛盾尚未解决之际,周期性产能过剩的出现使得国内产能过剩矛盾充分暴露出来。

2)全球性金融危机爆发以前,我国已经从严格控制投资和信贷、加强土地管理和产业结构调整等多方面出台政策来抑制重复建设和产能过剩问题,然而地方政府官员的政绩考核体制、官员晋升机制、生产要素价格定价机制及投融资体制等体制性因素使得这些治理政策收效甚微,体制性产能过剩的治理不容忽视。

3)全球性金融危机爆发以后,未来产能过剩化解的压力增加,各类淘汰落后产能和"去产能化"的举措也没有取得预期效果,工业"去产能化"任重而道远。

第2章 产能过剩的相关经济理论

2.1 国外产能过剩理论

2.1.1 古典政治经济学

古典政治经济学即资产阶级古典政治经济学，是西欧资本主义产生时期的资产阶级政治经济学，产生于 17 世纪中叶，完成于 19 世纪初。古典政治经济学在英国从威廉·配第开始，中经亚当·斯密的发展，到李嘉图结束；在法国从布阿吉尔贝尔开始，到西斯蒙第结束。

西斯蒙第认为，生产无限扩大的趋势和消费日益缩小的矛盾导致了资本主义制度无法保持生产与消费之间的平衡，资本主义生产的目的是财富的积累，以拥有大量资本为中心，而不是以需要为中心，因而更倾向于大量投资资本。因此，随着资本的积累和科技的发展，生产具有无限扩大的趋势。同时，大生产者对小生产者的排挤造成破产小生产者的消费水平降低。不公平的分配制度使劳动者收入下降，消费也大为减少；越来越多的劳动力为富人生产奢侈品，但富人对奢侈品的需求却是有限的。因此，随着资本主义生产的发展，人们的收入和消费却在日益缩小。正是这种生产无限扩大的趋势和消费日益缩小的矛盾，造成货物过剩。西斯蒙第还认为，生产超过消费的一个重要原因是资本主义市场的无政府状态。商品经济的发展，使生产和消费关系复杂化，由消费者的人数、爱好、消费的范围和收入的大小这四个因素组成的市场千变万化，并直接影响商品的销售。要确切了解和估计市场上的波动是困难的，要使自己的生产适应这种变化也是困难的，劳动和资本的自由转移都是困难的。资本主义市场复杂多变，无法预测，难以适应，使得资本主义生产和消费之间无法保持平衡，必然造成生产超过消费产生过剩现象。

约翰·阿特金森·霍布森的危机理论，与西斯蒙第有某些相似的思想。他认为，资产阶级的社会结构决定经常性的高积累，同样也产生经常性的购买力落后现象，并断言资本主义经济中的一般性的生产过剩危机不仅可能发生，而且是不可避免的。资本过剩及由此而产生的国内对投资和消费品的需求不足，是较发达资本主义国家的巨额资本向外扩张的主要原因。霍布森认为，财富分配的不公导致富人和穷人皆无法消费足够的产品，穷人无法足够消费是因为他们的所得太少，富人无法足够消费是因为他们的所得太多。为了出清它自己的市场，经济必须消费它所生产的东西。穷人除了生活急需品之外，几乎买不起其他东西，富人虽然有钱却消费有限。由于财富分配极为不均，富人储蓄过度，产生经常性的购买力落后现象。生产和消费如此矛盾，市场是"非出清"的，所以生产过剩是资本主义生产和消费矛盾的产物。

2.1.2　马克思主义政治经济学

早在 19 世纪 40 年代，马克思就开始研究资本主义经济危机的现象，从生产过剩的角度来论述经济危机产生的原因。马克思从资本主义生产过程的本质批判萨伊的"买与卖具有同一性"的观点，指出买和卖的分离及货币作为支付手段的职能使得危机发生具有可能性。

马克思把资本主义社会中的生产过剩问题归结为社会化大生产与私有制之间的深刻矛盾。资本主义社会资本家无限逐利动机带来的大工业强大的扩张动力和能力、资本积累及扩大再生产作用促使生产规模快速扩张，激化了市场供需矛盾，造成供给的膨胀。而社会生产力的发展和资本比重加大，造成人口相对过剩和失业人数增加，社会上大多数人的消费只限于生活必需品的范围，社会消费缩小到只能在相当狭小的界限以内变动的最低限度，从而造成社会消费需求有限和消费市场的缩小，此时，商品生产与实现的矛盾、生产相对过剩矛盾出现。马克思认为，经济制度的内部缺陷是生产过剩危机的成因，市场经济机制运行中存在的矛盾只是经济制度内部缺陷的表现。

2.1.3　古典经济学派

20 世纪 30 年代以前，新古典经济学理论体系一直是西方国家中占统治地位的经济思想和学说。新古典经济学继承了早期古典经济学传统的基本信条，认为自由放任的资本主义市场经济可以在长期内保持供求的基本平衡，或者说经济会基本保持在均衡状态。如果经济出现失衡，那可能只是暂时的。在没有外来干预和障碍的情况下，自由竞争或自由放任的市场本身具有一种自动调节供求的机制，可以将经济调节到均衡状态。萨伊定律奠定了新古典经济学的基本论调，指出在一个完全自由的市场经济中，由于产品自身能够创造自己的需求，社会的总需求等于总供给，产品不可能会生产过量，即使产品有些过剩或不足，也会通过市场中的价格机制进行自我调节，生产过剩的产品价格会下跌，生产不足的产品价格会上升。个别国民经济部门出现供求失衡的现象也只是暂时的，不可能产生遍及国民经济所有部门的普遍性生产过剩，新古典经济学完全信奉萨伊定律。

　　凯恩斯对古典经济学派笃信的萨伊定律的供给创造需求和忽视有效需求进行批驳。萨伊定律认为，货币仅仅是短暂的流通媒介，商品的买和卖不会脱节，生产出来产品之后总是急于出售，由于担心货币价值贬值，总是急于购买实物，生产越发达，产品越畅销，不会出现生产普遍过剩问题。凯恩斯通过三大心理定律来论证市场的总需求不足进而导致资源的闲置和失业的产生，从而对市场作用的完美性和萨伊定律进行直接否定。他认为萨伊定律并不成立，供给不能自动创造需求，资本主义经济也不能自动达到均衡。

2.1.4　张伯伦革命

　　20 世纪 30 年代中期，张伯伦革命摒弃了长期以来以马歇尔为代表的新古典经济学把完全竞争看作普遍现象，把垄断看作个别例外的传统假定，认为完全竞争与完全垄断是两种极端情况，更多的是处在两种极端之间的"垄断竞争"或"不完全竞争"的市场模式。张伯伦指出与纯粹竞争模型相比，"垄断竞争"长期均衡情况下的价格要高一些，产量要低一些，有剩余生产能力没有利用，即"垄断竞争"企业在生产能力未充分利用的情况下就停止生产。

2.1.5　凯恩斯学派

　　凯恩斯学派是在 20 世纪 30 年代基于传统古典经济学和早期新古典经济学无力解释和解救经济大危机而提出的。凯恩斯理论认为，存在边际消费倾向递减、流动性偏好及对资本资产未来收益的预期三个心理因素，从而引起消费需求不足，又引起投资需求不足，使得总需求小于总供给，形成有效需求不足，从而出现生产过剩、经济增长缓慢及大量失业等问题，这是无法通过市场价格机制调节的。70 年代诞生的新凯恩斯学派在经济学分析中引入了原凯恩斯主义（即早期的凯恩斯主义）经济学所忽视的厂商利润最大化和家庭效用最大化假设，吸收了理性预期学派的理性预期假设。新凯恩斯学派是对原凯恩斯学派的继承和发展，同样承认实际产量和就业量的经常波动及波动的非均衡性质，特别是承认产品市场中的普遍生产过剩现象。凯恩斯主义主张政府必要时就要充分运用宏观政策工具干预经济。也就是说，解决过剩问题，光靠市场自动修复是不行的，主张应由政府对经济进行适度的干预以弥补市场机制本身的缺陷。
　　凯恩斯的理论也同样具有一定的缺陷和局限性。按照凯恩斯主义（即原凯恩斯主义和新凯恩斯主义的统称），只要保持市场中充足的有效需求，经济就不会发生问题。但实际上，这种认识是片面的。一方面，消费需求能否增加，依存于收入的水平和收入分配的结构、消费习惯等其他因素；另一方面，在资本主义自由市场上，生产者的逐利竞争必然会促使他们在可盈利的产品和产业方面不断增加供给，以至出现普遍的过剩，这是资本的本性决定的。

凯恩斯之后的凯恩斯主义者在很大程度上以确定性的思维来对待凯恩斯的经济理论，认为只要持续增加需求，特别是增加投资需求，就会将经济危机发生的可能性大为缩小。但这恰恰是饮鸩止渴。当前增加的投资需求，到以后就会变为更大的过剩产能，又需要更多的需求。这样只会使未来的危机更深刻、更猛烈。人为片面制造的需求增长，不注意供给，也不进行积极的结构调整，长期下去也会耗光财政力量，预支和耗光未来的收入，最终导致更大规模经济危机的爆发。所以，凯恩斯主义经济学的理论和政策，并非根治资本主义经济危机的良药。

萨伊定律和凯恩斯理论的主要分歧在于是否存在生产过剩问题，是鼓励产出还是促进有效需求增加从而间接带动产出增加的问题，而最后都是落脚在产出方面。

2.1.6 其他理论

（1）科尔奈的"投资饥渴"理论

科尔奈（1986）指出，在经典社会主义体制中，由于内部自我约束机制的缺乏，企业有强烈的扩张冲动和严重的"投资饥渴"症。在这一体制下，为了避免企业过度投资对经济造成的危害，政府只能通过严格的计划管理和限额配置从外部控制企业的投资倾向，尽可能约束这种扩张冲动和"投资饥渴"症。科尔奈（2007）进一步指出，在社会主义转轨经济体制中，投资决策不再仅仅掌握在政府手中，企业也获得了部分投资的决策权，使得政府对企业投资的外部控制有所放松，扩张冲动和"投资饥渴"症依然存在，但同时企业也还没有通过利润动机或者对财务困境的担心建立起自我控制机制。这就加重了企业的投资过热倾向，从而不可避免地产生产能过剩。

（2）策略性产能过剩

在寡占市场上，每个企业的决策制定都受制于其他对手的行动，垄断者也可以通过实施策略性行为阻止潜在对手的进入，因此，策略性行为在寡占市场上表现得尤为明显。在位企业通过策略性产能投资创造和实施过剩生产能力，能够威慑潜在对手，其一旦选择进入，它就迅速扩大产出来报复进入者，使进入变得无利可图。最早对"将策略性地使用过剩生产能力作为阻碍新企业进入行业的手段"进行研究的是 Spence（1977）和 Dixit（1980）。Spence（1977）指出，当一个产业的在位厂商具有足够生产能力使得新进入者无利可图时便可以阻止进入。产能和其他形式的投资是有效阻止进入的变量，厂商会选择在进入发生之前持有过剩产能这种策略来阻止潜在进入。Dixit（1980）也指出，面对潜在进入者在位厂商可能会进行超过进入前最优产出水平的产能投资。Spence 和 Dixit 结论的区别在于分析的假设前提不同。Dixit 指出，Spence（1977）的研究是在不完全均衡条件下得出厂商可能持有过剩产能阻止进入的结论；而在完全均衡条件下，厂商可能不希望持有闲置产能。而 Dixit 的结论则需要有"在竞争对手产量固定情况下，厂商边际收益递减"的严格假设。另外，日本学者植草益（2000）通过同质企业无限次重复博弈的模型说明保有多余的生产能力越多，那么企业间合作和增加利润的可能性越大。因而，为了获取合作利润，企业会保持过剩的生产能力。

（3）经济周期理论

非货币投资过度理论强调非货币因素在经济周期形成中的作用。这一理论的代表者有瑞典经济学家卡塞尔（Cassel）、威克塞尔（Wicksell）和德国经济学家斯庇索夫（Spiethoff），认为导致投资过度的主要因素是新发明、新发现，新市场的开辟及农产品的丰收等。斯庇索夫把商品分为四类，即当前消费品、耐用和半耐用消费品、耐用性资本品和制造耐用品所需材料。他指出，经常发生生产过剩现象的，有耐用性资本品，也有耐用和半耐用消费品。这就必然引起需求减退和建筑材料（如钢铁、水泥等）的生产过剩。耐用工具之所以会发生这种供求之间的矛盾，从供给方面来看主要是因为资本设备的增量是使用资本（盈利资本）来偿付的。因此，耐用性资本品（在一定程度上也有耐用和半耐用消费品）的生产和销售，势必依存于寻求投资机会的那些资本的数量。根据斯庇索夫的见解，当繁荣结束时，资本设备的需求将会降低，但是比需求降低更重要的是生产和供应的增长。在繁荣时期建成的新的资本设备，其中有很大的部分，现在用来生产进一步制造这类新设备所需的材料。于是在需求方面，尽管不增不减或者有增无减，而供应却在持续地增高。现代生产方法的发展，可以使固定资本品的生产与基本的经济发展或者民生需要等无关。这就使得生产过剩有了可能。斯庇索夫特别提到钢铁和水泥可以用来代替木材，煤可以代替木炭等。还有，从设备开工建设起直到制造出产品为止的间隔期拉长，生产手段的耐用性提高，这都是生产过剩的推动因素。

同这种论点相似，熊彼特提出"技术革新论"的观点来说明经济周期的发生和发展过程，某些企业家因采用了新技术、新设施等而获取厚利，引起了其他非创新企业家的羡慕和仿效，他们争先投资，于是在采用新技术的部门中出现了繁荣。到了一定的时期，该部门出现过度投资和生产过剩，于是经济失调，危机发生。

（4）要素窖藏理论

宏观经济形势具有不确定性，厂商的投资决策具有跨期特征。通常来说，厂商会根据对未来需求和利润的预期决定增加或者减少生产要素的占用和储备，其本身存在一定的危险，当宏观经济的波动与预期不一致时，厂商不会立即改变要素的持有量，因为雇佣或者解雇劳动力等生产要素要花费固定成本，因此，在经济周期中增加工时往往先于增加劳动力，而劳动力的流出则会滞后于经济的下滑。在经济研究中将生产要素的流出滞后于经济周期波动的现象称为要素窖藏。同时，厂商会储存一定的闲置要素去应对总体经济的波动，当下一期需求增加时，这些闲置的生产要素就能适时地增加供给。短期地储存一部分生产要素的成本远低于根据经济形势随时调整生产要素水平的成本，所以，生产能力的过剩状态是理性厂商应对未来经济的不确定性的选择。

2.2　国内产能过剩理论

2.2.1　投资"潮涌"现象

产能过剩可能独立于行业外部条件或经济周期波动的影响，而主要由个体理性投资的"潮涌"引发。林毅夫（2007）曾经提出，发展中国家的企业很容易对具有技术相对稳定、产品市场已经存在、处于世界产业链内部等特征的产业的发展前景产生正确共识，基于相同的预期，在同一时间内大量企业涌入某一产业，出现投资上的"潮涌"现象，造成该产业产能迅速扩张，导致市场需求严重滞后产能的增长，从而很快就出现产能过剩现象。林毅夫等（2010）在 2007 年提出的理论思考基础上，进一步探讨了投资"潮涌"现象发生的微观机制。他们强调之所以会发生投资"潮涌"现象，主要是因为企业对产业前景、需求有共识，而不是企业对产业前景不相信或者预测失误出现盲目投资造成的。这表明即使投资企业是个体理性的，他们对产业发展前景的良好社会共识也会带来"潮涌"现象。企业之间难于协调、彼此不了解增加了产能过剩发生的可能性，企业数目越多，产能过剩的程度则越剧烈。

2.2.2　行业和产品生命周期理论

生命周期理论属于产业组织学的重要分支之一。王相林（2006）从产权驱动和产业生命周期演进的视角解释产能过剩。他指出，在我国转轨经济中，国有企业在规模、技术、融资渠道、管理经验等方面具有先发优势和资金支持，因此，在成长期，持续增强的竞争优势导致国有企业规模快速扩张。产业进入成熟期以后，面对需求增长缓慢和市场竞争日益激烈，私营企业的效率优势凸显，而国有企业却不能缩减规模或退出市场，私营企业扩张与国有企业趋于萎缩的产业动态演进趋势使得产业内出现生产能力全面过剩的过度竞争局面。周业樑和盛文军

（2007）指出，由于产品质量和档次很难在技术标准化和相对成熟的阶段进一步改善，同时由于消费者消费偏好发生改变及消费结构全面升级，产能过剩出现在行业和产品生命周期的成熟期是必然的。由此产生的产能过剩使得资源流向其他行业，促进了产业结构调整、优化升级及资源配置效率的提高。

很多国内学者将产能过剩区分为两种不同的类型：一种是市场经济中由经济波动造成的短暂产能过剩，另一种是转轨体制下由政府不当干预经济造成的长期产能过剩或者长期产能过剩的趋势。魏后凯（2001）将产能过剩区分为合理的产能过剩和不合理的产能过剩，认为市场周期波动形成的产能暂时过剩为合理的重复建设。另外，在产业结构调整和升级过程中，新的生产工艺和产品对原有产品和工艺的替代过程中形成的产能过剩为合理的产能过剩。而不合理的重复建设和产能过剩主要是由信息不充分和体制缺陷引起的，而且是在技术水平较低的基础上进行的。

2.3　本　章　小　结

本章主要对国内外产能过剩相关理论进行梳理和总结，国外很多经济学派对经济增长起源和经济周期波动进行研究，他们针对经济衰退甚至导致经济危机的可能性和原因进行了充分的讨论，进而衍生出各种生产过剩理论。国内关于产能过剩的理论较少，林毅夫等（2010）指出，基于相同的产业发展前景预期，发展中国家企业投资出现"潮涌"现象，造成产业产能迅速扩张，市场需求严重滞后于产能增长，从而出现产能过剩现象。行业和产品生命周期理论则认为面对需求增长缓慢及需求结构的变化，产能过剩出现在成熟期是必然的。

第二篇　产能过剩的形成机理研究
——宏观角度

第3章 要素价格扭曲视角下的产能过剩形成机制研究

去产能是 2017 年底中央经济工作会议提出的供给侧结构性改革"三去一降一补"的首要任务，当前中国工业产能过剩问题严峻，大量"僵尸企业"占用人财物等各类资源，已经严重制约了经济的回升和发展。长期以来，中国要素市场化改革进程滞后，资本、土地、劳动力及资源产品等要素市场均存在不同程度的价格扭曲，要素价格无法真实反映市场供求关系和资源稀缺程度，政策、规划、标准等的引导和约束作用不强。中国人民银行行长周小川在《国际金融论坛 2016 中国报告》中指出环境成本问题也是一种价格扭曲，企业不吸收环境成本就会导致价格严重失实，产能过剩在很大程度上与价格扭曲有关。上述生产要素价格扭曲的现象，导致我国工业的生产附加值和利润显得非常高，进而造成盈利假象吸引了大量投资，助长了重复建设和产能扩张。那么，国内要素价格扭曲是否真的加剧了我国工业产能过剩？其传导机制如何？上述各种要素价格扭曲对工业产能过剩的影响是否具有差异？区域差异性是否会影响要素价格扭曲与产能过剩之间的关系？要素价格市场化改革是否真的有助于化解我国工业产能过剩？研究这些问题对现阶段处于转型升级关键时期的中国经济具有重要的现实意义，也是当前工业去产能化和供给侧结构性改革能否取得实质性进展所关注的关键问题。

3.1 文 献 综 述

在现有的研究文献当中，部分学者指出产能过剩是企业理性决策的产物，即产能过剩作为在位企业对可能进入者的一种威胁手段（Barham and Ware，1993；盛文军，2007），但是中国产能过剩程度之深和范围之广已经不能简单地用企业博弈和企业垄断解释。此外产能过剩的成因有政府干预说（Blonigen and Wilson，2010；耿强等，2011；王立国和鞠蕾，2012）、过度投资说（Banerjee，1992；林毅夫等，2010；韩国高等，2011）、要素窖藏说（Fair，1969；孙巍等，2008），这些原因都可以被归纳为投资过度，还有部分学者指出产能过剩是需求不足导致（卢锋，2009；Lovell et al.，2009）。这些研究对产能过剩的成因进行了较为全面的解释，但是投资过度和需求不足对产能过剩的解释较为直观，并没有深究为何会产生投资过度？什么导致了需求不足？中国市场经济发展经历了一个从计划经济到社会主义市场经济渐进式改革的过程，投资过度和需求不足有其存在的共同历史原因，即要素市场化的不完全。就要素价格扭曲的现状来讲，大量研究表明中国要素价格存在负扭曲①的情况（罗德明等，2012；谢攀和林志远，2016），要素价格扭曲会导致资源配置低效（Kumbhakar，1990；Restuccia and Rogerson，2008；王宁和史晋川，2015）。对要素价格是否会造成产能过剩问题，大多数学者给出了肯定的回答。那么要素价格扭曲如何导致产能过剩？对该问题的回答主要集中在供给和需求两个角度：从供给角度来看，要素价格扭曲对产能过剩的影响主要是通过刺激投资增加总供给，该影响机制的基本思路是资本、劳动、土地、能源等要素价格扭曲相当于降低了要素投入价格，进而导致投资过度（米黎钟和曹建海，2006；曹建海和江飞涛，2010）。从需求角度来看，要素价格扭曲对产能过剩的影响主要是通过减少居民收入进而降低产品需求，产品需求下降导致大量供给不能被市场消化，从而造成库存增加和产能过剩（王希，2012）。不同要素价格扭曲对产能过剩影响的程度和机制是否相同？就影响程度而言，王希（2012）、吴治鹏（2014）指出，劳动要素价格扭曲对产能利用率抑制程度高于资本、能源、土地等要素，但是并没有具体给出各个要素价格扭曲对产能过剩影响的机制和影响程度产生差异的原因；一些学者持不同观点：夏茂森等（2013）认为，资本要素价格扭曲会提高产能利用率，劳动和资本要素价格扭曲会降低产能利用率，鞠蕾等（2016）认为，劳动要素价格扭曲对产能利用率的影响并不显著。上述研究仅从投资和需求角度对要素价格扭曲对产能过剩的影响进行解释，但并没有对要素价格扭曲如何通过投资和需求来加剧产能过剩进行检验，也没有对要素价格扭曲对产能过剩影响的其他可能传导机制进行探究，对体制性因素导致产能过剩形成的过程分析并不彻底，对要素价格扭曲对产能过剩的异质性影响研究并不全面。

实际上，要素价格扭曲对产能过剩的影响不能简单地从供给侧或者需求侧进行笼统的分析，而应该就其具体影响机制进行更为细致的讨论；不同要素价格扭曲对产能过剩影响的差异性明显，但上述文献对此研究较少并且尚未形成一致结论；此外，考虑到中国区域经济发展不平衡的现状，要素价格扭曲对产能过剩影响的区域性差异更值得关注。因此，本章的创新之处主要体现在：①本章不仅考察了要素价格扭曲对我国工业产能过剩的影响，而且从投资效应、创新效应、产业结构效应和需求效应等多个角度来检验要素价格扭曲对我国工业产能过剩形成的具体传导机制，为从体制性因素角度来研究产能过剩形成机理提供充分证据，

---

① 要素价格负扭曲是指要素价格偏低，低于其边际产出，本章中的要素价格扭曲即指要素价格负扭曲。

这是以往有关研究不曾涉猎的。②本章不仅关注劳动、资本和能源等要素价格扭曲对工业产能过剩影响的差异性,还关注东部和中西部地区要素价格扭曲程度对产能过剩影响的差异性,更加全面地考察了要素价格扭曲对产能过剩的异质性影响。

3.2　指　标　测　度

3.2.1　研究方法

（1）要素价格扭曲程度的测算方法

本章利用 C-D 函数法测度要素价格扭曲程度,其基本思想是根据生产函数测度各种投入要素的边际产出,将边际产出与要素实际价格的比值作为要素价格扭曲程度。因此,该方法的关键就是生产函数的估计:

$$Y = AK^{\alpha}L^{\beta}E^{\delta} \tag{3.1}$$

式中,Y、K、L 和 E 分别代表实际产出、资本投入、劳动投入和能源投入;A、α、β 和 δ 代表参数。利用式（3.1）对资本、劳动和能源投入量分别求导可得到三种要素的边际产出:

$$\mathrm{MP}_K = A\alpha K^{\alpha-1}L^{\beta}E^{\delta} = \alpha Y / K \tag{3.2}$$

$$\mathrm{MP}_L = A\beta K^{\alpha}L^{\beta-1}E^{\delta} = \beta Y / L \tag{3.3}$$

$$\mathrm{MP}_E = A\delta K^{\alpha}L^{\beta}E^{\delta-1} = \delta Y / E \tag{3.4}$$

式中,MP_K、MP_L 和 MP_E 分别代表资本、劳动和能源的边际产出。在式（3.2）～式（3.4）的基础上根据要素价格扭曲的定义即可得到三种要素价格各自的扭曲程度,并进一步根据生产函数形式可以得到要素价格总扭曲的形式:

$$\mathrm{dist}K = \mathrm{MP}_K / \gamma \tag{3.5}$$

$$\mathrm{dist}L = \mathrm{MP}_L / \omega \tag{3.6}$$

$$\mathrm{dist}E = \mathrm{MP}_E / \phi \tag{3.7}$$

$$\mathrm{dist} = (\mathrm{dist}K)^{\frac{\alpha}{\alpha+\beta+\delta}} (\mathrm{dist}L)^{\frac{\beta}{\alpha+\beta+\delta}} (\mathrm{dist}E)^{\frac{\delta}{\alpha+\beta+\delta}} \tag{3.8}$$

式中,$\mathrm{dist}K$、$\mathrm{dist}L$ 和 $\mathrm{dist}E$ 分别代表资本、劳动和能源要素价格扭曲程度;γ、ω 和 ϕ 分别代表资本、劳动和能源要素价格。为简化参数估计,提高估计精度,对式（3.1）进行取对数处理:

$$\ln Y = \ln A + \alpha \ln K + \beta \ln L + \delta \ln E + \varepsilon \tag{3.9}$$

式中,ε 代表回归残差项。

（2）产能利用率的测算方法

产能过剩在供给侧表现为企业开工不足、大量的生产设备闲置、人员下岗，在需求侧则表现为需求小于供给、库存增加、产品价格下降。而以往的研究把产能利用率定义为厂商实际产出和潜在产出的比值，对产能利用率的测度集中在供给侧，很少关注需求侧的产能利用率。事实上，对产能利用率的测度不能仅局限在供给侧产能多大程度上转化为实际产出，还要考察实际产出多大程度上被市场消化掉。因此，不管是产能过剩的内涵和表现还是化解手段，都不能将供给侧和需求侧割裂，本章参照杨振兵和张诚（2015）的做法，将产能利用率分解为需求侧的产能利用率（CU_c）和供给侧的产能利用率（CU_p）：

$$CU = CU_c \times CU_p \tag{3.10}$$

其中，需求侧的产能利用率利用工业销售产值（demand）占工业总产值（supply）的比值来衡量：

$$CU_c = demand/supply \tag{3.11}$$

供给侧的产能利用率利用数据包络分析（data envelopment analysis，DEA）法测度，该方法是一种利用非参数的数学规划技术来求解产能利用率的方法。通过可观察到的投入和产出数据构建生产前沿面，生产前沿面上的产出为潜在产出，即有效产出 Y^*。供给侧的产能利用率被定义为实际产出和潜在产出的比值：

$$CU_p = Y / Y^* \tag{3.12}$$

当生产单元的产出位于生产前沿面上时，产能利用率为 1；低于生产前沿面时，产能利用率小于 1。有效产出 Y^* 的测算公式为

$$\operatorname{Max} Y_j^t(K_j^t, L_j^t, E_j^t) = \sum_{i=1}^n \lambda_i^t y_i^t$$

$$\text{s.t.} \sum_{i=1}^n \lambda_i^t y_i^t \geqslant Y_j^t, \sum_{i=1}^n \lambda_i^t K_i^t \leqslant K_j^t, \sum_{i=1}^n \lambda_i^t L_i^t \leqslant L_j^t, \sum_{i=1}^n \lambda_i^t E_i^t \leqslant E_j^t, \sum_{i=1}^n \lambda_i^t = 1, \lambda_i^t \geqslant 0 \tag{3.13}$$

式中，$Y_j^t(K_j^t, L_j^t, E_j^t)$ 代表 t 期被考察单元 j 的有效产出 Y^*；λ_i^t 代表权重向量；n 代表生产单元个数；y_i^t、K_i^t、L_i^t、E_i^t 分别代表 t 期生产单元 i 的实际产出、资本投入、劳动投入和能源投入；y_j^t、K_j^t、L_j^t、E_j^t 分别代表 t 期被考察单元 j 的实际产出、资本投入、劳动投入和能源投入。约束条件 $\sum_{i=1}^n \lambda_i^t K_i^t \leqslant K_j^t$、$\sum_{i=1}^n \lambda_i^t L_i^t \leqslant L_j^t$、$\sum_{i=1}^n \lambda_i^t E_i^t \leqslant E_j^t$、$\sum_{i=1}^n \lambda_i^t y_i^t \geqslant Y_j^t$ 分别代表被考察单元的资本、劳动和能源投入大于等于有效的资本、劳动和能源投入，产出小于等于有效产出，即考察单元的投入产出组合位于 t 期的生产前沿面之内。借鉴董敏杰等（2015）的做法，这里采用产

出导向型的规模报酬可变（BCC①）模型进行测度，对应 $\sum_{i=1}^{n} \lambda_i^t = 1$ 表示规模报酬可

变，本章采用 DEAP2.1 软件对产能利用率进行测度。

（3）指标数据

本章的样本区间为 2002~2014 年，采用全国 30 个省区市（不包括西藏、香港、澳门和台湾）的工业面板数据。

1）工业产出（Y）。采用各地区规模以上工业企业工业增加值（亿元）度量，利用工业品出厂价格指数（调整至 2002 年为基期）进行平减得到实际值，并进行取对数处理，数据来源于中国经济信息网（简称中经网）统计数据库。

2）资本投入量（K）。借鉴张军等（2004）的做法，采用永续盘存法对资本投入量进行估计：

$$K_t = K_{t-1}(1-\eta_t) + I_t / P_t \tag{3.14}$$

式中，K_t 与 K_{t-1} 分别代表 t 期与 $t-1$ 期的固定资本存量；η_t 代表 t 期的折旧率；I_t 代表 t 期省区市工业新增投资额；P_t 代表固定资产投资价格指数。这里分别对主要数据给出说明，省区市工业新增投资额（I_t）：鉴于各省区市统计年鉴只给出全社会固定资产投资完成额，并没有给出工业固定资产投资完成额，因此，使用相邻两年工业固定资产原价的差值替代，数据来源于 2003~2015 年的《中国工业经济统计年鉴》，由于《中国工业经济统计年鉴 2005》的缺失，2004 年的数据来源于《中国经济普查年鉴 2005》；固定资产投资价格指数：根据各省区市的固定资产投资价格环比指数折算得到以 2002 年为基期的同比固定资产价格指数，数据来源于中经网统计数据库；基期固定资本存量：样本起始年份为 2002 年，使用 2002 年各省区市规模以上工业企业固定资产原价与累计折旧的差值作为基期资本存量，数据来源于《中国工业经济统计年鉴 2003》；折旧率：折旧率等于本年固定资产折旧与前一年固定资产原价的比值，其中，将各年累计折旧额与上一年累计折旧额的差值作为本年的固定资产折旧。

3）资本价格（γ）。由于中国利率市场化进程并未完全结束，金融市场化改革滞后，融资约束依然束缚着企业的发展，中国的利率水平并不能完全衡量资本的成本，参照石庆芳（2014）的方法采用折旧率衡量资本价格，计算方法在计算固定资本存量时已给出。

4）工业劳动投入（L）。选取各省区市规模以上工业企业全部从业人员年平均人数（万人）作为衡量指标，数据来源于各省区市 2003~2015 年的《中国统计年鉴》。

5）劳动价格（ω）。选取各省区市在岗职工平均工资（万元）衡量劳动价格，

---

① BCC 即 Banker、Charnes、Cooper 人名首字母的缩写。

数据来源于 2003～2014 年《中国统计年鉴》，为消除价格水平对实际工资的影响，利用各省区市消费价格指数（consumer price index，CPI）平减至基期。

6）工业能源投入（E）。1980～2014 年，煤炭占能源消费总量的比重处在 70% 以上，并一度高达 79.5%。因此，使用煤炭（万吨）作为工业能源投入，数据来源于 2003～2015 年《中国能源统计年鉴》。

7）能源价格（ϕ）。在现有的统计资料中，只有 2003 年、2004 年的《中国物价年鉴》中"36 个大中城市主要生产资料平均价格统计"给出了 2002 年、2003 年绝大多数的省区市煤炭价格（元/吨），对部分价格缺失的省区市，采用相邻经济发展水平近似的省区市煤炭价格替代。2004～2014 年的各个省区市煤炭价格根据式（3.15）推算：

$$\phi_t = \phi_{t-1} \text{RMPPI}_t \tag{3.15}$$

式中，RMPPI 代表燃料动力类价格指数，该指标反映了工业企业通过各种渠道购买到的燃料、动力价格变动的趋势，数据来源于 2005～2015 年《中国价格统计年鉴》，得到各个年份的名义原煤价格后使用省区市 CPI 平减至基期。

8）销售产值和总产值。销售产值采用各省区市规模以上工业企业的工业销售产值（当年价格）衡量，总产值用规模以上工业企业总产值衡量，数据来源于 2003～2015 年的《中国工业统计年鉴》，2004 年的数据来源于《中国经济普查年鉴 2005》。由于 2013～2015 年的《中国工业经济统计年鉴》不再报告工业总产值指标，仅有工业销售产值（当年价格）指标，无法再使用工业销售产值和总产值之比衡量需求侧产能利用率，2012 年的需求侧产能利用率使用 2002～2011 年的需求侧产能利用率的算术平均值替代，2013 年、2014 年的需求侧产能利用率用 2003～2012 年、2004～2013 年需求侧产能利用率的算术平均值替代。

3.2.2 测度结果

（1）要素价格扭曲程度

总的来说，绝大多数省区市的各种要素扭曲程度和总扭曲程度都大于 1，说明在样本区间内总体上我国的要素价格水平偏低，要素的实际价格均低于其边际生产力，要素价格扭曲存在负向扭曲现象。通过分析样本区间内三种要素价格扭曲程度和总扭曲程度的省区市平均值可以发现，2002～2009 年我国价格总扭曲程度整体上呈现改善状况，2009 年之后要素价格扭曲程度增加，劳动要素价格扭曲程度波动不大，人口红利逐渐消失、最低工资标准和户籍制度改革等在一定程度上改善了我国劳动要素价格的结构性扭曲程度。金融市场化改革使得 2009 年以前的资本要素价格扭曲不断改善，但随着各种刺激经济政策出台，大量低效率资本投资的边际产出下降，2009 年以后我国资本要素价格扭曲程度不断恶化，而能源要素价格扭曲则是在 2005 年以后开始恶化。从要素价格整体扭曲程度来看，资本和能源要素价格扭曲程度较大，劳动要素价格扭曲程度较小；从要素价格总扭曲程度的区域差异来看，要素价格总扭曲在中西部地区更加严重，东部地区扭曲程度较小，这主要与东部①和中西部②地区市场化发展程度和制度环境等有关。

（2）产能利用率

通过分析样本区间内产能利用率的省区市平均值可以发现，在 2007 年之前我国工业产能利用率总水平处于一个上升渠道，随后受全球性金融危机的影响，2008～2010 年，产能利用率大幅下滑，在国家各种经济刺激政策的作用下，产能利用率在经历了一段时间的提升后转而下降，基本上同经济周期保持一致。从区域角度来看，东部地区和中西部地区基本上同全国总的产能利用率变动呈同步变化，并且东部地区产能利用率显著高于中西部地区产能利用率，中西部地区已经表现出普遍的产能过剩，本章测度的产能利用率的地区差异和程俊杰（2015a）的测度结果较为一致，这主要与东部地区的经济发展水平和市场开放水平较高有关。

3.3　模型设定和变量选取

3.3.1　计量模型设定

产能利用率从宏观角度可以理解为总需求（C）和总供给（Y）水平的比值（周劲，2007），即

$$CU = C / Y \tag{3.16}$$

首先，从总需求角度分析，借鉴石庆芳（2014）关于总需求的做法并加以拓展，假设企业生产需要投入资本（K）、劳动（L）和能源（E）三种要素，对应的要素价格分别为 γ、ω、ϕ。居民靠劳动力和所拥有的资本及能源禀赋获得收入然后进行消费，居民总收入 y 为个人收入的加总：$K\gamma + L\omega + E\phi$，根据凯恩斯消费理论，社会总需求函数取决于总收入：

$$C = f(y) = f(K\gamma + L\omega + E\phi) = a + b(K\gamma + L\omega + E\phi) \tag{3.17}$$

式中，a 代表自发消费；b 代表边际消费倾向，a>0，0<b<1。

根据式（3.5）～式（3.7）对要素价格扭曲的定义可知：

$$\gamma = \mathrm{MP}_K / \mathrm{dist}K,\ \omega = \mathrm{MP}_L / \mathrm{dist}L,\ \phi = \mathrm{MP}_E / \mathrm{dist}E \tag{3.18}$$

将式（3.18）带入式（3.17）中，可得

① 东部地区包括北京、天津、河北、辽宁、上海、江苏、浙江、福建、山东、广东、海南。

② 中西部地区包括山西、内蒙古、吉林、黑龙江、安徽、江西、河南、湖北、湖南、广西、重庆、四川、贵州、云南、陕西、甘肃、青海、宁夏、新疆。

$$C = f(KMP_K / \text{dist}K + LMP_L / \text{dist}L + EMP_E / \text{dist}E) \tag{3.19}$$

分别将总需求 C 对资本要素价格扭曲、劳动要素价格扭曲和能源要素价格扭曲求导，鉴于居民持有的资源禀赋量不受要素价格扭曲程度影响，最后可得

$$\frac{\partial C}{\partial \text{dist}K} = f'(y)\frac{-KMP_K}{(\text{dist}K)^2} = -b\frac{KMP_K}{(\text{dist}K)^2} < 0 \tag{3.20}$$

$$\frac{\partial C}{\partial \text{dist}L} = f'(y)\frac{-LMP_L}{(\text{dist}L)^2} = -b\frac{LMP_L}{(\text{dist}L)^2} < 0 \tag{3.21}$$

$$\frac{\partial C}{\partial \text{dist}E} = f'(y)\frac{-EMP_E}{(\text{dist}E)^2} = -b\frac{EMP_E}{(\text{dist}E)^2} < 0 \tag{3.22}$$

由式（3.20）～式（3.22）可知，资本、劳动和能源要素价格扭曲程度上升都会抑制总需求上升。

其次，从总供给角度分析，企业的生产函数为

$$Y = F(K, L, E) \tag{3.23}$$

一般情况下，生产函数满足 $F' > 0$，$F'' < 0$。企业目标是在固定投入下实现产出（Y）最大化，未发生要素价格扭曲时，资本、劳动和能源要素价格等于各自的边际产出，假设为 γ^*、ω^*、ϕ^*，发生要素价格扭曲时，要素价格低于各自的边际产出，有 $\gamma < \gamma^*$、$\omega < \omega^*$、$\phi < \phi^*$，要素价格扭曲程度越大，单位生产要素价格越低，因此，同样的投入下所能购买的要素量越多：

$$\frac{\partial K}{\partial \text{dist}K} > 0, \frac{\partial L}{\partial \text{dist}L} > 0, \frac{\partial E}{\partial \text{dist}E} > 0 \tag{3.24}$$

由此导致要素价格扭曲后的生产要素投入量 (K, L, E) 高于未发生要素价格扭曲时的生产要素投入量 (K^*, L^*, E^*)，对应的企业产出关系为 $Y(K, L, E) > Y^*(K^*, L^*, E^*)$。将生产函数分别对资本要素价格扭曲、劳动要素价格扭曲和能源要素价格扭曲求导，可得

$$\frac{\partial Y}{\partial \text{dist}K} = F_K' \frac{\partial K}{\partial \text{dist}K} > 0 \tag{3.25}$$

$$\frac{\partial Y}{\partial \text{dist}L} = F_L' \frac{\partial L}{\partial \text{dist}L} > 0 \tag{3.26}$$

$$\frac{\partial Y}{\partial \text{dist}E} = F_E' \frac{\partial E}{\partial \text{dist}E} > 0 \tag{3.27}$$

式（3.25）～式（3.27）表明，要素价格扭曲程度越大，总供给越多。

最后，结合以上分析，讨论各个要素价格扭曲对产能利用率的影响，将产能利用率分别对资本要素价格扭曲、劳动要素价格扭曲和能源要素价格扭曲求导，可得

$$\frac{\partial CU}{\partial distK} = \frac{\frac{\partial C}{\partial distK}Y - C\frac{\partial Y}{\partial distK}}{Y^2} < 0 \quad (3.28)$$

$$\frac{\partial CU}{\partial distL} = \frac{\frac{\partial C}{\partial distL}Y - C\frac{\partial Y}{\partial distL}}{Y^2} < 0 \quad (3.29)$$

$$\frac{\partial CU}{\partial distE} = \frac{\frac{\partial C}{\partial distE}Y - C\frac{\partial Y}{\partial distE}}{Y^2} < 0 \quad (3.30)$$

式（3.28）～式（3.30）表明，资本、劳动和能源要素价格扭曲程度越大，产能利用率越低，同理将以上推导中的三种要素价格扭曲程度换成总扭曲时，基本结论不变。因此，预期要素价格扭曲将会负向影响产能利用率，具体计量模型设定如下：

$$CU_{i,t} = \eta_0 + \beta_0 CU_{i,t-1} + \beta_1 dist_{i,t} + \sum_{j=2}^{4}\beta_j Control_{i,t} + \eta_i + \varepsilon_{i,t} \quad (3.31)$$

$$CU_{i,t} = \kappa_0 + \theta_0 CU_{i,t-1} + \theta_1 distK_{i,t} + \theta_2 distL_{i,t} + \theta_3 distE_{i,t} + \sum_{j=4}^{6}\theta_j Control_{i,t} + \kappa_i + \mu_{i,t}$$

$$(3.32)$$

式中，$CU_{i,t}$ 代表中国各个省区市的工业产能利用率，$CU_{i,t-1}$ 代表滞后一期的中国各个省区市的工业产能利用率；$dist_{i,t}$、$distK_{i,t}$、$distL_{i,t}$、$distE_{i,t}$ 分别代表中国各个省区市不同时期的要素价格总扭曲和资本、劳动、能源三种要素价格扭曲程度；$Control_{i,t}$ 代表控制变量；β_j（$j = 0, 1, 2, 3, 4$）和 θ_j（$j = 0, 1, 2, 3, 4, 5, 6$）代表估计系数；η_0 和 κ_0 代表常数项；η_i 和 κ_i 代表不可观察的各省区市的区域个体效应；$\varepsilon_{i,t}$ 和 $\mu_{i,t}$ 代表残差项。

3.3.2 变量选取

要素价格总扭曲 $dist_{i,t}$、资本要素价格扭曲 $distK_{i,t}$、劳动要素价格扭曲 $distL_{i,t}$、能源要素价格扭曲 $distE_{i,t}$ 和产能利用率 $CU_{i,t}$ 均来源于 3.2.1 节的测度结果。式（3.31）和式（3.32）选取相同的控制变量：①经济发展状况（$DGDP_{i,t}$），用地区生产总值指数衡量。产能利用率变动往往和经济周期呈现正相关趋势，经济繁荣时期，市场需求旺盛，产能利用率相对较高，反之产能利用率较低。②政府干预力度（$BIR_{i,t}$），用固定资产投资实际到位资金中国家预算内资金比重衡量，该指标直接反映政府干预经济力量的大小。地方政府具有强烈的动机对微观经济主体进行干预，为了提高地方经济利益和稳定社会，其往往热衷投资于盈利性较强的重化工业，为了政绩和维稳，甚至不断给亏损企业和"僵尸企业"提供政府补贴，在扩张产能的同时严重阻碍了过剩产能企业的顺利退出，因而会降低产能利用率。③工业占比（$\text{IND}_{i,t}$），用各地区工业增加值占地区生产总值的比值衡量，用来反映资本密集程度。一个地区的工业化程度和资本密集程度越高，产能利用率水平越低。以上数据均来自中经网统计数据库，变量的描述性统计见表 3-1，可以发现我国资本要素价格、劳动要素价格和能源要素价格的均值都大于 1，说明三种要素的实际价格均低于其边际生产力，要素价格扭曲均为负向扭曲。

表 3-1　变量的描述性统计

变量	样本数	均值	最大值	最小值	标准差
CU	390	76.138	100.627	36.408	17.799
dist	390	7.591	14.432	1.914	2.600
dist$K$	390	11.657	25.021	1.015	5.555
dist$L$	390	1.786	3.798	0.838	0.539
dist$E$	390	11.077	54.841	1.200	10.931
DGDP	390	112.300	123.830	104.9	2.475
BIR	390	5.582	20.069	0.618	3.734
IND	390	39.403	59.243	13.470	8.351

3.4　实证结果与分析

3.4.1　要素价格总扭曲对产能过剩的影响

本章采用动态面板数据模型的系统广义矩估计方法对模型进行估计，利用更为有效的两步回归法，估计结果见表 3-2。

表 3-2　要素价格扭曲对产能过剩影响的模型估计结果

项目	模型（1）	模型（2）	模型（3）	模型（4）
因变量	$\text{CU}_{i,t}$	$\text{CU}_{i,t}$	$\text{CU}_{i,t}$	$\text{CU}_{i,t}$
$\text{CU}_{i,t-1}$	0.943*** (88.67)	0.914*** (66.90)	0.790*** (61.62)	0.779*** (31.33)

续表

项目	模型（1）	模型（2）	模型（3）	模型（4）
因变量	$CU_{i,t}$	$CU_{i,t}$	$CU_{i,t}$	$CU_{i,t}$
$dist_{i,t}$	−0.211*** (−8.36)	−0.203*** (−3.04)	−0.186*** (−3.17)	−0.187** (−2.54)
$DGDP_{i,t}$		0.570*** (7.84)	0.571*** (7.54)	0.630*** (5.23)
$BIR_{i,t}$			−0.594*** (−13.36)	−0.744*** (−10.11)
$IND_{i,t}$				−0.241*** (−2.81)
CONS	6.323*** (6.42)	−55.265*** (6.40)	−42.988*** (−5.25)	−38.457** (−2.51)
Hansen 检验	29.72 [0.677]	27.29 [0.747]	27.69 [0.685]	27.48 [0.648]
AR（1）	−4.04 [0.000]	−4.03 [0.000]	−4.05 [0.000]	−3.99 [0.000]
AR（2）	1.48 [0.139]	1.55 [0.122]	1.54 [0.123]	1.49 [0.138]

***、**分别表示在 1%、5%水平上显著，小括号内为 t 值，中括号内为 p 值，CONS 为常数项，AR（1）和 AR（2）分别为一阶序列相关和二阶序列相关。下同

　　表 3-2 逐步加入控制变量，可以发现各个控制变量的回归系数均显著，并且符号均符合理论预期。经济发展状况（$DGDP_{i,t}$）与产能利用率水平有显著正向相关关系，产能利用率呈现出顺经济周期的特点，繁荣的经济环境不仅使得消费者增加消费需求，而且能够增加投资者信心进而增加投资需求，两者共同使得最终消费品和工业中间品需求增加，提高产能利用率。政府干预力度（$BIR_{i,t}$）与产能利用率水平有显著负向相关关系，在我国，财政分权制度和以经济绩效为考核标准的官员晋升机制使得地方政府热衷于干预经济，投资是政府拉动经济增长的主要动力，地方政府争相推动大规模投资项目，在满足政绩考核需要的同时也挤出了更具效率的民间投资，造成大量低效投资；另外，政府倾向于在经济低迷时期以短平快的方式刺激经济，出台各种投资刺激计划也容易留下政策"后遗症"，加剧产能扩张。工业占比（$IND_{i,t}$）与产能利用率水平有显著负向相关关系，资本密集程度较高通常意味着需要较多的资本投资，多发生在重化工业部门并且盈利性较高，地方政府为了本地经济效益千方百计地上项目，对资本密集型行业十分青睐，这样的投资偏好极易引发和加剧产能过剩；资本形成时间较长，期间产品需求变动及产品技术升级等问题也会使得产能集中释放时供给与需求结构不匹配而造成需求不足和产能过剩问题；资本密集程度高的重化工业部门中固定资本

的专用性通常较强,固定资本大都不可逆,产业退出壁垒较高,也使得过剩产能短期内很难减少。另外,由于地方政府间竞争的存在,地区工业在发展较为全面的时候,更容易消化上下游产业间的产能,工业占比也在一定程度上促进产能利用。从回归结果来看,工业占比对产能过剩的抑制作用大于促进作用。

表 3-2 还表明要素价格总扭曲($dist_{i,t}$)的系数显著为负,说明要素价格扭曲的增加将会降低产能利用率水平,加剧产能过剩。本章试图从三个方面来解释要素价格总扭曲对产能过剩的作用机制。

(1)行业进入门槛和退出门槛的视角

要素价格总扭曲对投资者而言相当于获得大量投资补贴,生产成本被严重压低,一方面,对一些受限于资金、人力和环保等条件的企业而言,行业进入门槛大大下降,产能规模快速扩张,容易引发行业的重复建设问题。而对钢铁、水泥、平板玻璃和化工等同质化程度高的行业而言,即使行业已经产能过剩,但是新进入者由于较低的建厂成本、扭曲的人工成本、外部化的环保成本等仍然可以形成竞争优势,引发进一步的投资扩张和产能过剩。在传统过剩行业中,金融机构贷款多存在"规模歧视""所有制歧视"的倾向,将低价的资本要素输送到大型企业和国有企业,导致其投资决策抛开市场、盲目扩张、粗放式低水平重复建设问题丛生。对一些战略性新兴产业,如近年来的光伏产业,在政策优惠的吸引下,较低的要素价格使得大批项目迅速发展,造成重复建设和产能持续扩张,2008~2012年产能利用率仅为 57%。由此可见,要素价格扭曲主要通过过度投资效应来降低产能利用率,加剧产能过剩。另一方面,部分已经亏损企业的过剩产能本应该通过退出行业、兼并重组等方式被市场机制化解,但是产能过剩企业接受了银行大量的优惠贷款、政府划拨土地,并且承担地方就业,退出市场或者兼并重组会造成银行坏账、失业增加和财政收入下降等负面影响,产能过剩化解问题和"僵尸企业"依然存在。

(2)技术创新和产业结构的视角

从抑制技术创新的角度来看,要素价格扭曲会导致生产要素错配、技术创新缓慢和生产效率低下,在要素价格扭曲的激励下企业更倾向于使用廉价的要素投入,而不进行投入大、回收期长的科技创新投入(张杰等,2011;李平等,2014)。因此,中国制造业的增长仍然依靠廉价要素的投入,全要素生产率的贡献并不大,由此导致了效率低下的过剩产能存在(陈永伟和胡伟民,2011)。从阻碍产业结构升级的角度来看,创新和技术进步是产业结构升级的根本动力,而要素价格扭曲的存在使中国高耗能高污染的资源投入型低端产业仍然有利可图,从而使得产业转型升级落入困境,落后的产业结构难以应对市场需求变化,因而更容易形成落后产能。正是要素价格扭曲对技术进步和产业结构转型升级效应的抑制,导致中国部分传统行业产能过剩、高端产品和高新技术领域供给不足并存。

（3）需求侧的视角

要素价格总扭曲对要素占有者而言相当于降低了要素报酬，对一个社会而言降低了社会总收入，从而降低社会总需求。产能过剩通常是生产环节上的生产资料供应过剩，即上游产品或中间产品的过剩，而非消费品的过剩（刘西顺，2006）。在消费旺盛的情况下，最终消费品带动中间产品需求，经济得以正常运行，不会出现产能过剩的问题。但是，在要素价格扭曲的情况下，居民收入被压低将直接抑制最终消费品的消费，因而在生产环节出现中间产品需求不足的情况，中间产品的需求持续小于供应，加之中间产品供应厂商在要素价格扭曲驱动下的过度投资行为，使得中间产品库存增加、价格下降、开工不足，导致中间产品的行业出现产能过剩问题，因此，产能过剩行业会多集中在生产中间产品的工业行业。因此，要素价格扭曲通过减弱最终消费需求效应也对产能利用率起到了抑制作用。

根据上述要素价格扭曲对产能过剩作用机制的分析，可以总结为要素价格扭曲主要通过投资效应、创新效应、产业结构效应和需求效应对产能过剩发挥效用，本章将逐一检验这四个效应是否成立，利用中介效应检验方法[①]，构建如下的递归方程：

$$\mathrm{CU}_{i,t} = \eta_0 + \beta_0 \mathrm{CU}_{i,t-1} + \beta_1 \mathrm{dist}_{i,t} + \sum_{j=2}^{4} \beta_j \mathrm{Control}_{i,t} + \eta_i + \varepsilon_{i,t} \quad (3.33)$$

$$W_{i,t} = \tau_0 + \lambda_0 W_{i,t-1} + \lambda_1 \mathrm{dist}_{i,t} + \sum_{j=2}^{4} \lambda_j \mathrm{Control}_{i,t} + \tau_i + \nu_{i,t} \quad (3.34)$$

$$\mathrm{CU}_{i,t} = \zeta_0 + \rho_0 \mathrm{CU}_{i,t-1} + \rho_1 \mathrm{dist}_{i,t} + \vartheta W_{i,t} + \sum_{j=2}^{4} \rho_j \mathrm{Control}_{i,t} + \zeta_i + \upsilon_{i,t} \quad (3.35)$$

式中，$\mathrm{CU}_{i,t}$、$\mathrm{dist}_{i,t}$ 和 $\mathrm{Control}_{i,t}$ 分别代表工业产能利用率、要素价格总扭曲和控制变量；$W_{i,t}$ 代表中介变量，具体包括：投资效应采用各省区市工业固定资本存量的差额来替代，表示为 $\mathrm{INV}_{i,t}$，数据来源于 3.3.2 节的测度结果；创新效应采用各省区市大中型工业企业研究与开发（research and development，R&D）活动经费支出与工业增加值的比值来替代，表示为 $\mathrm{RD}_{i,t}$；产业结构效应采用各省区市第三产业增加值与第二产业增加值的比值来替代，表示为 $\mathrm{INS}_{i,t}$；需求效应采用各省区市的社会消费品零售总额来替代，利用各省区市以 2002 年为基期的 CPI 进行平减后取对数表示为 $LD_{i,t}$，数据来源于中经网统计数据库、《中国科技统计年鉴》和《工业企业科技活动统计资料》；η_0、τ_0 和 ζ_0 代表常数项；β_j（$j=0,1,2,3,4$）、λ_j（$j=0,1,2,3,4$）、ρ_j（$j=0,1,2,3,4$）代表估计系数；ϑ 代表中介变量的估计系数；η_i、τ_i 和 ζ_i 代表个体固定效应；$\varepsilon_{i,t}$、$\nu_{i,t}$ 和 $\upsilon_{i,t}$ 代表误差项。根据中介效应检

---

① 中介效应检验的模型设定参考温忠麟等（2004）、汪伟等（2015）。

验方法，首先，对式（3.33）进行回归，检验自变量要素价格扭曲对因变量产能利用率的效应是否存在；其次，对式（3.34）进行回归，检验自变量要素价格扭曲对中介变量的效应是否存在；最后，将因变量产能利用率同时对自变量和中介变量进行回归，得到式（3.35）。如果要素价格扭曲对产能利用率的影响仍然显著，并且其影响程度变小，则说明要素价格扭曲对产能利用率的影响存在部分中介效应，估计结果见表3-3和表3-4。

表 3-3 投资效应和创新效应的中介检验模型的估计结果

项目	投资效应		创新效应	
	模型（5）	模型（6）	模型（7）	模型（8）
因变量	$INV_{i,t}$	$CU_{i,t}$	$RD_{i,t}$	$CU_{i,t}$
$CU_{i,t-1}$		0.833*** (56.51)		0.661*** (20.69)
$INV_{i,t-1}$	0.125*** (3.92)			
$RD_{i,t-1}$			1.071*** (208.88)	
$W_{i,t}$		−0.730** (−2.43)		1.440*** (4.11)
$dist_{i,t}$	0.002** (2.23)	−0.057*** (−7.95)	−0.001* (1.75)	−0.167** (−2.40)
$DGDP_{i,t}$	0.088*** (5.05)	0.809*** (5.27)	−0.019*** (−9.94)	0.861*** (5.64)
$BIR_{i,t}$	0.053*** (3.50)	−0.721*** (−13.07)	−0.008*** (−5.20)	−1.538*** (−7.51)
$IND_{i,t}$	0.034*** (6.86)	−0.250*** (−13.42)	0.008*** (5.32)	−0.126** (−2.06)
CONS	−5.968*** (−3.14)	−59.050*** (−3.53)	1.943*** (10.14)	−58.323*** (−3.04)
Hansen 检验	25.30 [0.558]	21.42 [0.766]	26.69 [0.426]	27.14 [0.616]
AR（1）	−4.68 [0.000]	−3.76 [0.000]	−2.68 [0.007]	−4.20 [0.000]
AR（2）	−1.42 [0.155]	0.43 [0.665]	1.56 [0.118]	1.33 [0.184]

***、**和*分别表示在1%、5%和10%水平上显著，小括号内为 t 值，中括号内为 p 值

表3-2中的模型（4）是中介效应检验第一步的模型估计结果，即基准模型的

估计结果。表 3-3 中的模型（5）表明要素价格总扭曲 $dist_{i,t}$ 对投资具有显著的正向影响，说明要素价格总扭曲会促进投资扩张，而模型（6）中要素价格总扭曲 $dist_{i,t}$ 对产能利用率具有显著的负向影响，并且模型估计系数要小于基准模型（4）中的估计系数，这说明投资效应在要素价格总扭曲对产能过剩的影响中存在部分中介效应，要素价格总扭曲通过过度投资、重复建设、投资"潮涌"等行为大幅增加产能供给，进而引发产能过剩；模型（7）中要素价格总扭曲 $dist_{i,t}$ 对创新具有显著的负向影响，说明要素价格总扭曲确实会抑制工业企业创新投入，模型（8）中要素价格总扭曲 $dist_{i,t}$ 对产能利用率也具有显著的负向影响，且估计系数小于基准模型（4）中的估计系数，说明创新效应在要素价格总扭曲对产能过剩的影响中存在部分中介效应。

表 3-4　产业结构效应和需求效应的中介检验模型的估计结果

项目	产业结构效应		需求效应	
	模型（9）	模型（10）	模型（11）	模型（12）
因变量	$INS_{i,t}$	$CU_{i,t}$	$LD_{i,t}$	$CU_{i,t}$
$CU_{i,t-1}$		0.643*** (17.40)		0.975*** (36.77)
$INS_{i,t-1}$	1.062*** (127.06)			
$LD_{i,t-1}$			0.993*** (214.4)	
$W_{i,t}$		2.567*** (3.35)		1.481** (2.00)
$dist_{i,t}$	−0.005*** (−9.75)	−0.101* (−1.67)	−0.0001** (−2.41)	−0.069*** (−8.53)
$DGDP_{i,t}$	−0.013*** (−17.50)	0.760*** (6.13)	0.007*** (9.28)	0.792*** (3.06)
$BIR_{i,t}$	−0.016*** (−8.08)	−1.601*** (−6.05)	−0.004*** (−5.30)	−0.514*** (−4.50)
$IND_{i,t}$	−0.002*** (−4.36)	−0.069 (−1.23)	−0.001*** (−4.89)	−0.140*** (−5.84)
CONS	1.634*** (16.73)	−46.943*** (−3.31)	−0.520*** (−4.67)	−90.791*** (−2.94)
Hansen 检验	19.67 [0.903]	26.10 [0.620]	20.84 [0.963]	27.17 [0.988]
AR（1）	−3.16 [0.002]	−3.07 [0.002]	−1.87 [0.061]	−3.84 [0.000]
AR（2）	1.61 [0.108]	1.62 [0.106]	0.26 [0.793]	1.00 [0.317]

***、**和*分别表示在 1%、5%和 10%水平上显著，小括号内为 t 值，中括号内为 p 值

表 3-4 中的模型（9）表明要素价格总扭曲 $dist_{i,t}$ 对产业结构具有显著的负向影响，这说明要素价格总扭曲抑制了我国工业产业结构升级，模型（10）中要素价格总扭曲 $dist_{i,t}$ 对产能利用率也具有显著的负向影响，并且估计系数小于基准模型（4）中的估计系数，说明产业结构效应在要素价格总扭曲对产能过剩的影响中存在部分中介效应；模型（11）中要素价格总扭曲 $dist_{i,t}$ 对消费需求具有显著的负向影响，这说明要素价格总扭曲减少了我国最终消费品需求，容易导致中间产品需求下降。模型（12）中要素价格总扭曲对产能利用率也具有显著的负向影响，并且估计系数小于基准模型（4）中的估计系数，说明需求效应在要素价格总扭曲对产能过剩的影响中也存在部分中介效应。从表 3-3 和表 3-4 的估计结果可以看出，要素价格总扭曲的确是通过投资效应、创新效应、产业结构效应和需求效应对工业产能过剩产生影响，并且从各模型中要素价格总扭曲对产能利用率的影响系数相对于基准模型（4）中要素价格总扭曲系数的下降幅度可以看出，投资效应和需求效应的系数下降幅度较大，说明我国要素价格总扭曲对产能过剩形成的影响更多与投资过度和需求不足等原因有关，但是创新不足和产业结构升级缓慢也不可忽视。

3.4.2　要素价格扭曲对工业产能过剩的异质性影响

为了对要素价格扭曲与工业产能过剩之间关系进行深入研究，本章进一步对不同要素价格扭曲对工业产能过剩的影响及要素价格扭曲对工业产能过剩影响的区域差异性进行检验，估计结果见表 3-5。

表 3-5　要素价格扭曲对产能利用率的异质性影响估计结果

项目	全国地区	东部地区		中西部地区	
	模型（13）	模型（14）	模型（15）	模型（16）	模型（17）
因变量	$CU_{i,t}$	$CU_{i,t}$	$CU_{i,t}$	$CU_{i,t}$	$CU_{i,t}$
$CU_{i,t-1}$	0.949*** (26.97)	0.736*** (54.75)	0.449*** (4.08)	0.748*** (21.76)	0.595*** (10.43)
$distK_{i,t}$	−0.024** (−2.15)				
$distL_{i,t}$	−1.857** (−2.57)				
$distE_{i,t}$	−0.058** (−2.15)				
$dist_{i,t}$		−0.175*** (−1.85)	−0.204** (−2.20)	−0.063*** (−11.32)	−0.068*** (−4.38)

续表

项目	全国地区	东部地区		中西部地区	
	模型（13）	模型（14）	模型（15）	模型（16）	模型（17）
因变量	$CU_{i,t}$	$CU_{i,t}$	$CU_{i,t}$	$CU_{i,t}$	$CU_{i,t}$
$DGDP_{i,t}$	0.889*** （5.49）		0.796* （1.75）		0.964*** （8.26）
$BIR_{i,t}$	−0.486*** （−3.10）		−1.135** （−2.09）		−0.712** （−2.08）
$IND_{i,t}$	−0.177*** （−4.25）		−0.345*** （−3.80）		−0.390*** （−3.17）
CONS	−80.952*** （−4.29）	24.835*** （17.73）	−20.630 （0.37）	17.257*** （6.48）	−58.351*** （−4.17）
Hansen 检验	20.82 [0.980]	8.67 [0.652]	4.95 [0.934]	15.83 [0.977]	13.99 [0.962]
AR（1）	−3.01 [0.003]	−2.18 [0.030]	−2.26 [0.024]	−3.12 [0.002]	−2.19 [0.029]
AR（2）	1.63 [0.103]	1.43 [0.153]	1.31 [0.192]	0.46 [0.644]	1.19 [0.233]

***、**和*分别表示在 1%、5%和 10%水平上显著，小括号内为 t 值，中括号内为 p 值

（1）不同要素价格扭曲对工业产能过剩的影响

从表 3-5 的模型（13）可见，全国地区的资本要素价格扭曲 $distK_{i,t}$、劳动要素价格扭曲 $distL_{i,t}$ 和能源要素价格扭曲 $distE_{i,t}$ 对产能利用率的回归系数均显著为负，说明三种要素价格扭曲均会加剧工业产能过剩。从要素价格总扭曲的测算结果来看，资本和能源要素价格扭曲程度高于劳动要素价格扭曲程度，但是就其对工业产能过剩作用的程度来看，资本要素价格扭曲 $distK_{i,t}$ 和能源要素价格扭曲 $distE_{i,t}$ 的回归系数分别为–0.024 和–0.058，而劳动要素价格扭曲 $distL_{i,t}$ 的回归系数为–1.857，说明劳动要素价格扭曲对产能利用率的抑制作用相对较大，这与王希（2012）的研究结果一致。可以从两个方面理解：从需求方面来看，居民的总收入通常取决于其所占有的资本、能源和劳动要素，但是实际上居民所占有的三种要素中最多的是劳动这一生产要素，多数居民主要依靠劳动收入生活，只有少数的人掌握资本要素，而能源要素主要掌握在政府手中，即使资本和能源的收入通过政府的转移支付和公共物品等形式转移到居民的收入和消费中，劳动收入仍是所有要素收入中最重要的组成部分。所以相比于资本和能源要素价格扭曲，劳动要素价格扭曲会在需求端更大限度地降低社会总需求进而抑制产能利用率。供给方面，首先从劳动要素价格扭曲对技术进步的影响来看，技术进步和创新的源泉更多地依赖劳动力，人脑的智慧和创造力仍是科技形成的关键。劳动要素价格

扭曲会从产品结构、产业链层级、生产方式及激发寻租活动等方面对企业的研发和创新活动形成阻碍，企业会更多地选择劳动密集型和低端产业链环节，大量采用劳动密集型工艺技术，进而使得中国的工业部门在资本深化的禀赋结构下依然缺乏足够的研发和创新动力（张宇和巴海龙，2015）。其次，从要素价格扭曲对产业结构升级的角度来看，鉴于工厂、机械设备等资本品都要配合能源消耗才能运转，因此，这里把能源和资本看作互补的物质要素。物质要素价格扭曲的结果是资本投入的增加，在增加产能的同时进行资本深化，资本深化是促进产业结构升级的重要手段，因此，物质资本价格扭曲具有扩张产能和促进资本深化的"双重效应"，但要指出的是，资本深化形成产业结构升级的重要条件是创新和技术进步，简单的投资"潮涌"所带来的资本深化很难直接形成产业升级，而仅仅是重复建设、形成大量过剩产能的过程。资本、能源要素价格扭曲程度超过劳动要素价格扭曲程度，意味着厂商会更多地选择增加物质要素投资，物质要素快速增加的同时没有足够的技术进步作为支撑进而导致简单重复建设超过产业结构转型升级的程度，因而更多地带来产能过剩问题。李程（2015）发现要素价格扭曲对资本深化的作用并不明显，也从侧面证明了劳动要素价格扭曲对技术进步和产业结构调整的抑制作用。

（2）要素价格扭曲对工业产能过剩影响的区域异质性

各个省区市的自然资源、地理位置、人力资本、市场化水平及发展历史不同，导致中国区域经济发展不平衡，因此本章进一步研究了要素价格扭曲对产能利用率影响的区域差异，具体估计结果见表 3-5 的模型（14）～模型（17），可以发现东部地区要素价格总扭曲对产能利用率的抑制作用要高于中西部地区，这说明东部地区的要素价格扭曲更容易导致工业产能过剩，导致这种差异的可能原因有：

1）投资"潮涌"理论。林毅夫等（2010）认为，发展中国家企业所要投资的产业具有技术成熟、产品市场有所发展等特征，社会对富有前景的产业容易产生共识，因而会导致投资"潮涌"现象出现。事实上从中国区域经济的发展特征来看，东部地区区位、人力资本、出口和消费能力等优势，使得全社会对东部地区的发展形成良好共识，在地区竞争性"招商引资"的大背景下，即使东部地区和中西部地区政府在土地、资本、信贷、税收、环境等方面开出同等优惠条件，企业仍会倾向于投资东部地区，即东部地区单位扭曲能够吸引更多的投资，投资"潮涌"现象表现出区域性特征。

图 3-1 给出了 2002～2015 年东部地区和中西部地区固定资产投资占地区生产总值的比重。从时间趋势来看，东部地区和中西部地区都表现出了波动中递增的趋势，这与中国多年来以固定资产投资拉动经济增长的粗放型经济发展模式密切相关。国民经济发展中投资比重不断增加也意味着消费和出口比重不断下降，导致投资和消费的结构失衡，大量投资从供给端带来巨大产能，但是消费能力并没有相应上升，在需求端产能得不到消化，过剩产能形成并不断积累。从地区异质

性来看，东部地区固定资产投资占生产总值的比重一直远高于中西部地区，东部地区存在更大程度的投资"潮涌"现象，即东部地区的要素价格扭曲更容易引发工业产能过剩现象。

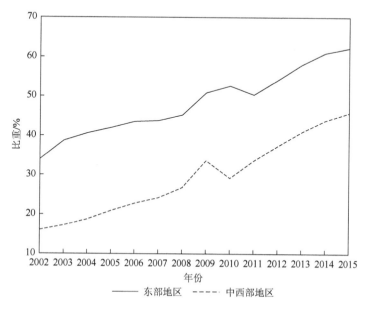

图 3-1 地区固定资产投资占地区生产总值的比重

2）投资效益差异。一方面，按照索洛模型，大量的投资在除去折旧和满足新工人资本配比的基础上会实现资本广化，创造更多的价值，短期带来经济增长，长期实现经济发展。在经济发展的较高阶段，经济总量较大、资本存量较高，资本深化难度加大，固定资产投资和和工程建设开始出现重复性，此时投资持续增加更容易陷入高耗能、高污染的粗放式恶性循环。在中国，东部地区的经济发展水平高于中西部地区，资本存量远高于中西部地区，因此，要素价格扭曲带来的单位投资增加较难形成资本深化，而是更加倾向于粗放的物质资本投资水平增加，形成工业产能过剩。另一方面，经济持续健康发展的重要条件是技术进步，而不是简单的要素投入（Aghion and Howitt，2007；Jorgenson et al.，2008）。要素价格扭曲对技术进步"挤出效应"的存在，导致投资"潮涌"更为严重的东部地区产生更多的技术进步损失。单位要素价格扭曲对东部地区资本深化的阻碍程度更深，因此，对东部地区工业产能过剩的促进作用更大。

3）地区竞争动因。中西部地区的经济发展水平和市场化水平均较低，投资吸引力弱于东部地区，区域间的市场壁垒更是严重阻碍了中西部地区的经济增长，因此，地方政府仅能依赖本地工业所带来的经济效益，但是受制于当地经济和技术落后的现状，中西部地区的工业产品在市场中不具备成本优势，如果任由市场竞争和淘汰，会导致中西部企业迅速衰落。而作为当地财政收入和就业主要来源的工业企业倒闭对地方政府的损失较大，此时地方政府对企业进行财政补贴和扶持反而能够帮助部分工业企业获得经营优势，在一定程度上促进地区企业提高产能利用率（程俊杰，2015a），而不至于完全被市场淘汰，所以同样的要素价格扭曲可能对中西部地区工业发展的负面影响相对较弱。

3.5　稳健性检验

为了保证研究结果的稳健性和可靠性，本章将针对要素价格总扭曲对工业产能过剩的影响进行稳健性检验，鉴于 3.4.2 节研究要素价格总扭曲对工业产能过剩的区域异质性影响也是一种稳健性检验方法，本章进一步给出分时间段进行稳健性检验的结果。鉴于要素价格总扭曲程度在 2009 年前后发生改变，这一年也是全球经济变动较为关键的年份，因此，本章将样本区间划分为全球性金融危机前的 2002～2008 年和全球性金融危机后的 2009～2014 年两个时间段来考察要素价格扭曲对工业产能过剩的影响，估计结果见表 3-6。

表 3-6　要素价格总扭曲对产能利用率影响的稳健性检验结果

项目	因变量 $CU_{i,t}$	
	2002～2008 年	2009～2014 年
	模型（18）	模型（19）
$CU_{i,t-1}$	0.503*** (10.24)	0.855*** (7.18)
$dist_{i,t}$	−0.405* (−1.88)	−0.083** (−2.15)
$DGDP_{i,t}$	1.068*** (2.97)	0.985** (2.30)
$BIR_{i,t}$	−1.088*** (−2.48)	−0.664* (−1.77)
$IND_{i,t}$	0.064 (0.82)	−0.122* (−1.67)
CONS	−75.148* (−1.75)	−88.555* (−1.70)
Hansen 检验	6.63 [0.920]	8.44 [0.491]
AR（1）	−3.63 [0.000]	−1.66 [0.097]
AR（2）	−0.00 [0.999]	0.08 [0.936]

***、**和*分别表示在 1%、5%和 10%水平上显著，小括号内为 t 值，中括号内为 p 值

表 3-6 表明要素价格总扭曲对产能利用率的影响在全球性金融危机发生前后发生了程度上的变化，但整体上仍然呈现负向作用，这说明在全样本区间内，要素价格扭曲的确加剧了我国工业产能过剩的形成，也再次验证了本章研究结论的稳健性。

3.6　本 章 小 结

本章在测算 2002～2014 年中国 30 个省区市要素价格总扭曲程度和产能利用率的基础上，利用动态面板数据模型考察了要素价格总扭曲对工业产能过剩的影响，并利用中介效应模型对其传导机制进行检验，从不同要素和不同区域角度研究了要素价格总扭曲对工业产能过剩的异质性影响。研究表明，要素价格总扭曲对产能利用率具有显著的抑制作用，加剧了工业产能过剩形成；要素价格总扭曲会通过投资效应、创新效应、产业结构效应和需求效应四个路径来影响我国工业产能过剩，并以投资效应和需求效应为主；资本、劳动和能源三种要素价格总扭曲对工业产能过剩形成的影响程度不同，以劳动要素价格扭曲的作用最大；相比于中西部地区，东部地区的要素价格总扭曲对工业产能过剩形成的作用较大。

本章研究表明，资本、劳动和能源要素价格扭曲现象在我国仍然普遍存在，各个要素价格扭曲对产能利用率具有显著的抑制作用，因此，推进要素市场化改革对工业产能过剩的治理尤为重要。在我国，要素市场化是供给侧改革的重点，主要生产要素领域计划与市场并存的"双轨制"现象严重，使得要素价格无法真正反映市场供求关系和资源稀缺程度，要素市场化改革严重滞后，地方政府利用手中所掌握的各项生产要素定价权和对经济资源的支配权，大幅拉低特定行业和企业投资的关键性要素价格进而扭曲了各类投资成本，引发过度投资和工业产能过剩。因此，从供给侧化解工业产能过剩的关键在于消除要素价格扭曲，消除地方政府干预要素定价的诸多体制性因素，减少政府干预，建立公平的市场竞争环境，发挥市场机制在要素资源配置中的决定性作用。

第4章 环境规制对我国制造业产能过剩的影响

长期以来，中国粗放型的经济发展模式使得制造业（特别是高能耗、高污染排放的行业）生产企业肆意排放污染物、严重污染周边环境的现象频发，环境污染日益严重已经成为经济增长和社会稳定的硬约束。但中国环境资源产权不明晰、环保相关制度不完善等使得环境成本在生产成本中反映不足，企业生产成本严重外部化，进而出现了行业过度投资和产能过剩现象，制造业产能利用率普遍偏低问题非常严峻，已经严重威胁市场和企业自身健康发展。产能过剩最直观的特点即产能利用率低下，70%~75%的产能利用率就表明闲置产能超量，容易引发很大程度上的资源浪费和恶性竞争。无论是制造业的传统行业还是新兴行业都面临着产能利用率严重偏低的问题，导致社会资源整体利用效率低下，成为中国产业结构升级和实体经济发展的制约因素，因此，积极寻求有效途径提升制造业产能利用率已经迫在眉睫。环境规制恰恰是通过对企业施加环境约束，将环境污染成本纳入企业的内部生产成本，纠正环境要素价格使得企业不得不对其产品结构、管理模式、技术水平等做出相应调整来消化增加的成本（原毅军和谢荣辉，2014），因此，环境规制实际上是让市场机制发挥作用，倒逼企业在生产投资上做出适当调整，对制造业的产能利用率具有重要影响。2013年《国务院关于化解产能严重过剩矛盾的指导意见》中将强化环保硬约束监督管理，对产能严重过剩行业企业强化执法监督检查作为化解产能过剩的重要对策，可见国家也已经意识到环境规制政策在企业产能调整过程中的重要作用。那么环境规制政策究竟通过何种渠道来影响制造业的产能利用率？环境规制对产能利用率的影响是否会因行业内的企业产权性质、生产规模及污染程度不同而产生异质性？具体传导机制如何？环境保护和产能利用率提升能否同时实现"双赢"？这些问题的解答对现阶段中国政府部门运用市场化手段有效提升产能利用率、促进产业结构转型升级和推进供给侧结构性改革取得实质性进展具有重要启示作用。

4.1　文献综述

现有研究主要从环境规制对生产能力（简称"产能"）和产能过剩影响的角度进行探析，部分学者指出环境规制的增加将会导致资本的边际收益下降，具有较高污染治理投资的工厂将会在生产性资本上支出较少，生产性投资几乎被污染治理投资完全挤出，进而导致制造业的净资本和产能下降（Jorgenson and Wilcoxen，1990；Gray and Shadbegian，1998；List et al.，2003），但是环境规制对资本形成的影响相对较为温和，而且不同地区产业结构和制造部门规模不同，导致环境规制对各个地区制造业产能的影响各不相同（Garofalo and Malhotra，1995；Greenstone，2002）。也有部分学者认为环境规制将会激发企业技术革新，加强企业在市场上的盈利能力，进而促进产能投资，支持波特的"创新补偿效应"，但是随着环境规制日益严格，其对投资的正向作用会逐渐减弱，"污染天堂假说"得以印证（Leiter et al.，2011），以上文献主要是对环境规制如何影响产能投资进行研究。近年来，学者开始关注环境规制与产能过剩之间的关系，指出环境产权模糊的缺陷使得部分企业尚未特别重视治理生产过程中产生的污染物，导致企业内部成本外部化现象，从而可能引发企业产能投资过度与重复建设问题（江飞涛等，2012），并且不同所有制企业由于预算约束等方面的差异，也会出现不同程度的产能过剩问题（程俊杰，2015b），增强环境规制强度将会缓解中国工业产能过剩程度。产能利用率是衡量工业产能过剩程度最为直接的指标，因此，上述文献对研究环境规制与产能利用率之间的关系具有重要启发作用，但现有研究要么是从制造业整体或者地区角度出发来研究环境规制与产能之间的关系，缺乏对环境规制政策与产能之间关系传导机制及政策实施效果差异的系统研究，杨振兵和张诚（2015）虽然从工业行业角度来研究环境规制对产能过剩指数的影响，但仅给出了两者之间的关系系数，并未涉及其内在作用机制检验；要么只给出环境污染监督力度不足导致产能过剩的模型框架，未给出经验证据，进而得到简要结论（王立国和周雨，2014），因此环境规制与产能之间的关系问题还有待于进一步深入探析。我国制造业产能利用率普遍偏低问题在行业层面体现得更加明显，并且行业的异质性会导致企业在面对环境规制政策时采取不同的产能调整行为，从而更能准确地捕捉环境管制政策对制造业产能利用率的作用机理和传导机制。因此，本章拟从制造业细分行业的视角来定量探讨环境规制与产能利用率之间的关系。

本章的边际贡献如下：第一，国内较多文献主要集中在环境规制对工业产能过剩影响的定性描述，较少将环境规制政策与产能利用率纳入同一定量研究框架，本章通过分别测度产能利用率指标和环境规制指标并将两者引入计量经济模型当中来考察环境规制对制造业产能利用率的影响，并且从遵循成本效应和创新补偿效应等方面深入研究环境规制政策对产能利用率的传导机制。第二，中国的经济体制比较复杂，不同产权性质、不同规模的企业在产能扩张和污染治理过程中表现不同，对不同污染强度的行业，利用环境规制来提高产能利用率的效果也不尽相同。因此，本章从不同产权性质、不同规模和不同污染强度三个角度分别考察了环境规制对产能利用率的异质性影响，并利用中介效应模型进一步深入检验了遵循成本效应和创新补偿效应在上述三个方面环境规制影响产能利用率过程中的具体传导机制，现有文献尚未对这些问题进行研究。第三，本章对环境规制与产能利用率之间关系的检验及异质性影响的分析，丰富了国内关于环境规制与产能关系的研究，研究结论丰富且具有重要启示意义，为当前利用环境管制政策解决我国制造业产能利用率普遍偏低问题提供了具体有针对性的解决路径，对现阶段供给侧结构性改革背景下利用市场化手段加快制造业去产能进程和推动创新驱动发展战略等具有重要的参考价值和现实意义，这也是本章不同于以往研究之处。

4.2　理论机制探讨与假设提出

产能利用率涉及产能和产出两个方面，通常与生产成本和产品需求密切相关，而环境规制政策恰恰是通过对企业施加环境约束，将环境污染成本纳入企业的内部生产成本，纠正环境要素价格使得企业不得不对其产品结构、管理模式、技术水平等做出相应调整来消化增加的成本（原毅军和谢荣辉，2014），是影响行业（或地区）生产投资成本和产品竞争力及市场需求的重要因素，因而环境规制政策通常被用来作为治理工业产能过剩的重要手段（韩国高等，2011）。实际上，环境规制政策是让市场机制发挥作用，通过建立反映环境稀缺程度的价格制度，用严格的环保政策倒逼企业缩减生产要素投入，淘汰不符合环境准入标准的落后产能，加大技术改造升级力度促进更多绿色产出，从而缓解制造业的过剩产能问题，促进产能利用率提升（杨振兵和张诚，2015）。

基于此，本章提出假设1：环境规制对产能利用率具有正向的促进作用。

考虑到环境规制既要增加成本又要激发创新，本章主要从以下两个渠道来分析环境规制对产能利用率影响的传导机制：①遵循成本效应。在技术条件不变的前提下，严厉的环境规制需要企业更新或购买污染治理设备等，承担生产所产生的污染治理费用，增加企业生产运行和投资成本，进而引起企业利润下降和生产投资规模缩减（遵循成本说）。随着环境治理成本提高的幅度不断增加，部分企业会因难以承受高额成本而被倒逼退出市场，引发大量企业被淘汰，使得行业生产能力缩减，环境规制强度提高实际是对行业内企业的优胜劣汰（金碚，2009）。也有部分企业考虑到未来高额的环境治理成本，可能会减少产能投资计划，降低未来的生产能力，使得行业整体的产能利用水平也随之提高。②创新补偿效应。在技术水平不断提高的市场环境下，环境规制所带来的生产成本提高将会激发追求利润最大化的制造业企业通过增加研发创新活动来获得先进生产技术（Hamamoto，2006；Yang et al.，2012），提高资源配置效率和生产率水平，提升产品质量，创造新的消费需求，技术创新的正面作用将会超过环境规制对生产规模所带来的负面作用，即实现"创新补偿效应"，这也与"波特假说"所指出的"设计合理的环境规制标准能够促进创新，进而部分或者完全抵消环境规制成本"的说法相一致（Porter and van der Linde, 1995）。因此，工业生产技术水平的提高将会增加要素投入的产出规模，促进产能利用水平提升。

基于此，本章提出假设 2：环境规制主要通过遵循成本效应和创新补偿效应两种机制来促进行业产能利用率的提高。

鉴于产权性质、企业规模和污染程度等的差异，环境规制对产能利用率的上述正向影响及影响机制可能会存在异质性。环境监管薄弱严重制约了环境规制政策对国有企业发挥遵循成本效应，企业很难退出市场。同时，国有企业市场化程度不高，其行为和决策受市场竞争压力较小，技术创新动力不足，环境规制的创新补偿效应会被大大削弱（刘伟和薛景，2015）。而对政治影响较弱的私营企业而言，严格的环境监管制度将会促使私营企业不得不购买治污设备，增加企业生产成本，减少了企业利润和产能扩张，实现遵循成本效应。追求利润最大化的私营企业也会积极加大环保的技术研发投入来应对成本上升，提高技术创新效率，进而增加产出和提升产能利用率，创新补偿效应实现。环境规制会导致企业运行成本提高，大中型企业的资金和技术实力较强，通常会将这种成本上升压力顺利化解，从而实现企业生产效率提高和产出增加（张三峰和卜茂亮，2011），创新补偿效应较强。而对规模较小的企业而言，由于其在污染治理的技术、人力和资金等投入方面能力有限，通常难以通过技术创新来进行污染治理（郭庆，2007）。并且污染严重的小企业多分布在偏僻落后的乡镇地区，监管较为困难，可能存在偷排偷放现象，环境规制提高将会导致高污染行业的污染治理成本大幅增加，并且污染治理成本占生产成本的比重较高，如果不通过技术创新的方式来降低企业生产成本则会导致利润大幅下降，甚至会被高额生产成本倒逼退出市场难以继续经营下去，最终行业产能利用率上升，遵循成本效应较明显。面临严格的环境规制，这些行业也会选择技术创新节能减排，加大研发投入来对冲环境成本给企业生产所造成的不利冲击，进而促进企业生产效率提高，产生创新补偿效应。而对环境成本占生产成本比重较低的低污染行业而言，严格的环境规制对企业的生产经营冲击作用相对较小，遵循成本效应较小，相对于高污染行业而言，其进行技术创新和效率改进的积极性不高，创新补偿效应较低，对企业生产效率的促进作用相对高污染行业较小。

基于此，本章提出假设 3：国有企业和小企业所占比重增加将削弱环境规制对产能利用率的促进作用，私营企业和大中企业所占比重增加将增强环境规制对产能利用率的促进作用，环境规制对高污染行业产能利用率的促进作用要大于低污染行业；并且环境规制的遵循成本效应和创新补偿效应这两种机制的作用大小会因上述产权性质、企业规模和污染程度等特征不同呈现异质性。

4.3 研 究 设 计

4.3.1 计量模型的设定

（1）基准模型的设定

本章主要研究环境规制对行业产能利用率的影响，同时将影响产能利用率的其他影响因素以控制变量的形式引入模型，为了避免异方差和多重共线性，并且方便对模型进行经济意义分析，本章对除了销售收入增长率之外的所有变量进行取对数处理，具体模型构建如下：

$$LCU_{i,t} = \phi_0 + \phi_1 LCU_{i,t-1} + \phi_2 LREGU_{i,t-1} + \phi_3 LINV_{i,t-1} + \phi_4 LINNOV_{i,t-1}$$
$$+ \phi_5 GROWTH_{i,t} + \phi_6 LOPEN_{i,t} + \phi_7 LCR_{i,t} + \eta_i + \varepsilon_{i,t} \tag{4.1}$$

式中，下标 i 和 t 分别代表制造业行业与年份；$CU_{i,t}$ 代表产能利用率；$REGU_{i,t}$ 代表环境规制强度；$INV_{i,t}$、$INNOV_{i,t}$、$GROWTH_{i,t}$、$OPEN_{i,t}$、$CR_{i,t}$ 分别代表行业投资、研发投入、需求增长、对外开放程度和市场竞争程度；ϕ_0 代表固定效应；$\phi_j (j=1,2,\cdots,7)$ 代表变量估计系数；η_i 代表与行业相关的个体效应；$\varepsilon_{i,t}$ 代表随机误差项；L 代表取自然对数。由于环境规制强度、行业投资和研发投入的变动通常需经过一段时间才能对产能利用率变动发挥作用，即存在一定的滞后效应（沈能，2012），本章在模型中将这三个变量均滞后一期。

（2）传导机制模型的设定

根据理论机制分析，发现环境规制主要通过遵循成本效应和创新补偿效应影响产能利用率，为了识别这两种传导机制是否存在，本章利用中介效应检验方法[①]，构建如下递归方程：

$$LW_{i,t} = a_0 + a_1 W_{i,t-1} + a_2 LREGU_{i,t-1} + a_3 LINV_{i,t-1} + a_4 LINNOV_{i,t-1}$$
$$+ a_5 GROWTH_{i,t} + a_6 LOPEN_{i,t} + a_7 LCR_{i,t} + \eta_i + \varepsilon_{i,t} \tag{4.2}$$

$$LCU_{i,t} = b_0 + b_1 LCU_{i,t-1} + b_2 LREGU_{i,t-1} + \gamma LW_{i,t} + b_3 LINV_{i,t-1} + b_4 LINNOV_{i,t-1}$$
$$+ b_5 GROWTH_{i,t} + b_6 LOPEN_{i,t} + b_7 LCR_{i,t} + \eta_i + \varepsilon_{i,t} \tag{4.3}$$

式中，$W_{i,t}$ 代表中介变量，包括遵循成本效应和创新补偿效应，遵循成本通常代表与环境规制有关的成本，用单位产值的污染治理设施运行费用来替代，表示为

[①] 对中介效应模型设定及检验参考了 Baron 和 Kenny（1986）、汪伟等（2015）、许家云和毛其淋（2016）的做法。

$COST_{i,t}$，数据来源于 2000～2011 年《中国环境统计年鉴》；鉴于专利申请数量通常用来表示创新产出，本章选用分行业的工业企业专利申请项数来替代创新补偿效应，表示为 $PAT_{i,t}$，数据来源于 2000～2011 年《中国科技统计年鉴》；γ 代表中介变量的估计系数；a_0、b_0 代表常数项；a_1～a_7、b_1～b_7 代表变量估计系数。根据中介效应检验方法，首先，对模型（4.1）进行回归，检验自变量环境规制对因变量产能利用率的效应是否存在；其次，对模型（4.2）进行回归，检验自变量环境规制对中介变量的效应是否存在；最后，利用因变量产能利用率同时对自变量环境规制和中介变量进行回归，得到模型（4.3）。如果环境规制对产能利用率的影响仍然显著，并且其影响程度变小，那么说明环境规制对产能利用率的影响存在部分中介效应，如果环境规制对产能利用率的影响不显著，但 γ 显著，则说明是完全中介过程。

（3）异质性影响及其传导机制的模型设定

通过构建产能利用率与产权性质和企业规模的交叉项，将式（4.1）拓展为如下方程：

$$LCU_{i,t} = \phi_0' + \phi_1'LCU_{i,t-1} + \phi_2'H_{i,t-1} + \phi_3'LINV_{i,t-1} + \phi_4'LINNOV_{i,t-1} + \phi_5'GROWTH_{i,t} \\ + \phi_6'LOPEN_{i,t} + \phi_7'LCR_{i,t} + \eta_i + \varepsilon_{i,t} \tag{4.4}$$

式中，$H_{i,t-1}$ 分别表示环境规制与企业产权性质的交叉项 $state_{i,t} \times LREGU_{i,t-1}$、$priv_{i,t} \times LREGU_{i,t-1}$，环境规制与企业规模的交叉项 $large_{i,t} \times LREGU_{i,t-1}$、$small_{i,t} \times LREGU_{i,t-1}$；$\phi_0'$～$\phi_7'$ 代表待估计系数。本章分别采用国有及国有控股工业企业和私营工业企业的工业总产值占规模以上工业企业总产值的比重 $state_{i,t}$ 和 $priv_{i,t}$ 来反映产权性质[①]，分别采用大中型工业企业总产值和小型工业企业总产值占规模以上工业企业总产值的比重 $large_{i,t}$ 和 $small_{i,t}$ 来反映企业规模，上述数据均来源于 2000～2011 年的《中国工业经济统计年鉴》。

为了充分考察不同产权性质和企业规模对环境规制与产能利用率之间关系的具体作用机制，本章继续运用中介效应模型来分析遵循成本效应和创新补偿效应在不同产权性质和企业规模下如何影响环境规制与产能利用率之间的关系，具体模型设定如下：

$$LW_{i,t} = c_0 + c_1LW_{i,t-1} + c_2H_{i,t-1} + c_3LINV_{i,t-1} + c_4LINNOV_{i,t-1} \\ + c_5GROWTH_{i,t} + c_6LOPEN_{i,t} + c_7LCR_{i,t} + \eta_i + \varepsilon_{i,t} \tag{4.5}$$

---

① 鉴于中国各行业私营工业企业工业总产值从 2004 年开始公布，因此本章利用各行业私营工业企业工业总产值占全部私营工业企业总产值 2004～2010 年的平均比重和 1999～2003 年的全部私营工业企业总产值近似计算得到 1999～2003 年中国各行业私营工业企业工业总产值。

$$LCU_{i,t} = \theta_0 + \theta_1 LCU_{i,t-1} + \theta_2 H_{i,t-1} + \kappa LW_{i,t} + \theta_3 LINV_{i,t-1} + \theta_4 LINNOV_{i,t-1}$$
$$+ \theta_5 GROWTH_{i,t} + \theta_6 LOPEN_{i,t} + \theta_7 LCR_{i,t} + \eta_i + \varepsilon_{i,t} \quad (4.6)$$

式中，变量的定义同 4.3.1 节，$W_{i,t}$ 代表中介变量，分别用污染治理成本和专利申请数量来代表遵循成本效应和创新补偿效应；κ 代表中介变量的估计系数；$c_0 \sim c_7$、$\theta_0 \sim \theta_7$ 均代表待估计系数。

4.3.2 变量选取与数据说明

鉴于数据的可得性，本章采用 1999～2010 年中国制造业 28 个行业的面板数据，样本观测值为 336 个[①]。

（1）环境数据对接

本章的环境数据主要来源于 2000～2011 年的《中国环境统计年鉴》，由于《中国环境统计年鉴》中 2001 年前后对制造业行业的划分不同，为了保证产业标准体系一致，需要将样本区间内 1999 年和 2000 年的行业划分与中国现行的产业分类体系对接，即将原来的 16 个制造业行业[②]拆分为现行的 28 个行业[③]。本章参考傅京燕和李丽莎（2010）的行业对接方法将 2001 年前后两个分类体系的行业进行对应。首先参照 1999 年和 2000 年的产业体系划分版本，将 2001～2010 年产业体系划分版本的数据进行合并，后者的第 1～第 4 项对应前者的第 1 项，后者的第 5～第 6 项对应前者的第 2 项，后者的第 8～第 10 项对应前者的第 4 项，后者的第 11 项和第 12 项对应前者的第 5 项，后者的第 23～第 28 项对应前者的第 16 项。合并后计算 2001～2010 年合并行业中每个行业的污染指标值占合并行业的该污染指标总额的比重，然后计算出 2001～2010 年该比重的平均值。其次利用 1999～2000 年合并行业污染指标数据分别乘以各行业各污染指标的平均值，从而将

---

① 《中国工业经济统计年鉴》2012 年开始停止发布产能利用率测度所用的工业总产值数据；同时《中国环境统计年鉴》2011 年开始停止发布环境规制强度测算所用的各行业工业废水排放达标量、工业二氧化硫去除量、工业烟尘去除量和工业粉尘去除量数据，因此综合考虑，本章最终选取 1999～2010 年为样本区间。

② 食品、饮料和烟草制造业；纺织业；皮革皮毛羽绒及其制品业；造纸及纸制品业；印刷业记录媒介的复制；石油加工及炼焦业；化学原料及化学制品制造业；医药制造业；化学纤维制造业；橡胶制品业；塑料制品业；非金属矿物制品业；黑色金属冶炼及压延加工业；有色金属冶炼及压延加工业；金属制品业；机械、电气、电子设备制造业。

③ 农副食品加工业；食品制造业；饮料制造业；烟草制品业；纺织业；纺织服装、鞋、帽制品业；皮革皮毛羽毛（绒）及其制品业；木材加工及木、竹、藤、棕、草制品业；家具制造业；造纸及纸制品业；印刷业和记录媒介的复制；文教体育用品制造业；石油加工、炼焦及核燃料加工业；化学原料及化学制品制造业；医药制造业；化学纤维制造业；橡胶制品业；塑料制品业；非金属矿物制品业；黑色金属冶炼及压延加工业；有色金属冶炼及压延加工业；金属制品业；通用设备制造业；专用设备制造业；交通运输设备制造业；电气机械及器材制造业；通信计算机及其他电子设备制造业；仪器仪表及文化办公用机械制造业。

1999～2000 年的各合并行业拆分为与 2001～2010 年一致的细分行业。涉及的污染指标具体包括工业废水排放量和排放达标量，工业二氧化硫排放总量和去除量，工业烟尘排放总量和去除量，工业粉尘排放总量和去除量，工业固体废物的产生量、排放量和综合利用量，工业废水和废气的治理设施本年运行费用。

（2）关键变量的衡量

1）产能利用率的测度。本章采用韩国高等（2011）的成本函数法对制造业行业产能利用率进行测度，该方法全面地考察了生产要素投入量和价格，得到经济意义上的生产能力。为了准确得出各行业的产能利用水平，本章继续沿用其对重工业和轻工业的分组，分别构建可变成本函数来估算行业产能利用率。劳动力价格（p_L）标准化后的可变成本函数 G 表示成如下形式：

$$
\begin{aligned}
G &= L + \tilde{p}_E \times E + \tilde{p}_M \times M \\
&= Y \times [\alpha_0 + \alpha_{0t} \times t + \alpha_E \times \tilde{p}_E + \alpha_M \times \tilde{p}_M + 0.5 \times (\gamma_{EE} \times \tilde{p}_E^2 + \gamma_{MM} \times \tilde{p}_M^2) \\
&\quad + \gamma_{EM} \times \tilde{p}_E \times \tilde{p}_M + \alpha_{Et} \times \tilde{p}_E \times t + \alpha_{Mt} \times \tilde{p}_M \times t] + \alpha_K \times K + 0.5 \times [\gamma_{KK} \times (K^2 / Y) \\
&\quad + \beta_{KK} \times (\Delta K^2 / Y)] + \gamma_{EK} \times \tilde{p}_E \times K + \gamma_{MK} \times \tilde{p}_M \times K + \alpha_{tK} \times K \times t
\end{aligned}
$$

$$(4.7)$$

式中，$\tilde{p}_E$、$\tilde{p}_M$ 分别代表经过标准化后的能源和原材料价格；L、E、M 分别代表劳动、能源、原材料；t 代表技术进步；K、ΔK 和 Y 分别代表资本存量、新增资本和产出；α_0、α_{0t}、α_E、α_M、γ_{EE}、γ_{MM}、γ_{EM}、α_{Et}、α_{Mt}、α_K、γ_{KK}、β_{KK}、γ_{EK}、γ_{MK}、α_{tK} 均为待估计系数。通过最小化可变成本函数得到的各行业的生产能力为

$$
Y^* = -\frac{\gamma_{KK} \times K}{\alpha_K + \gamma_{EK} \times \tilde{p}_E + \gamma_{MK} \times \tilde{p}_M + \alpha_{tK} \times t + \tilde{p}_K} \tag{4.8}
$$

式中，$\tilde{p}_K$ 代表经过标准化后的资本价格。

产能利用率（CU）表示如下：

$$
\mathrm{CU} = \frac{Y}{Y^*} = -Y \times \frac{\alpha_K + \gamma_{EK} \times \tilde{p}_E + \gamma_{MK} \times \tilde{p}_M + \alpha_{tK} \times t + \tilde{p}_K}{\gamma_{KK} \times K} \tag{4.9}
$$

由于本章所采用的数据处理方法借鉴韩国高等（2011）的方法，在此不再赘述本章的数据说明和处理过程。数据主要来自 2000～2011 年的《中国工业经济统计年鉴》和《中国统计年鉴》。

2）环境规制变量的度量。为了能够更加准确地衡量环境规制强度，本章借鉴孙学敏和王杰（2014）等的综合指数方法来衡量环境规制，选取各行业废水排放达标率、二氧化硫去除率、烟尘去除率、粉尘去除率和固体废物综合利用率 5 个单项指标来构建环境规制综合指数，具体步骤如下。

为消除不同指标之间的属性差异，使其具有可比性，首先，对各单项指标进

行线性标准化处理，即通过数学变换将上述 5 个单项指标取值转换为[0, 1]的标准化指标值：

$$DB_{ij}^s = \frac{DB_{ij} - Min(DB_{ij})}{Max(DB_{ij}) - Min(DB_{ij})} \quad (4.10)$$

式中，i 代表行业（$i = 1, 2, \cdots, 28$）；j 代表各类污染物（$j = 1, 2, 3, 4, 5$）；DB_{ij} 代表各个单项指标的原始值；$Max(DB_{ij})$ 和 $Min(DB_{ij})$ 分别代表各行业各单项指标的最大值和最小值；DB_{ij}^s 代表各单项指标的标准化值。

其次，计算出各单项指标的权重 γ_{ij}（也称调整系数）。对不同的制造业行业而言，污染物的排放程度相差较大，同一行业内不同污染物的排放水平也存在明显差别。因此，本章对不同行业各单项指标根据其排放量的情况赋予不同的权重，用以反映不同行业主要污染物的治理力度差异。具体表示如下：

$$\gamma_{ij} = \frac{E_{ij}}{\sum E_{ij}} \bigg/ \frac{Q_i}{\sum Q_i} \quad (4.11)$$

式中，γ_{ij} 代表行业 i 中污染物 j 的权重；E_{ij} 代表行业 i 中污染物 j 的排放量；$\sum E_{ij}$ 代表全国所有行业同类污染物的排放总量；Q_i 代表行业 i 的总产值；$\sum Q_i$ 代表全部工业行业的总产值。

最后，利用各单项指标的标准化值和调整系数值计算的各行业的环境规制强度指数为

$$REGU_i = \frac{1}{5} \sum_{j=1}^{5} DB_{ij}^s \times \gamma_{ij} \quad (4.12)$$

$REGU_i$ 的值越大，表明环境规制程度越高。

（3）其他变量说明

1）INV 代表行业的投资状况，工业固定资产投资从供给和需求两个方面影响产能利用率，本章采用各行业的投资额与工业总产值的比重表示，投资额利用当期固定资产原价与前一期固定资产原价的差额来表示。数据来源于 2000～2011 年的《中国工业经济统计年鉴》。

2）INNOV 代表行业研发投入强度。本章采用各行业大中型工业企业科技活动经费内部支出占工业总产值的比重来衡量，由于《中国科技统计年鉴》不再公布 2008 年及以后的大中型工业企业科技活动经费内部支出数据，2008 年中国大中型工业企业科技活动经费内部支出数据来源于 2009 年的《工业企业科技活动统计年鉴》。2010 年、2011 年《工业企业科技活动统计年鉴》也不再公布大中型工业企业科技活动经费内部支出数据，为了保持数据统计口径一

致，本章运用 2008 年大中型工业企业 R&D 活动经费内部支出占大中型工业企业科技活动经费内部支出的比例及 2009 年、2010 年大中型工业企业 R&D 活动经费内部支出来近似估算得到 2009 年、2010 年的大中型工业企业科技活动经费内部支出。

3）GROWTH 代表市场需求，本章利用销售收入增长率来代表各行业的市场需求状况，各行业销售收入数据来源于 2000～2011 年的《中国统计年鉴》。

4）OPEN 代表对外开放度，本章利用行业的出口交货值占销售收入的比重表示（王自锋和白玥明，2015），数据来源于 2000～2011 年《中国工业经济统计年鉴》和国家统计局网站。由于 1999 年中国并未公布各行业的工业企业出口交货值数据，本章利用与其临近的 2000 年各行业的工业企业出口交货值占规模以上工业企业出口交货值的比重和 1999 年的规模以上工业企业出口交货值数据来近似得到 1999 年中国各行业的工业企业出口交货值，进而得到 1999 年各行业的对外开放度。

5）CR 代表市场结构变量，市场垄断程度越低或者竞争程度越高，企业越容易进入该行业稀释市场集中度，造成重复建设和产能大量过剩，因此，本章引入市场结构变量。鉴于数据可得性，采用 Cheung 和 Pascual（2001）提出的勒纳指数来衡量市场结构情况。

$$PCM_{i,t} = (VA_{i,t} - WG_{i,t}) / F_{i,t} \qquad (4.13)$$

式中，$PCM_{i,t}$（price-cost margin）代表行业的勒纳指数，通常用来表示市场垄断或市场竞争的程度；$VA_{i,t}$ 代表行业的增加值；$WG_{i,t}$ 代表劳动补偿，这里用工资总额来代替；$F_{i,t}$ 代表总产值，较高的 $PCM_{i,t}$ 反映行业的竞争程度较低，数据主要来源于《中国劳动统计年鉴》。

4.4　实证结果与分析

4.4.1　环境规制对产能利用率影响的基准模型与传导机制模型的估计结果分析

表 4-1 给出了环境规制对产能利用率影响的基准模型与传导机制模型的动态面板模型系统 GMM 估计结果，在 5%的显著性水平下，所有模型都满足误差项不存在二阶序列相关的前提，并且 Sargan 检验结果表明，模型都不存在过度识别问题，即工具变量的选取有效。

表 4-1 环境规制对产能利用率影响的基准模型与传导机制模型估计结果

被解释变量	基准模型	遵循成本效应		创新补偿效应	
	模型（1）	模型（2）	模型（3）	模型（4）	模型（5）
	$LCU_{i,t}$	$LCOST_{i,t}$	$LCU_{i,t}$	$LPAT_{i,t}$	$LCU_{i,t}$
$LCU_{i,t-1}$	0.4550*** （16.90）		0.4308*** （15.19）		0.4034*** （18.74）
$LCOST_{i,t-1}$		0.3618*** （8.70）			
$LPAT_{i,t-1}$				0.2554*** （18.85）	
$W_{i,t}$			0.0423*** （4.69）		0.0123* （1.75）
$LREGU_{i,t-1}$	0.0362*** （5.50）	0.1351*** （3.56）	0.0181** （1.98）	0.2230*** （4.10）	0.0275** （2.13）
$LINV_{i,t-1}$	−0.0319*** （−2.87）	0.0123 （0.42）	−0.0349*** （−3.19）	0.3632*** （4.06）	−0.0151 （−1.43）
$LINNOV_{i,t-1}$	0.0098*** （2.89）	−0.2027** （−1.98）	0.0126** （2.52）	0.1814** （2.06）	0.0142** （2.12）
$GROWTH_{i,t}$	0.4822*** （17.86）	0.5349*** （3.06）	0.4285*** （10.54）	0.0590 （0.11）	0.4614*** （9.93）
$LOPEN_{i,t}$	0.0721*** （3.10）	−0.3724*** （−4.80）	0.1199*** （3.69）	−0.0641 （−0.37）	0.1287*** （6.75）
$LCR_{i,t}$	0.4518*** （6.87）	−2.7146*** （−9.65）	0.7078*** （8.35）	1.1659** （1.99）	0.5599*** （3.42）
常数项	0.6524*** （6.63）	−9.8830*** （−12.99）	1.3870*** （7.79）	7.2681*** （4.99）	0.9142*** （3.44）
AR（1）检验	−3.2425 [0.0012]	−3.1243 [0.0018]	−3.1296 [0.0018]	−3.8813 [0.0001]	−3.2602 [0.0011]
AR（2）检验	0.5186 [0.6040]	1.7458 [0.0809]	0.4848 [0.6278]	−1.0432 [0.2969]	0.4550 [0.6491]
Sargan 检验	25.4340 [0.6555]	21.3481 [1.0000]	26.0272 [0.8006]	25.9464 [0.6284]	22.1438 [0.9950]

*、**和***分别表示在 10%、5%和 1%水平上显著；小括号内的数字代表 z 统计量，中括号内的数字代表 p 值

（1）基准模型的估计结果分析

从表 4-1 中的模型（1）可见，滞后一期产能利用率系数为 0.4550，说明产能利用率存在惯性特征，这与王自锋和白玥明（2015）"认为产能利用率具有显著滞后效应"的结论一致，且与其 0.4029 的系数均值接近。滞后一期的环境规制变量 $LREGU_{i,t-1}$ 的系数显著说明环境规制对产能利用率发挥作用确实存在时滞性，通

常环保政策和措施从制定到出台需要一段时间，出台以后各经济主体对政策反应并调整自身生产经营计划也需要一定时间。而且系数为正也说明政府加大环境规制政策的力度将会提升行业产能利用率，这与假设 1 是相符合的。

从表 4-1 中模型（1）还可以看出，控制变量对产能利用率的影响均符合预期，投资 $LINV_{i,t-1}$ 对产能利用水平具有显著的负向作用，在我国地方政府对经济不当干预和企业对市场严重认知偏差的共同作用下，大量产业投资出现"一哄而上"的局面，盲目无效投资和低水平重复建设问题日益严峻，投资所带来的生产能力增加已经远超过了市场需求，设备闲置导致产能利用率下降。研发投入 $LINNOV_{i,t-1}$ 对产能利用率具有正向作用，我国普遍存在自主研发能力不足、科技创新投入较低等问题，知识产权受保护力度不够，企业研发成果容易被模仿或复制，创新动力不足。大多企业选择在产业链下游赚取加工利润，行业低端重复建设导致产能利用率普遍偏低。市场需求 $GROWTH_{i,t}$ 的系数显著为正，国内市场需求与产能利用率的变化密切相关，经济繁荣时期，市场需求均表现旺盛状态，行业产出大幅增加，产能利用水平较高，而经济下滑或者衰退时期，市场需求大幅萎缩或者持续不振，企业产品难以销售出去，库存高企导致大量机械设备出现闲置状态，产能利用率下降。对外开放度 $LOPEN_{i,t}$ 的系数显著为正，对外开放度的增加扩大了中国制造业产品的对外销售渠道，对提升产能利用率具有重要意义。长期以来中国对外开放度越来越高，90%以上的工业制造成品出口国外，旺盛的出口需求掩盖了中国长期体制性问题所导致的产能过剩，促进了产能利用水平的提高。然而，全球性金融危机爆发以来，国外经济形势恶化和市场需求长期疲软，中国制造业产品出口严重下滑，依靠出口来消化过剩产能的道路已不可持续，产能利用率也随之下降。反映市场竞争程度的变量 $LCR_{i,t}$ 的系数显著为正，我国制造业大部分行业技术水平较低，行业进入门槛不高，导致行业内企业数量较多，产品同质化现象严重，产业准入制度和市场退出机制的不完善也导致行业市场集中度难以提高，低水平重复建设问题严峻，行业产能利用率普遍维持在较低水平。

（2）环境规制影响产能利用率的传导机制分析

根据 4.2 节的理论机制分析，环境规制对产能利用率的影响主要通过遵循成本效应和创新补偿效应产生作用，因此，本章将逐一检验这两个中介效应是否存在，详见表 4-1 中的模型（2）～模型（5）。模型（1）是基准模型的估计结果，也是中介效应检验中第一步的结果，模型（2）中环境规制变量的系数显著为正，说明环境规制强度增加确实增加了企业的环境治理成本。模型（3）中同时加入环境规制变量和环境治理成本的中介变量后，环境规制变量的回归系数仍然显著，为 0.0181，与基准回归模型（1）中的系数估计值 0.0362 相比发生了明显下降（下降了 50%），这说明遵循成本效应确实是环境规制促进产能利用率提升的一个渠道，环境规制增加对企业生产投资成本产生了压力，在缩减企业生产规模的同时更主要的是会减少产能投资，进而提升产能利用率，与理论分析一致。模型（4）中环境规制变量的估计系数显著为正，说明环境规制强度增加能够激发企业研发创新，带来创新补偿效应，模型（5）中同时加入环境规制变量和专利申请数量的变量，环境规制变量的回归系数仍然显著，并且其估计值 0.0275 也小于模型（1）中基准模型中的系数值 0.0362（下降了 24.03%），表明环境规制也会通过激励企业加大创新投入，提升市场需求来实现环境规制的创新补偿效应，进而促进产能利用率提升，与理论分析一致。通过比较模型（3）和模型（5）中环境规制变量的系数估计值相对基准模型中系数估计值的下降幅度，发现前者幅度高于后者，环境规制通过创新补偿效应提升产能利用率的作用小于通过遵循成本效应提升产能利用率的作用，可见在样本考察期内，环境规制更多地会通过淘汰不满足环境标准的产能或者无力承担环境治理成本的企业进而降低行业产能来提高产能利用率，而通过加强技术创新创造新的市场需求来扩大产出，实现创新补偿效应来提升产能利用率的作用有限，这与我国制造业企业长期自主技术创新能力薄弱、技术创新投入不足等特征有关。上述结果说明环境规制通过遵循成本效应和创新补偿效应对产能利用率产生了正向促进效应，验证了假设 2。

4.4.2 环境规制对产能利用率的异质性影响及其影响机制的估计结果分析

为了进一步研究环境规制对产能利用率的异质性影响，本章分别从产权性质、企业规模和污染强度三个方面着手来考察环境规制对产能利用率的作用，并对其传导机制的异质性进行深入研究。

（1）产权性质和企业规模角度

表 4-2 给出了从产权性质和企业规模角度研究环境规制对行业产能利用率的异质性影响的基准模型估计结果。

表 4-2　产权性质和企业规模对环境规制与产能利用率间关系影响的基准模型估计结果

项目	被解释变量：产能利用率 $LCU_{i,t}$			
	国有企业	私营企业	大中企业	小企业
	模型（6）	模型（7）	模型（8）	模型（9）
$LCU_{i,t-1}$	0.4584*** (20.96)	0.3911*** (14.57)	0.4708*** (26.90)	0.4458*** (20.63)
$state_{i,t} \times LREGU_{i,t-1}$	−0.2724*** (−9.12)			
$priv_{i,t} \times LREGU_{i,t-1}$		0.2054*** (4.32)		

续表

项目	被解释变量：产能利用率 $LCU_{i,t}$			
	国有企业	私营企业	大中企业	小企业
	模型（6）	模型（7）	模型（8）	模型（9）
$large_{i,t} \times LREGU_{i,t-1}$			0.0843*** (5.30)	
$small_{i,t} \times LREGU_{i,t-1}$				−0.0299*** (−3.17)
$LINV_{i,t-1}$	−0.0275** (−2.56)	−0.0157* (−1.73)	−0.0181** (−2.12)	−0.0253*** (−2.62)
$LINNOV_{i,t-1}$	−0.0024 (−0.44)	0.0217 (1.18)	0.0221*** (4.31)	0.0128** (2.48)
$GROWTH_{i,t}$	0.5504*** (11.39)	0.4234*** (5.43)	0.4815*** (9.44)	0.4568*** (12.33)
$LOPEN_{i,t}$	0.1351*** (5.38)	0.0988*** (2.93)	0.0931*** (8.11)	0.1061*** (10.24)
$LCR_{i,t}$	0.6890*** (6.22)	0.9926*** (3.12)	0.5987*** (8.42)	0.5698*** (7.08)
常数项	0.9080*** (4.16)	1.5918*** (3.05)	1.0232*** (8.27)	0.8434*** (6.39)
AR（1）检验	−3.1606 [0.0016]	−3.2551 [0.0011]	−3.2462 [0.0012]	−3.1072 [0.0019]
AR（2）检验	0.5585 [0.5765]	−0.0835 [0.9335]	0.2149 [0.8298]	0.3016 [0.7629]
Sargan 检验	24.7864 [0.9914]	25.0609 [0.8929]	24.2852 [0.2794]	20.2370 [0.9102]

*、**和***分别表示在 10%、5%和 1%水平上显著；小括号内的数字代表 z 统计量，中括号内的数字代表 p 值

表 4-2 表明，环境规制与国有企业所占比重的交叉项 $state_{i,t} \times LREGU_{i,t-1}$ 的系数显著为负，而环境规制与私营企业所占比重的交叉项 $priv_{i,t} \times LREGU_{i,t-1}$ 系数则显著为正，这说明从产权性质的角度来看，国有企业所占比重的增加削弱了环境规制对行业产能利用率的积极作用，而私营企业所占比重的增加则加强了环境规制对产能利用率的积极作用。国有企业在重化工业企业中所占比重较大，容易对环境造成影响。对国有企业的环境监管缺位，环境污染处罚力度较小，社会监督和环境诉讼功能发挥有限，都不利于国有企业做好环保工作，并且国有企业肩负诸多社会责任，利用成本上升倒逼企业退出市场难度较大，加上国有企业为规避成本上升而进行技术创新的动力不足，这些都使得国有企业比重的提高不利于利用环境规制来提升制造业产能利用率。而私营企业受到的环境监管较为严格，环境规制增加将会加快优胜劣汰，部分企业被迫退出市场减少产能，而有技术创新能力的企业将会不断研发新产品和新工艺，降低生产成本来抵消环境规制上升所带来的成本增加，进而促进产出增加和产能利用水平提高。

　　表 4-2 还表明，环境规制与大中企业所占比重的交叉项 $large_{i,t} \times LREGU_{i,t-1}$ 系数显著为正，而环境规制与小企业所占比重的交叉项 $small_{i,t} \times LREGU_{i,t-1}$ 系数则显著为负，这说明从企业规模角度来看，大中企业所占比重的增加将会促进环境规制对行业产能利用率的积极作用，而小企业所占比重的增加则会降低环境规制对行业产能利用率的积极作用。在中国，大中企业在人才、资金、技术和管理等方面相对于小企业而言更具有优势，25%的大中企业均拥有自己的研发机构，企业科研人员总数也达到全国科研人员总数的 20%，环境规制更能够激发大中企业的科技创新活力，更有利于促进企业资源的优化配置，因此，大中企业所占比重的提高更有利于环境规制对行业产能利用率的促进作用。而对大多追求短期经济利益且数目众多分散的小企业而言，环境规制无疑会加大其成本压力造成产出下滑，并且小企业一般资金短缺、人才缺乏、创新能力不足，难以应对成本上升，但为了生存也不愿从市场中退出，小企业偷排偷放等逃避监管的行为时有发生，现有环境规制对小企业污染环境行为的监管和处罚力度不够，遵循成本效应难以实现，因此，小企业所占比重增加对利用环境规制来提高产能利用率产生了消极影响。

　　表 4-3 和表 4-4 则给出了遵循成本效应和创新补偿效应这两种传导机制在不同产权性质和企业规模下如何影响环境规制与行业产能利用率之间作用关系的估计结果。

表 4-3　产权性质对环境规制与产能利用率之间关系影响的传导机制模型估计结果

项目	国有企业				私营企业			
	遵循成本效应		创新补偿效应		遵循成本效应		创新补偿效应	
	模型（10）	模型（11）	模型（12）	模型（13）	模型（14）	模型（15）	模型（16）	模型（17）
被解释变量	$LCOST_{i,t}$	$LCU_{i,t}$	$LPAT_{i,t}$	$LCU_{i,t}$	$LCOST_{i,t}$	$LCU_{i,t}$	$LPAT_{i,t}$	$LCU_{i,t}$
$LCU_{i,t-1}$		0.4610*** (16.07)		0.4301*** (12.97)		0.4317*** (17.24)		0.3769*** (8.30)
$LCOST_{i,t-1}$	0.3513*** (6.30)				0.4867*** (11.65)			
$LPAT_{i,t-1}$			0.2296*** (9.01)				0.2643*** (8.92)	
$W_{i,t}$		0.0391*** (4.01)		0.0102* (1.66)		0.0492*** (4.83)		0.0099* (1.67)
$state_{i,t} \times$ $LREGU_{i,t-1}$	−0.5403*** (−2.83)	−0.2413*** (−6.19)	−0.7084* (−1.70)	−0.2392*** (−5.50)				
$priv_{i,t} \times$ $LREGU_{i,t-1}$					0.5098*** (4.08)	0.1544*** (4.03)	0.3493** (2.00)	0.1748*** (3.74)

续表

项目	国有企业				私营企业			
	遵循成本效应		创新补偿效应		遵循成本效应		创新补偿效应	
	模型（10）	模型（11）	模型（12）	模型（13）	模型（14）	模型（15）	模型（16）	模型（17）
被解释变量	$LCOST_{i,t}$	$LCU_{i,t}$	$LPAT_{i,t}$	$LCU_{i,t}$	$LCOST_{i,t}$	$LCU_{i,t}$	$LPAT_{i,t}$	$LCU_{i,t}$
$LINV_{i,t-1}$	0.0035 (0.13)	-0.0353*** (-2.82)	0.549** (2.33)	-0.0254** (-2.30)	-0.0258 (-0.59)	-0.0311*** (-3.41)	0.2133* (1.81)	-0.0255** (-1.99)
$LINNOV_{i,t-1}$	-0.1791*** (-3.44)	-0.0053 (-0.88)	-0.0359 (-0.68)	-0.0116** (-2.01)	-0.1895* (-1.66)	-0.0009 (-0.20)	0.2492 (0.88)	0.0055 (0.91)
$GROWTH_{i,t}$	-0.0021 (-0.01)	0.5269*** (9.84)	-0.1681 (-0.60)	0.5419*** (11.68)	-0.6303* (-1.57)	0.5127*** (6.44)	-1.0725 (-1.55)	0.3832*** (8.31)
$LOPEN_{i,t}$	-0.0815 (-0.60)	0.1259*** (6.91)	0.0716 (0.54)	0.1549*** (3.92)	-0.2123 (-1.57)	0.0923*** (4.02)	0.0059 (0.02)	0.1297*** (4.13)
$LCR_{i,t}$	-1.4473*** (-4.12)	0.6816*** (6.15)	0.4182 (0.71)	0.8349*** (5.41)	-1.3234*** (-3.57)	0.7542*** (4.78)	0.4629 (0.61)	0.8763*** (4.13)
常数项	-7.7669*** (-17.52)	1.1414*** (6.03)	4.5235*** (5.21)	1.0647*** (4.17)	-6.5487*** (-10.01)	1.4070*** (5.07)	6.4466*** (2.67)	1.3282*** (3.79)
AR（1）检验	-3.1779 [0.0015]	-3.1904 [0.0014]	-3.8862 [0.0001]	-3.1828 [0.0015]	-3.2476 [0.0012]	-3.2074 [0.0013]	-3.8348 [0.0001]	-3.0575 [0.0022]
AR（2）检验	1.866 [0.0620]	0.6214 [0.5343]	-0.7506 [0.4529]	0.5669 [0.5708]	1.9383 [0.0526]	0.4898 [0.6243]	-1.0667 [0.2861]	0.1654 [0.8687]
Sargan 检验	12.9715 [1.0000]	26.3941 [0.9626]	18.5083 [0.7777]	20.5172 [0.9986]	18.9767 [1.0000]	22.4440 [0.8951]	20.3172 [0.9589]	21.6518 [0.9998]

*、**和***分别表示在 10%、5%和 1%水平上显著；小括号内的数字代表 z 统计量，中括号内的数字代表 p 值

通过表 4-3 可以发现，模型（10）中的环境规制变量与国有企业所占比重的交乘项 $state_{i,t} \times LREGU_{i,t-1}$ 的系数显著为负，说明样本期内国有企业所占比重的增加削弱了环境规制对环境治理成本的促进作用，模型（11）中 $state_{i,t} \times LREGU_{i,t-1}$ 的系数显著为负，并且估计系数绝对值要小于模型（6）中 $state_{i,t} \times LREGU_{i,t-1}$ 的估计系数绝对值，这说明遵循成本效应存在，即国有企业所占比重的增加使得遵循成本效应减弱，进而使得环境规制通过提升成本减少产能进而来提升产能利用率的传导机制受阻。模型（12）中 $state_{i,t} \times LREGU_{i,t-1}$ 的估计系数也显著为负，说明国有企业所占比重的增加也削弱了环境规制的创新补偿效应，模型（13）中 $state_{i,t} \times LREGU_{i,t-1}$ 的系数显著为负，并且估计系数绝对值要小于模型（6）中 $state_{i,t} \times LREGU_{i,t-1}$ 的估计系数绝对值，这说明创新补偿效应也存在，国有企业所占比重的增加使得创新补偿效应减弱，进而使得环境规制通过促进创新来提升产能利用率的传导机制受阻。通过比较遵循成本效应和创新补偿效应的系数绝对值

相对于模型（6）中 $state_{i,t} \times LREGU_{i,t-1}$ 的系数绝对值大小可知，后者的下降幅度较大，说明国有企业增加更多是通过削弱创新补偿效应来减弱环境规制对产能利用率的正向作用，这主要与我国国有企业创新能力不强和创新动力不足等性质有关。从私营企业的模型（14）和模型（16）可以看出，$priv_{i,t} \times LREGU_{i,t-1}$ 的系数均显著为正，说明私营企业所占比重的增加促进了环境规制对环境治理成本和创新补偿的正向作用，模型（15）和模型（17）中 $priv_{i,t} \times LREGU_{i,t-1}$ 的估计系数显著为正并且系数估计值均小于模型（7）中 $priv_{i,t} \times LREGU_{i,t-1}$ 的系数估计值，说明私营企业所占比重的增加在发挥环境规制对产能利用率的正向作用时，遵循成本效应和创新补偿效应均发挥了中介效应作用，并且前者系数相对模型（7）中系数的下降幅度要大于后者，表明私营企业所占比重的增加更多地能够通过遵循成本效应来促进环境规制与产能利用率之间的正向关系，这主要与私营企业市场化程度高、市场优胜劣汰机制较为完善等性质有关。

表 4-4　企业规模对环境规制与产能利用率之间关系影响的传导机制模型估计结果

项目	大中企业				小企业			
	遵循成本效应		创新补偿效应		遵循成本效应		创新补偿效应	
	模型（18）	模型（19）	模型（20）	模型（21）	模型（22）	模型（23）	模型（24）	模型（25）
被解释变量	$LCOST_{i,t}$	$LCU_{i,t}$	$LPAT_{i,t}$	$LCU_{i,t}$	$LCOST_{i,t}$	$LCU_{i,t}$	$LPAT_{i,t}$	$LCU_{i,t}$
$LCU_{i,t-1}$		0.4198*** (12.59)		0.3840*** (12.40)		0.3887*** (13.17)		0.4445*** (7.68)
$LCOST_{i,t-1}$	0.3459*** (6.98)				0.7240*** (13.42)			
$LPAT_{i,t-1}$			0.2083*** (5.86)				0.1802*** (3.82)	
$W_{i,t}$		0.0486*** (5.83)		0.0133** (2.07)		0.0556*** (4.56)		0.0135* (1.68)
$large_{i,t} \times LREGU_{i,t-1}$	0.2345*** (2.88)	0.0701*** (3.48)	0.2759*** (2.69)	0.0610** (2.04)				
$small_{i,t} \times LREGU_{i,t-1}$					−0.0986** (−2.23)	−0.0248* (−1.78)	−0.0460 (−0.30)	−0.0254** (−2.01)
$LINV_{i,t-1}$	−0.5634 (−1.02)	−0.0185 (−1.59)	0.1944*** (2.60)	−0.0295*** (−3.62)	0.0043 (0.24)	−0.0311*** (−3.69)	0.1488* (1.82)	−0.0299*** (−2.86)
$LINNOV_{i,t-1}$	−0.1360* (−1.82)	0.0096* (1.69)	0.0964* (1.85)	0.0129** (2.56)	−0.0481** (−2.31)	0.0086 (1.42)	−0.0159 (−0.22)	0.0081* (1.75)
$GROWTH_{i,t}$	0.8723*** (3.56)	0.5088*** (13.34)	−0.3741 (−0.54)	0.4458*** (3.72)	0.1250 (0.96)	0.4755*** (7.81)	−0.7385 (−1.56)	0.4191*** (7.79)
$LOPEN_{i,t}$	−0.3932*** (−3.70)	0.1394*** (5.22)	−0.2026 (−1.08)	0.1983*** (3.82)	−0.4936*** (−8.87)	0.1132*** (5.41)	−0.0410 (−0.23)	0.1150*** (4.48)

续表

项目	大中企业				小企业			
	遵循成本效应		创新补偿效应		遵循成本效应		创新补偿效应	
	模型（18）	模型（19）	模型（20）	模型（21）	模型（22）	模型（23）	模型（24）	模型（25）
被解释变量	$LCOST_{i,t}$	$LCU_{i,t}$	$LPAT_{i,t}$	$LCU_{i,t}$	$LCOST_{i,t}$	$LCU_{i,t}$	$LPAT_{i,t}$	$LCU_{i,t}$
$LCR_{i,t}$	−2.8249*** (−7.79)	0.7197*** (5.05)	0.1681 (0.40)	0.9529*** (6.65)	−3.0337*** (−14.54)	0.6388*** (3.76)	−0.6180** (−2.19)	0.7069*** (6.09)
常数项	−10.1056*** (−10.61)	1.5216*** (5.23)	5.0072*** (4.74)	1.5397*** (5.80)	−7.3958*** (−20.06)	1.3077*** (3.77)	3.4865*** (3.80)	0.9590*** (4.74)
AR（1）检验	−3.1942 [0.0014]	−3.0404 [0.0024]	−4.0778 [0.0000]	−3.3762 [0.0007]	−3.7336 [0.0002]	−2.9625 [0.0031]	−4.0393 [0.0001]	−3.0382 [0.0024]
AR（2）检验	1.7053 [0.0881]	0.5117 [0.6089]	−1.0272 [0.3043]	0.5774 [0.5637]	2.4068 [0.0161]	0.6413 [0.5214]	−1.219 [0.2228]	0.5337 [0.5936]
Sargan 检验	20.2783 [1.0000]	23.8763 [0.9797]	20.2769 [0.9463]	22.0262 [0.9997]	21.7380 [0.9142]	23.8840 [0.9890]	22.5398 [0.9882]	23.1093 [0.9921]

*、**和***分别表示在 10%、5%和 1%水平上显著；小括号内的数字代表 z 统计量，中括号内的数字代表 p 值

通过表 4-4 可以发现，模型（18）和模型（20）中的 $large_{i,t} \times LREGU_{i,t-1}$ 的系数均显著为正，说明大中企业所占比重的增加将会加强环境规制对环境治理成本和创新补偿的促进作用，模型（19）和模型（21）中 $large_{i,t} \times LREGU_{i,t-1}$ 的系数估计值均显著为正并且小于模型（8）中 $large_{i,t} \times LREGU_{i,t-1}$ 的系数估计值，并且模型（21）的系数下降幅度更大，这说明大中企业所占比重的增加将会通过遵循成本效应和创新补偿效应来促进环境规制与产能利用率之间的正向关系，并且更多地是通过创新补偿效应施加影响，这主要与前面所说大中企业创新能力较强的性质有关。对小企业而言，模型（22）表明，小企业所占比重的增加将会削弱环境规制对环境治理成本的促进作用，这主要与小企业可能偷排偷放、逃避监管等有关系，小企业越多反而越给环境监管带来困难，环境规制的加强很难起到提高小企业治理成本的作用。模型（23）中 $small_{i,t} \times LREGU_{i,t-1}$ 的系数估计值显著为负，并且绝对值小于模型（9）中 $small_{i,t} \times LREGU_{i,t-1}$ 的系数估计值，说明小企业所占比重的增加通过遵循成本效应削弱了环境规制对产能利用率的正向作用，小企业环境污染成本难以内部化正是环境规制对行业产能利用率促进作用下降的主要原因。模型（24）中 $small_{i,t} \times LREGU_{i,t-1}$ 的系数不显著，很难判断创新补偿效应在小企业比重增加削弱环境规制对产能利用率的正向影响中是否发挥作用，因此，本章对模型进行 Sobel 检验[①]，结果表明小企业的创新补偿效应并不显著。

---

① Sobel 检验的统计量为 $z = \hat{a}\hat{b} / \sqrt{\hat{a}^2 s_b^2 + \hat{b}^2 s_a^2}$，其中 $\hat{a}$ 代表中介变量方程中关键解释变量的估计系数；$\hat{b}$ 代表包含关键解释变量和中介变量的方程中中介变量的系数；s_a 和 s_b 分别代表 $\hat{a}$ 和 $\hat{b}$ 的标准误差，具体见温忠麟等（2004）。

（2）污染强度角度

为了考察环境规制对不同污染强度的行业产能利用率的影响，本章将根据污染强度的大小将 28 个制造业行业分别划分为偏重度污染行业和偏轻度污染行业。由于不同行业各种污染物的属性不同，不能直接相加来确定行业的污染强度，借用李玲和陶锋（2012）、孙学敏和王杰（2014）污染强度的测量方法，本章对废水排放总量、二氧化硫排放量、烟尘排放量、粉尘排放量和固体废物排放量 5 个单项污染物排放数据进行线性标准化和等权加和平均来计算制造业 28 个行业的污染排放强度，具体测算方法如下。

1）计算每个行业各类污染物单位产值的污染排放值，即：

$$UE_{ij} = E_{ij}/Q_i \tag{4.14}$$

式中，E_{ij} 代表行业 $i(1, 2, \cdots, 28)$ 主要污染物 $j(1, 2, \cdots, 5)$ 的排放量；Q_i 代表行业 i 的工业总产值。

2）将各类污染物单位产值的污染排放值进行[0, 1]的线性标准化：

$$UE_{ij}^s = [UE_{ij} - \min(UE_j)]/[\max(UE_j) - \min(UE_j)] \tag{4.15}$$

式中，UE_{ij}^s 代表标准化后的污染物排放值；UE_{ij} 代表单位产值污染物排放值的原始值；$\max(UE_j)$ 和 $\min(UE_j)$ 分别代表主要污染物 j 在所有行业中的最大值和最小值。

3）将上述各种污染物排放得分进行等权重加和平均，计算出 5 个单向污染排放物的污染排放平均得分：

$$NUE_{ij} = \sum_{j=1}^{5} UE_{ij}^s / 5 \tag{4.16}$$

4）将各行业历年的污染排放平均得分汇总，计算得出各行业污染排放强度平均值 λ^i。

根据上述计算污染排放强度的方法，本章对制造业 28 个行业的污染排放强度进行测算，并根据 28 个行业的平均污染强度值的中位数 0.049 24 将其划分为偏重度污染行业和偏轻度污染行业，具体划分结果见表 4-5。

表 4-5　依据不同污染强度划分的行业分类

污染排放强度	分类	行业
$\lambda^i < 0.049\ 24$	偏重度污染行业	农副食品加工业，食品制造业，饮料制造业，纺织业，木材加工及木、竹、藤、棕、草制品业，造纸及纸制品业，文教体育用品制造业，石油加工、炼焦及核燃料加工业，化学原料及化学制品制造业，医药制造业，化学纤维制造业，非金属矿物制品业，黑色金属冶炼及压延加工业，有色金属冶炼及压延加工业

续表

污染排放强度	分类	行业
$\lambda^l > 0.049\ 24$	偏轻度污染行业	烟草制品业，纺织服装、鞋、帽制造业，皮革皮毛羽毛（绒）及其制品业，家具制造业，印刷业和记录媒介的复制，橡胶制品业，塑料制品业，金属制品业，通用设备制造业，专用设备制造业，交通运输设备制造业，电气机械及器材制造业，通信计算机及其他电子设备制造业，仪器仪表及文化办公用机械制造业

　　针对污染强度不同的制造业行业，本章分别考察环境规制对产能利用率的异质性作用，并利用中介效应模型分别对其传导机制的异质性进行深入研究，估计结果见表 4-6 和表 4-7。

表 4-6　环境规制对偏重度污染行业产能利用率影响的基准模型与传导机制模型估计结果

项目	基准模型	遵循成本效应		创新补偿效应	
	模型（26）	模型（27）	模型（28）	模型（29）	模型（30）
被解释变量	$LCU_{i,t}$	$LCOST_{i,t}$	$LCU_{i,t}$	$LPAT_{i,t}$	$LCU_{i,t}$
$LCU_{i,t-1}$	0.5161*** (3.97)		0.5911*** (3.77)		0.5863*** (5.47)
$LCOST_{i,t-1}$		0.3557*** (4.07)			
$LPAT_{i,t-1}$				0.8236*** (5.59)	
$W_{i,t}$			0.0621** (1.98)		0.0123 (0.31)
$LREGU_{i,t-1}$	0.1108** (2.15)	0.2140** (2.22)	0.0321 (0.57)	0.2929** (1.97)	0.0619* (1.70)
$LINV_{i,t-1}$	−0.0156 (−0.74)	−0.1196** (−2.05)	−0.0002 (−0.01)	−0.0244 (0.23)	−0.0059 (−0.26)
$LINNOV_{i,t-1}$	0.6717* (1.81)	1.1596** (2.19)	0.2704 (0.70)	0.6010* (1.88)	0.3872* (1.70)
$GROWTH_{i,t}$	0.5971*** (3.48)	−1.3707** (−2.21)	0.7384*** (5.64)	−0.5075 (−1.41)	0.7264*** (4.10)
$LOPEN_{i,t}$	0.1828** (2.10)	0.5953* (1.82)	0.1722* (1.71)	0.0458 (0.16)	0.1350** (2.24)
$LCR_{i,t}$	−0.2794 (−0.50)	−1.2120* (−1.86)	0.4962 (0.89)	2.9216* (1.74)	−1.0706 (−1.12)
常数项	3.2374* (1.75)	1.7752 (0.56)	2.5977 (1.34)	8.8484** (2.52)	0.4952 (0.37)
AR（1）检验	−2.2148 [0.0268]	−2.6827 [0.0073]	−2.2 [0.0278]	−2.0998 [0.0357]	−2.841 [0.0045]

续表

项目	基准模型	遵循成本效应		创新补偿效应	
	模型（26）	模型（27）	模型（28）	模型（29）	模型（30）
被解释变量	$LCU_{i,t}$	$LCOST_{i,t}$	$LCU_{i,t}$	$LPAT_{i,t}$	$LCU_{i,t}$
AR（2）检验	−1.1964 [0.2315]	−0.0568 [0.9547]	−1.5126 [0.1304]	1.8455 [0.0650]	−1.6345 [0.1022]
Sargan 检验	5.4902 [0.9997]	3.6859 [1.0000]	7.7906 [0.9999]	8.6913 [1.0000]	2.4758 [1.0000]

*、**和***分别表示在 10%、5%和 1%水平上显著；小括号内的数字代表 z 统计量，中括号内的数字代表 p 值

表 4-7　环境规制对偏轻度污染行业产能利用率影响的基准模型与传导机制模型估计结果

项目	基准模型	遵循成本效应		创新补偿效应	
	模型（31）	模型（32）	模型（33）	模型（34）	模型（35）
被解释变量	$LCU_{i,t}$	$LCOST_{i,t}$	$LCU_{i,t}$	$LPAT_{i,t}$	$LCU_{i,t}$
$LCU_{i,t-1}$	0.3330*** (2.74)		0.4907** (2.24)		0.5152*** (3.08)
$LCOST_{i,t-1}$		0.2921* (1.67)			
$LPAT_{i,t-1}$				0.9935*** (11.37)	
$W_{i,t}$			0.0722*** (4.12)		−0.0553 (−1.57)
$LREGU_{i,t-1}$	0.0484* (1.85)	−0.0754 (−0.75)	0.0554** (2.32)	0.1375** (2.34)	0.0258* (1.67)
$LINV_{i,t-1}$	−0.0031 (−0.10)	0.0467 (0.31)	−0.0225 (−0.71)	−0.0418 (−0.55)	−0.0458 (−1.41)
$LINNOV_{i,t-1}$	0.0145 (1.03)	−0.3194* (−1.78)	0.0133 (0.76)	−0.1937 (−0.30)	−0.0204 (−0.79)
$GROWTH_{i,t}$	−0.3470 (−1.27)	0.3026 (0.42)	−0.0698 (−0.32)	−0.9718* (−1.76)	0.4083 (0.98)
$LOPEN_{i,t}$	0.6892* (1.76)	−0.0219 (−0.06)	0.6208** (2.10)	0.3282** (2.33)	−0.5023 (−1.26)
$LCR_{i,t}$	2.3703** (2.12)	−1.9744* (−1.67)	1.7033** (2.10)	0.2042 (0.28)	−0.8855 (−0.49)
常数项	4.7312** (2.05)	−9.9676*** (−3.57)	4.1328** (2.50)	0.6990 (0.19)	−1.8697 (−0.55)
AR（1）检验	−3.5226 [0.0004]	−2.9398 [0.0033]	−3.2983 [0.0010]	−2.6814 [0.0073]	−2.0201 [0.0434]
AR（2）检验	0.8788 [0.3795]	1.644 [0.1002]	1.5209 [0.1283]	0.5756 [0.5649]	0.4121 [0.6803]
Sargan 检验	7.6791 [0.9988]	5.0505 [1.0000]	4.9148 [1.0000]	7.1708 [0.9932]	9.4821 [0.9999]

*、**和***分别表示在 10%、5%和 1%水平上显著；小括号内的数字代表 z 统计量，中括号内的数字代表 p 值

　　表 4-6 和表 4-7 表明环境规制对污染强度不同行业的产能利用率具有异质性影响，并且环境规制的两种传导机制会因污染程度不同产生差异性影响，偏重度污染行业内遵循成本效应发挥了完全中介效应，而偏轻度污染行业内创新补偿效应更显著。模型（26）和模型（31）表明环境规制对偏重度污染行业产能利用率的促进作用要大于偏轻度污染行业。对偏重度污染行业，提高环境规制、将环境成本纳入企业的生产成本将会导致其利润空间被大幅压缩，如果这些行业的企业不进行积极的技术创新，环境治理成本的上升将会导致部分企业生产投资规模缩减甚至退出市场，使得行业整体产能下降和产能利用率上升，产生遵循成本效应。对企业自身来说，为了应对成本上升和利润下降，环境规制也会促使偏重度污染行业中有能力的企业增加研发投入创新技术来节能减排，研制新产品来创造更多新的市场需求，进而提高产出和行业产能利用水平，产生创新补偿效应。模型（27）中 $LREGU_{i,t-1}$ 的系数显著为正，说明环境规制会增加偏重度污染行业的环境治理成本，从模型（28）的估计结果来看，中介效应 $W_{i,t}$ 的系数显著，而 $LREGU_{i,t-1}$ 的系数不显著，说明遵循成本具有完全中介效应，即环境规制对产能利用率的促进作用都是通过遵循成本效应实现的。模型（29）中 $LREGU_{i,t-1}$ 的系数显著，说明环境规制也促进了偏重度污染行业的创新，但从模型（30）来看，中介效应 $W_{i,t}$ 的系数不显著，利用 Sobel 检验可以发现创新补偿效应并不显著。而对污染程度低的偏轻度污染行业，购买污染处理设备的花费较少，环境规制增加对企业生产成本的影响不大，因此模型（32）中 $LREGU_{i,t-1}$ 的系数并不显著，根据 Sobel 检验发现偏轻度污染行业中环境规制的遵循成本效应并不显著；模型（34）中 $LREGU_{i,t-1}$ 的系数显著为正，而模型（35）中 $W_{i,t}$ 的系数不显著，根据 Sobel 检验发现虽然偏轻度污染行业的企业进行研发与技术创新用于改善生产经营所带来污染的动力小于偏重度污染行业，但环境规制的创新补偿效应显著。

4.5　本章小结

　　通过环境规制政策将环境污染成本纳入企业内部生产成本，倒逼企业在生产投资上做出适当调整来提升产能利用率是我国供给侧结构性改革背景下亟待解决且具有重要现实意义的研究主题。本章主要考察了环境规制对制造业产能利用率的影响及影响机制，并从企业产权性质、企业规模及行业污染强度三个方面分别详细探讨了环境规制对产能利用率的异质性作用和传导机制。研究表明，环境规制对制造业产能利用率具有显著的正向作用，并且通过遵循成本效应和创新补偿效应两个渠道来促进产能利用率提升，前者的作用更大。国有企业和小企业所占比重的增加将会减弱环境规制对产能利用率的促进作用，而私营企业和大中企业所占比重的增加将会增强环境规制对产能利用率的促进作用，但环境规制对产能利用率的两种传导机制却在上述特点下呈现出异质性影响；相比于偏轻度污染行业，环境规制对偏重度污染行业产能利用率的促进作用更大，环境规制的遵循成本效应和创新补偿效应在污染程度不同行业也呈现出异质性传导作用。

上述分析结果对中国制造业的环境规制政策制定和产能利用率提高具有重要启示意义。

1）应加大环境规制强度，完善环境保护的税收体制，对严重污染环境的生产经营行为征收环境税，建立能够充分反映资源稀缺程度和市场供求关系的价格形成机制，倒逼落后产能企业顺利退出市场。明晰环境产权，切实落实企业环境责任，加大对企业污染行为的行政和刑事等处罚力度，把地方环保工作业绩纳入地方领导政绩考核体制中，建立环境资源污染终身追究制度。

2）引导企业建立创新机制和创新体系，对科技创新人才引进给予支持和激励，对研发企业创新活动提供强有力的财政支持，促进企业将更多的资源投入研发，加强知识产权保护制度，推进创新平台服务建设，为企业加大研发投入自主创新、享受研发成果提供良好环境。

3）改进国有企业效率低下的现状，完善现代企业制度，加快解决国有企业社会责任负担过重问题，促进国有企业向市场化方向改革，提高企业经营决策自主权，增强企业市场竞争力。加强对国有企业的预算硬约束，实现优胜劣汰，并促进国有企业加大创新投入，积极发挥其在技术创新方面的主导作用。

4）加大对小企业的污染治理力度，针对企业偷排偷放现象，政府应加大惩罚力度，完善环境保护相关法律并且保证法律的有效执行，利用行政和刑事处罚并举等手段防止小企业的肆意污染环境行为。在科技创新方面，政府可以对小企业基础创新活动给予补贴，加大其研发的积极性，提高小企业的资源配置效率和生产效率。对技术水平较低和污染特别严重的小企业应坚决取缔，进而解决我国企业存在的"弱、小、散、差"问题，提高企业自主创新能力，加速落后产能淘汰，提高资源配置效率。

5）针对不同污染强度的行业应制定不同的环境政策，对偏重度污染行业的污染行为实行专项治理，联合各部门加大对重点污染行业集中整治和突出重点检查的力度并定期通报，不断强化监督检查力度。而对偏轻度污染行业可以适当提高环境规制水平，既不会加重企业生产经营负担，又能够利用环境规制增强自主创新能力，进而提高市场竞争力和市场活力。

考虑到环境规制多表现为多种环境规制政策的混合体，不同环境规制政策在影响产能利用率的传导机制上也可能存在差异，未来研究方向将会进一步具体化环境规制政策，考虑不同类型环境规制政策在运行机制上的差异，更加准确地捕捉环境规制政策在提升我国制造业产能利用率方面的影响。

第5章 我国工业产能过剩的政策调整成因
——以战略性新兴产业为例

在当前经济转型的关键时期，产能过剩无疑已经成为我国经济运行中的突出矛盾和诸多问题的根源，更是当前产业结构调整升级的桎梏。不仅传统产业产能过剩问题严重，光伏、风电、多晶硅等代表未来产业发展方向的战略性新兴产业产能过剩问题更是令人担忧。截至 2012 年，光伏设备产能利用率不到 60%，在 500 多家光伏企业中，1/3 的中小企业产能利用率在 20%～30%，基本上处于停产或者半停产的状态；风电设备面临着同样问题，在经历了风电产业高速发展之后，从 2011 年开始，中国风电新增装机年均增长率开始出现负增长，2012 年风电设备产能利用率不足 70%，2013 年已经低于 60%。2012 年底国内多晶硅产能已经达到 19 万吨/年的水平，进入 2013 年多晶硅开工率已经低至 35%，属于严重产能过剩状态。在国家产业支持政策作用下，地方政府出台各种优惠措施鼓励企业投资建厂，由于产业技术水平低下，行业进入门槛较低，大批企业涌入战略性新兴产业。产能过剩导致产品严重积压、销路不畅，行业内部恶性竞争，不断展开价格战，严重削减了企业的盈利能力和还贷能力，也极大地阻碍了我国经济结构转型和产业升级，是我国 GDP 总量居高不下而增速异常缓慢的重要原因。本章将采用博弈论方法来分析地方政府对战略性新兴产业产能过剩形成的影响，试图为战略性新兴产业的健康发展提供参考性建议。

5.1 文 献 综 述

学术界认为国内产能过剩的诱因有多种方面。以曹建海和江飞涛（2010）为代表的学者将国内产能过剩的诱因归纳为以下四个方面：一是市场的预期和实际有偏差导致的过剩产能；二是生产要素价格扭曲，如政府对企业的投资补贴过度，导致的资源错配；三是国内投资体制的不合理和政府参与产业投资的冲动所造成的恶性后果；四是产业政策可能会带来产能过剩问题。陶忠元（2011）指出，面向产能供给的刺激政策过多，产能吸收缺乏政策刺激时，可能会形成产能单方面的扩张，最终导致产能过剩问题的出现。乔为国和周娟（2012）指出，决策失误可能对企业投资行为形成扭曲激励，最终出现过度投资和产能过剩问题。杨振

（2013）认为，产业政策对微观企业市场进入和退出决策的激励扭曲可能也是当前产能过剩的原因之一。

　　实际上，当前政府出台的部分产业政策不仅加剧了传统行业的产能过剩，也导致了我国战略性新兴产业出现了产能过剩问题。一是政府对战略性新兴产业过度补贴导致的过度进入。江飞涛等（2012）指出，战略性新兴产业政策的实施中，过于注重补贴生产企业，导致部分战略性新兴产业过度投资，过于注重补贴生产企业的措施，直接导致多晶硅、风电设备等战略性新兴产业出现比较严重的产能过剩现象。张中华和杜丹（2014）通过分析我国上市公司的数据，发现政府补贴没有解决企业的投资不足问题，反而加剧了过度投资的现象，政府补贴的行为降低了企业的投资效率。王茵和段进（2015）指出，政府补贴会有效地提高战略性新兴产业的规模，但是补贴的额度不能无限制提高，否则会对社会福利产生影响。二是政府的监管不严，出现违法审批等各种问题，造成战略性新兴产业市场的供求严重失衡。李琪（2013）认为，从全国各省2011年后发布的战略性新兴产业发展规划的细则来看，各地指定的战略性新兴产业领域重复、产品趋同现象非常明显，项目一哄而上，使得在建和拟建的项目数目激增。王凤飞（2013）指出，由于中央政府大力倡导发展战略性新兴产业，地方政府为了抢占发展战略性新兴产业的先机，出现了一系列违规审批的项目，全国的项目缺乏统一的规划，重复建设造成了资源的严重浪费。

　　综上所述，众多国内学者认为中国的产业政策是引发国内产能过剩问题出现的重要原因之一，特别是近年来取得了跨越式发展的战略性新兴产业，受国家及地方政府各项产业政策的影响，其行业也呈现出明显的产能过剩，因而有必要从产业政策的角度分析战略性新兴产业产能过剩的问题。此前国内对战略性新兴产业产能过剩问题的研究主要是从定性的角度分析，而本章的创新点在于，采用了博弈论的相关知识，运用支付矩阵等方法能够更清晰地反映我国中央与地方政府之间目标和利益不同造成政府错位投资与市场需求相背离，从而出现全行业产能过剩的这一过程。

5.2　理　论　模　型

　　首先考虑两个地方政府参与博弈，记为A地和B地。两个地方政府拥有相同数量的厂商，假设两个地方政府提供相同的激励措施来吸引另一地方厂商来本地投资生产，则两个地方政府均拥有两种策略——"提供激励"和"不提供激励"。如果两个地方政府都不提供激励措施，则两个地方政府都不需要付出激励成本，也不会有新的厂商进入，两个地方都会保持原有数量的厂商。但如果A地提供激励措施而 B 地没有提供激励措施，则 A 地会吸引新厂商的进入，相应的 B 地一部分企业会向 A 地转移，因而 A 地的招商政策会给其带来积极影响，反之亦然。如果双方都提供激励措施，可能会对所在地企业产生一定的影响，但最后其企业数量会和没有提供激励措施时一样多，同时这两个地方政府都付出了较高的激励成本。给定所有可能的策略和支付，本章构造一个简单的激励措施提供下的囚徒困境支付表，见表 5-1。

表 5-1　激励措施提供下的囚徒困境支付表

项目		B 地	
		提供激励措施	不提供激励措施
A 地	提供激励措施	2，2	4，1
	不提供激励措施	1，4	3，3

表 5-1 是一个典型的囚徒困境，两个地方政府的占优策略都是提供激励措施，纳什均衡使得双方都提供激励措施，即使两个地方政府都不提供激励措施可能会有较好的结果。从经济意义上来说，发展战略性新兴产业对地方政府而言，不仅响应了中央政府的政策，也可以培育新的经济增长点，促进地方经济增长、财政收入和就业增加。因此，发展战略性新兴产业成为两个地方政府竞争的焦点，双方都认为对方政府会选择提供激励措施发展战略性新兴产业，如果自己不选择提供激励措施将会获得较低的支付。这使得博弈双方最终都会选择提供激励措施而不是获得更高支付的不提供激励措施。

本章参照阿维纳什·迪克西特和苏珊·斯克丝（2009）分析集体行动博弈的做法，将上述支付矩阵推广到多个地方政府的情况下进行分析。假设有 N 个地方政府分别决定是否在本地出台战略性新兴产业扶持政策。如果已经有 n 个地方政府出台了产业扶持政策（$n < N$），地方政府实施招商引资政策付出的代价为 $c(n)$，c 随着 n 的大小而变化。已经出台战略性新兴产业扶持政策的地方政府获益为 $b(n)$，$b(n)$ 随着 n 的增加而减小。因此，出台战略性新兴产业扶持政策的地方政府支付可表示为 $p(n) = b(n) - c(n)$，没有出台战略性新兴产业扶持政策的地方政府支付可表示为 $s(n)$，没有出台战略性新兴产业扶持政策的地方政府个数为 $N - n$。社会总支付表示为 $T(n)$，可表示为

$$T(n) = np(n) + (N - n)s(n) \tag{5.1}$$

假设最初有 n 个地方政府出台了战略性新兴产业扶持政策，一段时间后又有其他某个地方政府出台此类政策，此时选择发展战略性新兴产业的地方政府数目有 $n + 1$ 个，没有出台战略性新兴产业扶持政策的地方政府数目减少到了（$N - n - 1$），社会总支付变为

$$T(n+1) = (n+1)p(n+1) + (N-n-1)s(n+1) \qquad (5.2)$$

则 $T(n)$ 和 $T(n+1)$ 之间的差异就是社会总支付的增加量：

$$T(n+1) - T(n) = (n+1)p(n+1) + (N-n-1)s(n+1) - [np(n) + (N-n)s(n)]$$

$$= [p(n+1) - s(n)] + n[p(n+1) - p(n)] + (N-n-1)[s(n+1) - s(n)]$$

$$(5.3)$$

社会总支付适用于此式：边际社会收益 = 边际私人收益 + 边际溢出收益

边际社会收益为：$T(n+1) - T(n)$；边际私人收益为：$p(n+1) - s(n)$

边际溢出收益为：$n[p(n+1) - p(n)] + (N-n-1)[s(n+1) - s(n)]$

因此，当边际溢出收益大于零时，边际社会收益大于边际私人收益。而当边际溢出收益小于零时，边际社会收益小于边际私人收益。

以各地方政府对待战略性新兴产业为例，假设有 N 个地区面临产业发展的抉择，选择是否出台产业政策扶持战略性新兴产业，假设已经有 n 个地方政府选择发展战略性新兴产业。发展战略性新兴产业可以给每个当地政府带来的相同的收益为 R，由于地方政府的招商引资政策，更多的企业进入该领域发展，当有一个新的地方政府发展该产业时，其他所有的地方政府收益为 $p(n) = R - an$，其中，系数 a 表示行业中每增加一个企业，各地方政府支付的相同递减。选择不发展战略性新兴产业的地方政府节省了这部分的开支，支付为 c，c 不随着 n 的变化而改变。

对地方政府而言，只要存在 $p(n_1 + 1) > s(n_1)$，即边际私人收益大于零，地方政府就有投资的冲动，并出台战略性新兴产业的扶持政策。则地方政府收益在以下条件成立时为正：

$$R - (n_1 + 1)a > c$$

即有

$$n_1 < \frac{R-c}{a} - 1 \qquad (5.4)$$

但是对整个社会而言，从中央政府角度出发，只有满足 $T(n_2 + 1) - T(n_2) > 0$ 的条件时即边际社会收益大于零，中央政府才会鼓励地方政府发展战略性新兴产业。如果存在小于零的情况，则中央政府必定出台调控政策加以抑制，即有

$$n_2 < \frac{R-c}{2a} - \frac{1}{2} \qquad (5.5)$$

5.3　政策成因分析

从 n_1 和 n_2 的大小比较显然可见，从中央政府视角出发，出台战略性新兴产业扶持政策的地方政府最优数量明显小于从地方政府自身视角出发的最优数量。在我国，中央政府和地方政府是委托代理关系，中央分权化进程的加快和市场经济

的建立使得中央与地方政府间的关系发生了复杂变化，两者在目标和利益上可能存在不一致性。

发展战略性新兴产业是中央政府在全球性金融危机发生后提出的重大战略举措，对促进我国经济和科技发展及经济结构调整升级与发展方式转变具有重要作用，因此，国家对战略性新兴产业给予了重要的产业政策扶持，其中，财政支持和税收优惠是重中之重。中央政府的政策导向是全国产业发展的风向标，自从2009年国务院召开三次战略性新兴产业发展座谈会起，战略性新兴产业就成为各级地方政府的"新宠"，各地政府纷纷确定自己的战略性新兴产业发展领域，加速推出发展规划并密集出台各项扶持政策。包括在项目投入时直接提供财政补贴，在经营过程中给予税收减免与返还，在银行信贷、土地、水电价格等方面给予各种优惠待遇等，扭曲了企业投资成本，导致企业出现过度投资、行业出现产能过剩现象。而且地方政府在发展战略性新兴产业时，对生产企业和生产环节提供大量补贴诱发了企业的寻租行为，企业缺乏相应的产品升级和技术创新动机，也导致了战略性新兴产业出现发展雷同、重复建设和产能过剩等一系列问题。

地方政府在面临中央政府发展战略性新兴产业的号召时，对当地资源条件、产业和区域特征是否适合发展战略性新兴产业缺乏充分论证，而且没有考虑到战略性新兴产业生命周期和特征。在战略性新兴产业发展过程中，地方政府更加关注战略性新兴产业对相关产业链需求的带动作用及其能否促进本区域经济发展、财政税收及就业的增加。地方政府更加关注投资数量而不关注投资效率和质量，偏重于政府投资的数额有无增长、所在地的企业数量等，而尚未全面考虑该行业在全国范围内的总体运行情况和发展态势。政府的错位投资与市场需求相违背，进而造成中央政府与地方政府目标之间的脱节，地方与地方之间产业结构趋同及产能过剩等问题，加大了我国战略性新兴产业的内在发展风险，当前我国战略性新兴产业仍然处于无序发展状态。

以光伏行业为例，我国各级政府对光伏行业的干预一直存在。从光伏行业的发展初期到衰退期，国家层面上先后出台了大量的生产性、投资性政策支持光伏产业的发展。相关资料显示，2001~2011年，国家层面出台的太阳能光伏产业政策中涉及生产、投资政策文件数分别达到了21份、18份，其所占比例为34.43%、29.51%（袁见和安玉兴，2014）。中央政府出台光伏产业政策的本意是推动以光伏产业为代表的战略性新兴产业的快速发展，然而，地方政府为响应中央政府发展战略性新兴产业的号召，实现地方经济的转型与升级，通过诸多税收优惠、土地支持、银行贷款等方式吸引光伏企业来当地发展，最终造成了该行业产能的过度扩张，产能供过于求。曾经作为光伏行业领头羊的无锡尚德太阳能电力有限公司，在地方政府给予了企业过度的资金扶持与保障的背景下，从2005年开始了大规模产能扩张的步伐，2008年全球性金融危机后，虽然全球光伏需求有所下降，但由于地方政府和商业银行对企业的过度支持，企业仍然在不断扩产，此后受光伏行业产能供过于求、欧美发达国家或地区降低光伏产业的补贴等因素的影响，无锡尚德太阳能电力有限公司出现了新建产能无法得到有效消化、运行资金压力陡增问题，最终企业进入破产重组中。无锡尚德太阳能电力有限公司的发展历程说明了地方政府的过度扶持容易导致企业出现错误估计市场需求、盲目扩张等行为，进而引发整个行业产能过剩、企业相继破产的后果。

5.4　本 章 小 结

本章以两个地方政府参与博弈的支付矩阵来分析政策激励对行业产能的影响进而引出多个地方政府参与博弈的情况，指出基于中央政府视角应出台战略性新兴产业扶持政策的地方政府最优数量明显小于基于地方政府自身视角的最优数量，中央与地方政府在目标和利益上的不一致性导致地方政府倾向于出台战略性新兴产业扶持政策，从而可能加快了全行业产能过剩的步伐。

第6章 财政分权背景下税制结构对工业产能过剩的影响

税制结构与一国经济发展水平息息相关，不同税种、税基和税率组成的税制结构通常会引导企业投资流向并影响投资布局，进而影响经济发展水平（苏宁华，2000）。我国当前的税制结构以间接税为主、直接税为辅，间接税通常占总税收的六成左右，而直接税占比较小。自1994年分税制改革以来，地方政府收入下降、财力紧张，以生产性增值税和营业税等间接税为主的税制结构是地方政府热衷于投资的动力（梁金修，2006）。个别地方政府投资于间接税纳税大户——重化工业项目，进而造成企业投资规模快速扩张，引发各地区出现不同程度的产能过剩现象。微观上的产能过剩导致企业利润低下，甚至关停倒闭和人员被迫下岗，宏观上产能过剩行业存在资源浪费、环境污染等问题，对经济和社会产生不良影响。中央政府治理产能过剩多以行政规制手段为主，出台各种"意见"、"决定"和"通知"等来化解过剩产能，结果却收效甚微。曹建海和江飞涛（2010）指出，需建立治理产能过剩长效机制而不能再以行政规制手段为主。实质上，这种治理应从产能过剩的制度诱因着手，消除产能过剩的利益诱导机制，财税制度作为产能过剩的重要诱因引起广泛关注。周劲和付保宗（2011）也指出，不合理的财税分配体制和政绩考核体制使地方政府面临财政税收压力和经济增长动力，因而盲目扩大产能和经济规模。为此，在当前迫切需要建立产能过剩长效治理机制的背景下，从制度性诱因角度来考察产能过剩形成和产能利用率低下具有重要现实意义。

6.1 文 献 综 述

当前国内外关于财税制度与产能过剩之间关系的研究较少，已有文献主要从两方面进行研究：一是从税收竞争角度，指出税收竞争是产能过剩形成的根本原因，各地政府在税收优惠方面展开竞争以引入资本，导致投资过度和产能过剩。Osterloh和Janeba（2013）研究了税收竞争的空间属性，即大城市会比小城市以更低的资本税率过度吸引投资导致产能过剩。Haufler和Stähler（2013）利用只含有两个国家的税收竞争模型揭示了企业更倾向于在征收较低税率的国家进行生产和销售，两个国家会进一步降低税率吸引投资展开税收竞争。赵静（2014）指出，重工业的产能过剩主要由地方政府的税收竞争引起，地方政府通过灵活调整税收征管力度及土地收入和制度外收入来控制本地企业的实际税负，利用税收竞争来招商引资导致过度投资，进而加剧了产能过剩程度，导致产能利用率下降。韩文龙等（2016）指出，以税收优惠形式为主的税收竞争在提高企业收益的同时也激励了企业产能扩张，诱导性地干预了企业投资决策。二是从税收和增值税分享制度角度，指出一方面税收制度影响资本配置，另一方面增值税分享制度是政府投资冲动的根源。Cerda（2002）通过讨论税收在企业投资决策层面的作用，认为税收制度扭曲了企业长期资本配置而引发产能过剩。桑瑜（2015）指出，以增值税为主体的税收政策强化了地方政府的投资冲动，各地区为了获得规模可观的增值税会积极招商引资，容易形成产能过剩。施文泼和贾康（2010）指出，在增值税收入分享体制下，地方政府会通过扩大增值税税基获得更多税收分成，客观上激发了地方政府加大投资，导致各地工业重复建设严重。刘怡和袁佳（2015）也指出，增值税分享制度激励地方政府招商引资，各地政府出于财政收入的考虑倾向于投资能够带来大额税源的资本密集型重工业。

工业产能过剩程度通常用产能利用率来表示，因此，两者之间密切相关。上述学者对税收、投资与工业产能过剩之间关系的研究为本章研究税制结构对产能利用率的影响提供了理论基础，但以往研究多数为定性分析，少量的实证分析中也只研究了增值税等间接税对工业产能过剩的影响，缺乏从税制结构整体角度出发的实证研究。为此，本章采取定量方法考察税制结构如何影响产能利用率及其区域异质性，试图为我国工业产能过剩的化解提供有针对性的参考依据。

6.2　理论假设提出

1994 年的分税制改革使得中央政府与地方政府之间重新划分了事权和财权，在中央财政重获活力的同时地方财政秩序也发生了重大改变。首先，间接税不仅能够增加地方政府财政收入，其衍生的税收返还额也是地方政府极力追逐增值税等间接税的动力。财政分权后形成的税收返还制度规定，税收返还额在 1993 年的基数上逐年递增，递增率按全国增值税和消费税增长率的 1∶0.3 系数确定，即全国增值税和消费税每增长 1%，中央对地方税收返还增长 0.3%。其中，消费税属于中央税，地方政府能最大化的只有增值税，这也直接导致地方政府追求生产性增值税等间接税以争取更多的中央税收返还，增值税等间接税的税基越大，中央税收返还额则越多，进而能够缓解地方政府财力不足，可能导致地方政府偏重于投资增值税等间接税纳税大户，从而可能引发工业产能过剩现象，导致产能利用率下降。其次，间接税中增值税分享部分按生产地原则进行分配，加上间接税的征收成本远低于直接税，也使得间接税受到地方政府青睐。最后，间接税在生产的中间环节征收也导致了地方政府展开税收竞争吸引大企业、大项目，税收存在重生产、重产业和重经济增长现象。刘怡和袁佳（2015）指出，新时期学术界缺乏产能过剩背后税制结构原因探究，地方政府为获得更多的增值税等间接税收入会投资于能为其带来税源的工业项目，从而导致部分行业产能过剩现象明显和产能利用水平下降。朱志钢和高梦莹（2013）也指出，在当前税制结构中，间接税在筹集财政收入和提高征税效率方面表现突出。综合上述分析，本章提出第一个理论假设。

假设 1：以直接税和间接税比重来衡量的税制结构的合理化将会有利于产能过剩的化解。

分税制改革所带来的财权与事权不匹配对地方政府产生了一定影响，地方政府只能在现有中央与地方的税收分享比例基础上扩大税基以增加财政收入。产值高、税收多的工业企业是地方纳税大户，并且我国增值税、营业税、消费税等主要在生产环节征收，只要投资生产就会为当地带来相应税收，因此，产业结构单一和税收渠道狭窄的地方政府会在一定程度上干预工业企业投资，可能会引起重复建设和产能过剩问题，导致产能利用率下降。而对其他产业结构多元化并且税收渠道较广的地区而言，地方政府为增加税收而积极干预工业企业投资进而扩张产能的动机相对较弱，投资与消费失衡现象并不严重，工业产能利用水平较高。产能利用程度不同的背后实际是地方政府对工业企业生产投资纳税的依赖程度不同，由此可以推测在产能利用程度不同地区改善税制结构所带来的影响也不同。吕冰洋和聂辉华（2014）用农场主与农民的分成合同和分税合同来类比分税制合同，指出在经济情况差异很大的各地执行统一的税收政策缺乏效率，各地资源禀赋不同必然导致财政收支差异，进而造成各地区对能够带来高额税收的工业投资所产生的税收依赖度不同，税制对产能的影响自然各异。基于此，本章提出第二个理论假设。

假设 2：税制结构对产能利用程度不同地区的工业产能利用率具有异质性影响，在产能严重过剩地区，税制结构改善对产能利用率的促进作用较大，而在产能相对不过剩地区，税制结构的作用相对较弱。

6.3 指标测度

6.3.1 产能利用率的测度方法

国内外普遍采用产能利用率指标来测度产能过剩程度，即实际产出与最大生产能力之比。其测度关键在于如何来界定和估算最大生产能力，根据生产能力估算方法不同，产能利用率测度大体分为峰值法、函数法和 DEA 方法等。峰值法以一定时期内产出水平峰值作为最大生产能力，适用于数据收集难度大、统计水平有限时使用。Klein 等（1973）、沈利生（1999）等均使用过该方法。但该方法在确定峰值时缺乏理论依据，容易使得产能利用率的真实性受到怀疑。函数法是一种参数方法，包括生产函数法和成本函数法，不仅需要设定函数形式，估算参数来求得最大产能，还涉及要素投入的价格，所需数据量较大，计算较为复杂（Berndt and Morrison，1981；孙巍等，2009；韩国高等，2011）。而 DEA 方法则不需要设定生产函数和成本函数形式及无需使用投入要素价格信息，是 20世纪 70 年代末由 Charnes 等（1978）创建的对多投入和多产出的多个决策单元的效率评价方法。本质上是一个线性规划模型，表示为产出对投入的比率并以最优产出结果作为最优的生产效率，设为 1。它是一种评价一组决策单元某项经济活动效率高低的非参数方法，主要通过选取特定的投入产出指标，建立线性规划模型，并在一定的约束条件下构建最优的生产前沿面，未达到生产前沿面的生产单元的产出值与生产前沿面上的对应产出值之比即 DEA 效率。Fare等（1989）最早提出这一非参数方法，用线性规划方法确定在给定的投入要素下，最大产出量能否实现，或者给定产出水平确定最小投入水平（Kirkley et al.，2002；孙巍等，2008）。

6.3.2　DEA 方法测度产能利用率的原理

本章利用 DEA 方法对我国各省区市的产能利用率进行测算（董敏杰等，2015），通过可观察到的投入和产出数据构建生产前沿面，生产前沿面上的产出为潜在产出，当生产单元的产出位于生产前沿面上时，产能利用率为 1，低于生产前沿面时，产能利用率小于 1。首先需要建立测度 30 个省区市各期潜在产出的线性规划模型：

$$\begin{cases} \mathrm{Max}\ Y_s^t(X_s^t) = \sum_{i=1}^{30} \mu_i^t y_i^t \\ \mathrm{s.t.} \sum_{i=1}^{30} \mu_i^t y_i^t \geqslant y_s^t,\ \sum_{i=1}^{30} \mu_i^t X_i^t \leqslant X_s^t \\ \sum_{i=1}^{30} \mu_i^t = 1,\ \mu_i^t \geqslant 0 \end{cases} \quad (6.1)$$

式中，Y_s^t、X_s^t 代表 t 期技术水平衡量下的被考察省区市 s 的潜在产出和实际资源投入；μ_i^t 代表权系数向量；y_i^t、X_i^t 代表 t 期生产省区市 i 的实际产出和实际资源投入。在合适的权系数条件下，模型满足如下约束条件：被考察省区市实际产出小于有效产出，而实际消耗的资源大于有效投入。计算出来的有效产出即通过式（6-1）能够得到的最大生产能力，再利用实际产出与有效产出的比值得到产能利用率：

$$CU = y / Y(X) \qquad (6.2)$$

6.3.3　变量选取与数据来源

本章采用资本、劳动和能源消费作为 DEA 模型的输入变量，以工业产出作为输出变量，即分别选取了各地区规模以上工业企业的固定资本存量、年平均从业人数和能源消费量作为输入变量，输出变量为各地区工业增加值。具体变量说明如下。

1）地区工业增加值。地区工业增加值可以准确反映各地区生产经营活动的成果和当期创造的价值，数据是根据 2002～2016 年的《中国工业经济统计年鉴》中的工业总产值与中间产品转移价值的原始数据计算得到，再根据以 2001 年为基期的工业生产者价格指数进行平减。

2）年平均从业人数。该指标反映一定时期内各地区全部劳动力资源的实际利用情况，可以有效地评价各地区生产能力。数据来源于 2002～2016 年的《中国劳动统计年鉴》和中经网统计数据库，单位为万人。

3）能源消费量。能源消费与经济发展形势息息相关，是测度地区产能利用率的重要输入变量。数据来源于 2002～2016 年的《中国能源统计年鉴》。

4）固定资本存量。该指标借鉴董敏杰等（2015）的做法，使用永续盘存法来估算。具体公式为

$$K_t = K_{t-1}(1 - \varepsilon_t) + I_t / P_t \qquad (6.3)$$

式中，K_t 与 K_{t-1} 分别代表 t 期和 $t-1$ 期固定资本存量；ε_t 代表 t 期折旧率；I_t 代表 t 期新增投资，采用当年与前一年的固定资产原价差值来替代；P_t 代表 t 时期投资品价格指数，用各省区市固定资产投资价格指数替代。折旧率则用各年累计折旧额与上年累计折旧额差值作为本年固定资产折旧，再与上年固定资产原价相比得到。基期资本存量为 K_0，利用 2001 年固定资产原价与累计折旧额差值作为基期固定资本存量。数据来源于 2002～2016 年的《中国工业经济统计年鉴》和《中国统计年鉴》。

6.3.4　产能利用率测算结果及其分析

本章样本区间为 2001～2015 年，共包含 30 个区市，受数据可得性限制，剔

除了西藏和香港、澳门、台湾地区。依据模型的分析结果，运用 DEAP2.1-XP 软件的 BCC 模型测算各地区的产能利用率水平。

根据产能利用率的测算结果，本章进一步根据国家统计局关于产能利用率的分类标准将 30 个地区进行具体分类，通过汇总产能利用率落入[0，79%]、（79%，90%]、（90%，100%]三个区间的地区个数，将超半数年份产能利用率落入[0，79%]区间的地区划分为Ⅰ类地区，即产能严重过剩地区，将超半数年份产能利用率落入（79%，90%]和（90%，100%]区间的地区划分为Ⅱ类地区，即产能相对不过剩地区，具体分类结果见表 6-1。

表 6-1　地区产能利用程度分类判别结果

分类	省区市
Ⅰ类地区	北京、河北、山西、辽宁、黑龙江、安徽、江西、湖北、广西、四川、贵州、云南、陕西、甘肃、青海、宁夏、新疆
Ⅱ类地区	江苏、上海、浙江、福建、山东、广东、重庆、海南、湖南、河南、内蒙古、吉林、天津

Ⅰ类地区和Ⅱ类地区随时间变动的年均产能利用率趋势如图 6-1 所示。可以发现，Ⅰ类地区产能利用率明显低于Ⅱ类地区，两者的变化趋势大致相同且符合中国的经济事实。2003 年，国务院相继出台了抑制钢铁、电解铝、水泥等行业盲目投资的意见，并提出产能过剩行业结构调整和加强固定资产投资调控，从严控制新开工项目，产能抑制政策导致 2003 年以后产能利用率提升放缓。2008 年全球性金融危机爆发使得产能利用率处于陡然下降状态，随后国家出台了一揽子计划，并在 2009 年宏观政策调控刺激下，产能利用率有所回升。但经济刺激政策拉动内需的同时也造成了高耗能、高排放行业过度投资问题，埋下了更大规模产能过剩隐患。2010 年产

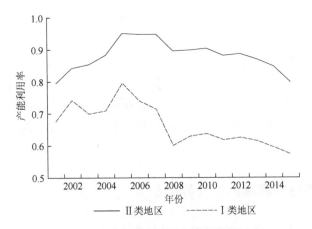

图 6-1　分地区产能利用率变动趋势对比

能利用率还是不可避免地出现了下降趋势，2011 年，受欧洲主权债务危机影响，拉动经济增长"三驾马车"之一的出口贸易萎靡加剧，欧美各国进口需求下降、贸易保护主义抬头，再加上反倾销案使得我国经济增长率由 2011 年的 9.6%下降至 2015 年的 6.9%。产能利用率与经济发展水平密切相关，从图 6-1 中可以看到，2010～2015 年产能利用率整体也呈现下降趋势。两类地区产能利用率趋势也有明显差异性，Ⅰ类地区产能利用率明显受全球性金融危机影响的程度更深，2008 年产能利用率明显下降更多、曲线更陡。同时Ⅰ类地区在 2009 年产能利用率受政策调控回升更快，表明Ⅰ类地区相比Ⅱ类地区更容易受经济周期波动和国家调控政策的影响。

　　为进一步验证产能利用率测算的准确性，本章给出了全国 30 个省区市的平均产能利用率曲线，并与中国人民银行发布的 5000 户工业企业设备能力利用水平景气扩散指数曲线进行比较，如图 6-2 所示。可见，两者在前述主要时间节点上产能利用率变化趋势大致相同，由此证明本章产能利用率测度结果的准确性。全国平均产能利用率趋势显示，早在 2008 年金融危机之前的 2005 年，产能利用率就开始下降，说明经济周期只是加重了产能过剩，产能过剩仍存在深层次的成因。

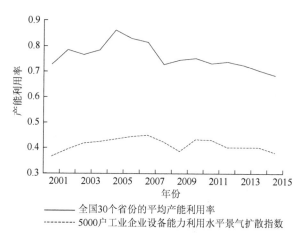

图 6-2　全国 30 个省区市的平均产能利用率与 5000 户工业企业设备能力利用水平景气扩散指数

6.4　实　证　分　析

6.4.1　变量选取与数据说明

（1）主要解释变量

本章的主要解释变量为税制结构（ts）。我国财政分权背景下形成的以间接税为主的税制结构，显然不符合宏观经济调控目标的实现，必须改革间接税指导下的过去以 GDP 为主的粗放式经济发展向更加注重公共服务的绿色 GDP 发展，切不可忽视税收实现转方式、调结构、保护生态和缩小收入差距等新时期目标的重要调节作用。本章采用直接税与间接税之比作为税制结构的替代变量，该指标越小，说明我国税制结构越倾向于以间接税为主。为了增强模型的稳健性，本章首先采用直接税占税收收入的比例（tsz）作为税制结构的替代变量进行替代性检验，然后借鉴 Fisman 和 Svensson 的分组平均值构造工具变量法，构造税制结构变量的 I 类地区和 II 类地区均值（meants）作为工具变量进行内生性检验。其中，间接税等于增值税、营业税和资源税之和，直接税用所得税加财产税表示，所得税等于企业所得税和个人所得税之和；财产税等于房产税、土地增值税、城镇土地使用税、耕地占用税、车船税和契税之和，数据均来源于 2002～2016 年的《中国税务年鉴》。

（2）控制变量

1）固定资产投资（inv）。韩国高等（2011）利用实证分析表明固定资产投资是产能过剩的直接原因。曹建海和江飞涛（2010）也指出，过度进行固定资产投资会引发产能过剩，因此本章将固定资产投资作为影响产能利用率的控制变量之一。企业固定成本在总成本中占比较大时，固定资产具有专用性，使其相对于人工投入不易调整，一旦市场萎缩将导致需求不足进而影响产能利用率水平。本章采用各地区以 2001 年为基期，经固定资产投资价格指数调整后的实际固定资产投资总量与各地区经生产者价格指数（producer price index，PPI）调整后的实际工业产值比重来表示投资状况（江飞涛和曹建海，2009）。

2）政府干预程度（gov）。为了增加税源和达到政绩考核标准，地方官员可能会对企业投资决策进行干预，进而影响产能利用水平。本章采用地方财政一般预算收入与各地区生产总值比重作为政府干预程度替代变量（程俊杰，2015a）。

3）环保压力（hb）。2016 年国务院印发《国务院关于印发"十三五"生态环境保护规划的通知》，提出要强化环境硬约束，推动淘汰落后和过剩产能，建立重污染产能退出和过剩产能化解机制，提出对一些长期超标排放和治理能力欠缺或者无意愿治理的企业或者达标已经无望的企业，要依法予以关闭和淘汰。随着环保压力的增大，地方政府会加强其环境规制强度，并且调整其财政支出，将原先大规模固定资产投资支出转向三废污染排放支出，进而影响产能利用水平（黎文靖和郑曼妮，2016）。本章采用环境规制强度指数来度量环保压力指标（孙学敏和王杰，2014），选取 2001～2015 年 30 个省区市规模以上工业企业废水、废气和固体废物排放 3 个单项指标，具体构建步骤如下。

各单项指标单位差异导致其不可比，首先对其进行标准化处理：

$$DX_{is}^m = [DX_{is} - Min(DX_{is})]/[Max(DX_{is}) - Min(DX_{is})] \qquad (6.4)$$

式中，i 代表各地区；s 代表各类污染物；DX_{is} 代表各单项指标原始值；$Max(DX_{is})$ 和 $Min(DX_{is})$ 分别代表各地区各单项指标的最大值和最小值；DX_{is}^m 代表各单项指标的标准化值。

其次，计算各单项指标权重，不同地区污染物和同一地区不同污染物排放程度均呈现差异性。因此，需对不同地区各单项指标赋予权重，用以反映不同地区污染物治理力度差异。具体表示如下：

$$\lambda_{is} = (B_{is}/\sum B_{is})/(T_i/\sum T_i) \tag{6.5}$$

式中，λ_{is} 代表地区 i 中污染物 s 的权重；B_{is} 代表地区 i 中污染物 s 的排放量；$\sum B_{is}$ 代表全国 30 个省区市同类污染物排放总量；T_i 代表地区 i 的工业总产值；$\sum T_i$ 代表全部地区工业总产值。

最后，依据标准化值及对应权重系数计算出环境规制强度指数：

$$hb_i = (\sum_{s=1}^{3} DX_{is}^m \lambda_{is})/3 \tag{6.6}$$

4）经济周期（eco）。经济周期因素对产能利用率的影响呈现顺周期趋势，经济向好时，产能利用率提升，经济衰落导致产品滞销，产能利用率下降。本章采用各地区经 CPI 调整后的国内实际生产总值增速进行替代。上述各变量所用数据主要来源于 2002～2016 年的《中国统计年鉴》和《中国工业经济统计年鉴》。

6.4.2　模型设定

为检验税制结构对产能利用率的影响，本章构建了如下模型，研究当期税制结构与产能利用率的关系：

$$\ln CU_{i,t} = \alpha + \beta_1 \ln CU_{i,t-1} + \beta_2 \ln ts_{i,t} + \beta_3 \ln gov_{i,t} + \beta_4 \ln hb_{i,t} + \beta_5 \ln eco_{i,t} + \beta_6 \ln inv_{i,t} + \mu_i + \varepsilon_{i,t}$$

$$\tag{6.7}$$

式中，$\ln CU_{i,t}$ 代表当期的产能利用率；i 代表地区；t 代表时间；$\ln CU_{i,t-1}$ 代表 $t-1$ 期产能利用率；$\ln ts_{i,t}$、$\ln gov_{i,t}$、$\ln hb_{i,t}$、$\ln eco_{i,t}$、$\ln inv_{i,t}$ 分别代表 t 期税制结构、政府干预程度、环保压力、经济周期和固定资产投资水平；α 代表常数项；μ_i 代表个体效应；$\varepsilon_{i,t}$ 代表随机扰动项；$\beta_1 \sim \beta_6$ 代表待估计参数。

本章主要采用 Blundell 和 Bond 提出的系统 GMM 方法，将差分方程和水平方程作为一个方程系统进行广义矩估计，这样可以提高估计效率，并且可以估计不随时间变量变化的一些变量系数，相比差分 GMM 和普通面板回归的系数估计结果更准确。

6.4.3　实证结果与分析

（1）变量描述性统计

本章以全国 30 个省区市数据为样本，选择的时间为 2001～2015 年，上述模型各主要变量的描述性统计见表 6-2。产能利用率指标的平均值为 0.758，显示出全国大部分地区处于严重过剩水平。

表 6-2　各主要变量描述性统计

变量名	观测值个数	平均值	标准差	最小值	最大值
CU	450	0.758	0.185	0.324	1.000
ts	450	0.688	0.214	0.253	1.332
tsz	450	0.420	0.063	0.272	0.581
inv	450	0.567	0.270	0.117	1.670
gov	450	0.091	0.031	0.048	0.220
hb	450	0.918	1.192	0.006	11.411
eco	450	0.119	0.050	−0.033	0.254
meants	450	0.688	0.158	0.439	0.989

（2）回归结果分析

作为一致估计，系统 GMM 能够成立的前提就是扰动项不存在自相关，通过检验发现，各模型均通过了 AR（2）检验，说明模型设定合理。同时 Sargan 检验表明在 1%的显著水平下无法拒绝"所有工具变量均有效"的原假设，即本章所选取的工具变量也是有效的。

1）全国层面实证结果分析。由表 6-3 可知，模型（2）中滞后一期产能利用率（$\ln CU_{i,\,t-1}$）对当前产能利用率的影响显著为正，说明产能过剩存在自我强化机制，即上一期的产能利用率对当前产能利用率有显著促进作用。

表 6-3　税制结构对产能利用率影响的估计结果

解释变量	OLS-panel 模型（1）	全国 GMM 模型（2）	I 类地区 模型（3）	II 类地区 模型（4）
$\ln CU_{i,\,t-1}$		0.657*** (30.29)	0.470*** (4.56)	0.870*** (34.76)
$\ln ts_{i,\,t}$	0.205*** (5.09)	0.032** (2.05)	0.099** (1.99)	0.052 (0.45)
$\ln gov_{i,\,t}$	−0.147*** (−3.82)	−0.171*** (−8.8)	−0.349*** (−4.66)	−2.000 (−1.57)

续表

解释变量	OLS-panel 模型（1）	全国 GMM 模型（2）	I 类地区 模型（3）	II 类地区 模型（4）
$\ln hb_{i,t}$	0.002 (0.14)	0.030*** (7.54)	0.023*** (2.56)	0.014* (1.72)
$\ln eco_{i,t}$	0.088*** (4.2)	0.029*** (9.69)	0.032*** (6.18)	0.022** (2.03)
$\ln inv_{i,t}$	−0.202*** (−7.94)	−0.068*** (−4.96)	−0.007 (−0.12)	−0.013 (−0.24)
α	−0.522*** (−4.61)	−0.464*** (−10.63)	−0.948*** (−5.22)	−0.441 (−1.55)
AR（1）		−3.8816 [0.0001]	−3.0314 [0.0024]	−1.8407 [0.0657]
AR（2）		1.6412 [0.1008]	1.5003 [0.1335]	0.6354 [0.5252]
Sargan 检验		27.016 7 [0.9984]	14.2226 [1.0000]	4.7733 [1.0000]

*、**、***分别表示系数在 10%、5%、1%的显著性水平下显著，小括号内的数字代表 z 统计量，中括号内的数字代表 p 值

税制结构变量（$\ln ts_{i,t}$）对产能利用率具有显著的正向影响，税制结构每提高 1 个百分点，产能利用率将会提高 0.032 个百分点，表明税制结构越合理即直接税比重越大，产能利用率越高，产能过剩可以得到缓解；反之亦然，假设 1 得到验证。2000 年以后地方政府挣扎于财政赤字，其财政收支缺口一直维持在 70%左右。为扩大财税来源，地方政府大力吸引企业投资办厂，特别是一些重化工业项目，这些企业按生产规模向地方缴纳增值税导致税制结构中间接税比重过高。赵云旗（2015）指出，间接税直接导致我国经济粗放式增长，刺激地方政府投资冲动高涨，发展短平快产业。以生产性增值税和营业税等间接税为主的税制结构引发投资快速扩张和产能过剩，导致产能利用水平随之变化，实证结果有力地证实了这点。

政府干预（$\ln gov_{i,t}$）对产能利用率具有显著负向影响，即政府干预程度增加将会加剧产能过剩。在财政分权体制和官员政绩考核体系下，地方政府为追求地区生产总值增长和税收增加，具有强烈的动机干预微观企业投资，影响企业投资行为。此外，由于土地和环境产权的模糊，地方政府拥有对投资进行实质性补贴的能力，产能利用率下降。

固定资产投资（$\ln inv_{i,t}$）对产能利用率具有显著负向影响，表明过度进行投资将会导致产能过剩。一方面，市场本身信息不完全，"理性"企业在这种环境下会争相投资于某个公认有前景的行业容易造成投资"潮涌"现象；另一方面，

在以地区生产总值为主的政绩观考核体制下，部分政府可能直接干预企业投资，粗放式发展经济。王立国和鞠蕾（2012）指出，企业过度投资对产能过剩具有正向效应，认为地方政府为实现政绩考核关键指标会促使企业过度投资。王文甫等（2014）也指出，政府会通过政府购买和补贴等方式对市场进行干预，导致过度投资进而引发非周期性产能过剩。

环保压力（$lnhb_{i,t}$）对产能利用率具有显著的正向推动作用，表明环保压力增加将会迫使地方政府提高环境规制水平，进而有利于产能利用率提升。环境规制程度加大使得本就产能过剩的企业额外增加了成本，企业经营困难被迫退出市场，大量过剩产能的退出提升了产能利用率水平（韩国高，2017）。"十三五"期间严控环保，各地政府应强化环境硬约束推动淘汰落后和过剩产能，建立重污染产能退出和过剩产能化解机制，依法关闭淘汰环境标准未达标企业。

经济周期（$lneco_{i,t}$）与产能利用率呈显著正相关关系，经济发展增速变动 1个百分点将导致产能利用率提升 0.029 个百分点。前述对产能利用率的趋势分析也表明，当经济增速放缓遭遇经济危机时（如 2008 年全球性金融危机时），产能利用率下降明显，而当经济向好时产能利用率提升。

2）分地区实证结果分析。对比模型（3）和模型（4）可知，两类地区所有变量符号均与全样本模型的估计结果一致，主要变量税制结构对产能利用率的影响存在区域异质性，从而证明了假设 2。具体来看，Ⅰ类地区税制结构的系数显著为正，即税制结构每增加 1 个百分点，导致产能利用率提升 0.099 个百分点，Ⅱ类地区税制结构的系数符号与Ⅰ类地区相同但并不显著。表明产能过剩越严重的地区，税制结构的变动对产能利用率的影响越显著，在Ⅰ类地区降低间接税比重可以有效缓解产能过剩问题。产生这种地区差异的根本原因在于分税制改革造成的各地区财权与事权不匹配，不匹配越严重则税制结构对该地区经济的影响越大。表 6-4 列示了Ⅰ类地区和Ⅱ类地区 1994 年分税制改革后财政缺口描述性统计，可以发现，Ⅰ类地区财政缺口均值和标准差均大于Ⅱ类地区，表明分税制改革造成Ⅰ类地区财权与事权不匹配程度更高，波动性也更大。Ⅰ类地区更多是经济欠发达地区，产业结构比较单一，重工业生产是当地财政收入的主要来源，且分税制下地区税收返还较少，在财权与事权不匹配的情况下，Ⅰ类地区追求生产性间接税的欲望更加强烈，地区生产总值考核指标实现更加严峻，继而造成投资扭曲程度更高，产能过剩越严重。在高度依赖重工业投资获得税收的产能相对严重地区进行税制结构改革，实际上是从财政税收角度削弱了地方进行投资扩张的动机，进而有助于缓解产能过剩，提升产能利用率；而对产能相对不过剩的发达地区，其经济发展水平较高，各产业发展速度较快，财政收入增长对重化工业投资生产的经济依赖程度较小，战略性产业、服务业税收较快增长为其财政收入的增长奠定了坚实基础，地区财政缺口较小，地方政府过度干预经济积极进行生产性投资的动机要弱于经济欠发达地区，不依赖于生产性投资所带来的税收收入，因此，税制结构改革对产能利用率的影响要偏弱些。

表 6-4　Ⅰ类地区和Ⅱ类地区 1994 年分税制改革后财政缺口描述性统计分析　单位：%

财政缺口	观察值	平均值	标准差	极大值	极小值
Ⅰ类地区	374	138.85	91.20	574.47	−1.32
Ⅱ类地区	264	68.52	53.68	248.76	−10.72

注：地方财政缺口比重＝(地方本级财政支出−地方本级财政收入)/地方本级财政收入。数据来源于 1995～2016 年的《中国统计年鉴》，由于重庆地区 1995 年和 1996 年统计数据缺失，从Ⅱ类地区剔除；表中数据根据 1994～2015 年数据计算得出

（3）稳健性检验

1）替代性检验。本章运用前述税制结构替代变量即直接税占税收收入的比例（tsz）进行税制结构与产能利用率之间关系的稳健性检验研究，相关控制变量保持不变并进行系统广义矩估计检验，结果见表 6-5。

表 6-5　替代性检验结果

解释变量	OLS-panel 模型（5）	全国 GMM 模型（6）	Ⅰ类地区 模型（7）	Ⅱ类地区 模型（8）
$\ln CU_{i,t-1}$		0.698*** (30.52)	0.661*** (8.52)	0.883*** (15.30)
$\ln tsz_{i,t}$	0.205*** (3.56)	0.039*** (2.93)	0.092* (1.74)	0.008 (0.08)
$\ln gov_{i,t}$	−0.143*** (−3.48)	−0.166*** (−10.34)	−0.266*** (−5.26)	−0.117** (−2.40)
$\ln hb_{i,t}$	0.007 (0.67)	0.027*** (7.61)	0.027*** (3.92)	0.022*** (3.89)
$\ln eco_{i,t}$	0.073*** (3.5)	0.029*** (6.60)	0.017** (1.96)	0.021** (2.12)
$\ln inv_{i,t}$	−0.203*** (−7.26)	−0.045*** (−2.69)	−0.027 (−0.5)	−0.074* (−1.93)
α	−0.362*** (−2.92)	−0.394*** (−8.90)	−0.630*** (−5.95)	−0.301** (−2.55)
AR（1）		−3.9263 [0.0001]	−3.6213 [0.0003]	−1.9008 [0.0573]
AR（2）		1.6347 [0.1021]	1.6022 [0.1091]	0.6725 [0.5013]
Sargan 检验		25.4733 [1.0000]	15.4174 [1.0000]	2.7451 [1.0000]

*、**、***分别表示系数在 10%、5%、1%的显著性水平下显著，小括号内的数字代表 z 统计量，中括号内的数字代表 p 值

表 6-5 表明，无论是全国还是地区分类研究中，各变量对产能利用率影响的系数符号均与表 6-3 一致。税制结构对产能利用率的影响具有正向作用，提高直接税占税收收入的比例（即降低间接税比例）有利于治理产能过剩问题，税制改革对Ⅰ类地区的影响较为显著并且呈现地区差异性。

2）内生性检验。表 6-3 结论为税制结构能够促进产能利用率提升，为避免税制结构具有内生性问题，本章利用前述分组平均值方法构造工具变量（meants），采用两阶段最小二乘法（two stage least square，2SLS）进行回归（表 6-6），控制内生性问题后税制结构与产能利用率仍呈正相关，表 6-3 主要结论未发生变化。

表 6-6　内生性检验结果

解释变量	全国 GMM 模型（9）	Ⅰ类地区 模型（10）	Ⅱ类地区 模型（11）
$lnts_{i,t}$	0.193*** (3.03)	0.291*** (4.36)	0.007 (0.10)
$lngov_{i,t}$	−0.142*** (−3.40)	−0.337*** (−5.81)	0.142*** (3.59)
$lnhb_{i,t}$	0.002 (0.16)	−0.029 (−1.41)	0.023* (1.67)
$lneco_{i,t}$	0.087*** (3.96)	0.062** (1.91)	0.141*** (5.01)
$lninv_{i,t}$	−0.205*** (−7.20)	−0.100* (−1.69)	−0.074*** (−2.94)
α	−0.522*** (−4.65)	−1.014*** (−6.76)	0.467*** (3.74)

*、**、***分别表示系数在 10%、5%、1%的显著性水平下显著，小括号内的数字代表 z 统计量

6.5　本章小结

相对于中央政府而言，地方政府掌握的信息更加充分，其在资源配置上更加具有优势，因此，财政分权是有利于经济发展的。但是财政分权忽略了地方财政缺口，使得 1994 年的分税制改革所形成的以间接税为主的税制结构使投资流向有所偏离，加剧了我国工业企业低水平重复建设和产能过剩现象。本章运用动态面板模型实证考察了税制结构对我国省区市工业产能利用率的影响，并针对产能严重过剩地区和产能相对不过剩地区进行了税制结构异质性影响分析，结果如下。

1）以间接税为主的税制结构加剧了我国工业产能过剩，不利于产能利用率的提升，税制结构的改善有助于缓解产能过剩问题。

2）税制结构对产能利用率的作用呈现区域异质性，在产能过剩越严重的地区，税制结构改善对产能利用率的促进作用越显著，而在产能相对不过剩地区，税制结构改善的作用则并不显著。

第7章 外部需求冲击与我国工业产能过剩形成

20世纪90年代以来，我国曾多次出现产能过剩现象，重复建设和产能过剩问题已经成为长期阻碍制造业产业升级的顽疾，并且成为当前我国经济转型和实体经济增长的最大风险。图7-1给出了1992年2季度以来中国人民银行发布的5000户工业企业设备能力利用水平景气扩散指数的走势，从图7-1中可以看出，1998年我国5000户工业企业设备能力利用水平景气扩散指数较低，这一时期我国经济受东南亚金融危机影响陷入衰退，出口出现大幅下滑，工业企业开工率不足，产能过剩问题严重。2002年加入世界贸易组织（World Trade Organization，WTO）以后，随着我国经济与世界经济联系程度日益紧密，国际市场竞争加剧，出口导向型的经济面临较大挑战，尤其是2008~2010年的全球性金融危机爆发，外部需求大幅萎缩使得中国实体经济遭受冲击，出口下降，2009年我国前三季度出口贸易连续同比负增长，国内一季度经济同比增长仅为6.2%，经济基本面出现了恶化。工业企业尤其是沿海地区的劳动密集型企业及出口加工型企业遭受外部需求冲击最为明显，行业开工率下降，企业经营与生产困难，产品供大于求，从图7-1可以看出，2009年我国5000户工业企业设备能力利用水平景气扩散指数再次出现大幅下降，产能利用水平较低。为了应对全球性金融危机给国内带来的不利影响，我国政府随后采取一系列经济刺激政策，在拉动国内产能过剩行业需求的同时，也增加了未来的产能过剩。2010~2012年，欧洲主权债务危机、美国经济复苏困难等国际动荡因素对我国外依存度较高的制造业出口造成了进一步打击，产能过剩问题比较严重。实体经济产能过剩的困境，表明依靠投资拉动经济增长及依靠出口来消化过剩产能的模式已不可持续。另外，在当下全球化的进程中，国际竞争优势和行业发展地位影响着一个国家的产业发展趋势，我国工业发展处于国际产业转移大背景下，发达国家向发展中国家和东亚、南亚国家间的产业转移使得我国工业发展处于国际产业转移的链条中，因而必然容易受国际需求冲击和国际产业转移趋势的严重影响。2014年国家提出要加快推进"丝绸之路经济带"和"21世纪海上丝绸之路"的建设，即通过区域内各国的相互合作实现共赢，进一步提升中国在世界的影响力。中短期来看，"一带一路"倡议将会加快中国制造向海外输出的速度从而有助于化解产能过剩，长期来看，"一带一路"倡议也会助力亚太经济的一体化，实现更广泛的区域合作。由此可见，中国与世界经济的联系度一定会越发紧密，国外需求波动对国内产业的影响力也会不断增强。

因此，如何充分认识外部需求的波动对中国经济的影响，特别是对中国工业产能利用状况的冲击显得尤为关键，也可以为政府部门如何更好地引导国内相关产业未来"走出去"及化解国内产能过剩方面提供参考性依据。

图 7-1　我国 5000 户工业企业设备能力利用水平景气扩散指数走势

7.1　文　献　综　述

国外学者针对外部需求冲击对产能过剩形成的影响这一问题研究较少，主要考察了外部需求对出口的影响。Goldstein 和 Khan（1985）指出，贸易国的收入水平、国家之间的汇率波动、出口产品的价格高低会影响该国出口的产品数量。Muscatelli 等（1992）指出，亚洲新兴工业经济体快速增长的原因在于国外需求水平的提高。Sosa（2008）指出，随着北美自由贸易区的建立，墨西哥经济受美国需求的冲击效应更加明显。Tharakan 等（2005）指出，印度的软件业和商品出口水平会受贸易国 GDP 的影响，即贸易国的 GDP 上升会对印度的出口量有明显的拉动作用。对外部需求冲击与产能过剩之间的关系，John 等（2013）通过考察加拿大经济环境波动、过剩产能增加及生产率下降之间的关系，发现较低的出口市场需求造成了产能利用率的大幅下降，进而造成出口生产者 2000 年以后劳动生产率的大幅下降。Klein 和 Koske（2013）在分析各国汽车行业在未来可能会面临的结构性产能过剩问题时，发现影响汽车需求的主要因素包括 GDP 的增长、石油价格及汽车行业的竞争力。国内学者较多关注外部需求冲击对我国出口和经济波动的影响效应。章艳红（2009）指出，我国的出口增长在很大程度上是由国外需求拉动的，容易受外部经济周期的影响，并且不同类别的出口和面向不同目的地的出口受外部需求冲击的作用不同。李运达和刘鑫宏（2009）指出，外部需求冲击与本国经济波动的关联已经非净出口本身所能涵盖，投资已成为净出口之外传导外部需求冲击的重要路径，外部需求冲击可能与本国经济中的周期性负面因素相叠加，进而放大外部需求冲击对本国经济波动的影响。李华和张鹏（2010）经过测算发现，国外需求变动是影响我国出口的主要因素，我国主要贸易伙伴的 GDP 变动 1%，我国对这些国家的出口将变动 1.59%。唐宜红和林发勤（2012）指出，在引入外部需求冲击以后，模型可以更好地解释我国的出口波动，外部需求冲击是我国出口的重要制约因素。刘志强（2013）基于 SVAR 模型考察了内部供给与外部需求对我国出口波动的影响，指出外部需求会造成出口的持久增长，但增速会逐渐放缓。马宇和王竹芹（2014）指出，外部需求冲击主要是通过出口下降和外商直接投资（foreign direct investmen，FDI）减少对中国实体经济产生负面影响。耿强和章雱（2010）则在金融加速器理论的基础上，利用随机动态一般均衡模型考察了我国经济波动中的外部冲击效应，发现国外需求冲击具有明显的双重作用，国外需求下降没有想象中那么可怕。

针对外部需求冲击与产能过剩之间的关系，国内学者则从不同视角进行了解读。一方面，从经济周期的角度出发，李江涛（2006）认为，经济周期的波动导致有效需求低于实际生产能力，最后导致了产能过剩的出现。朱利（2012）指出，我国光伏产业对国外市场依赖严重，极易受国外市场、政策等各方面环境变化的冲击，欧洲光伏市场需求骤降造成我国依赖出口的光伏产业制造环节出现严重的产能过剩问题。周学仁（2012）指出，受欧洲主权债务危机、外需萎缩、贸易壁垒、通货膨胀、人民币升值和要素成本上升等因素的影响，我国对外贸易增速有所下滑，在出口压力不断增大的背景下，我国存在外需型产能过剩行业，既包括纺织、鞋帽、箱包等传统行业，也包括风电设备、多晶硅、光伏太阳能电池等新兴行业。近些年，随着产能不断投放与使用，我国出现内需不足，需依靠出口来消化此类行业的过剩产能。韩秀云（2012）指出，近年来我国新能源出现产能过剩的原因在于国外需求下降、电网配套能力不足、新能源价格未能反映其正外部性。另一方面，从国际贸易的角度出发，部分学者认为国际贸易保护主义、贸易分工等问题使得我国制造业更容易受外部需求的冲击。国经文（2006）认为，国际产业分工对产能过剩形成具有影响，指出外商企业主要生产高端产品，我国企业则主要为外资企业配套提供能源动力和基础设施，这客观上推动了一些行业的超常规发展。我国市场体系建立不完善，运行效率低，导致部分行业，特别是重要生产资料行业出现产能过剩。王雷（2014）发现，国际分工和规模经济带来的行业产量增加的速度过快时，产能过剩和贸易摩擦就不可避免。

综合上述文献可以发现，国内外学者均认为外部需求变化将会影响一国对外贸易的发展状况，也会对该国产业发展状况带来冲击。但文献中较多从定性角度考察外部需求冲击对国内产能过剩的影响，缺乏研究外部需求冲击对国内制造业产能利用状况影响的定量分析。因此，本章将结合我国实际情况，试图考察外部需求冲击对产能过剩形成的影响路径，以期为政府部门正确认识外部需求冲击在我国产能过剩过程中的作用及如何应对这种周期性产能过剩提供参考性依据。

7.2　模型构建与检验

7.2.1　变量选择与数据处理

本章的样本区间为 2000 年 1 季度至 2013 年 4 季度，鉴于当时我国尚未公开发布工业产能利用率的数据，本章采用中国人民银行发布的 5000 户工业企业设备能力利用水平景气扩散指数作为工业产能利用率季度数据的替代变量。产品需求可以分为内部需求和外部需求两个部分，内部需求包括投资需求和消费需求，分别采用固定资产投资完成额与社会消费品零售总额来替代。2000 年 1 季度至 2013 年 4 季度的名义固定资产投资完成额由各个季度名义固定资产投资完成额的累计值换算得到，季度的名义社会消费品零售总额数据由每个季度内相应月度名义社会消费品零售总额数据加总获得，通过以 2000 年 1 季度为 100 的消费者价格指数将两者转换为实际值。在外部需求的度量方面，根据刘志强（2013）针对国外 GDP 的处理方式，本章采用近年来与我国出口贸易额最大的九个国家（地区）的季度 GDP（转换成人民币）的加权平均值作为外部需求的代理变量，权数为各国家（地区）从中国的进口总量占九个国家（地区）从中国的进口总量的百分比。固定资产投资完成额、社会消费品零售额、国家（地区）的 GDP 数据、消费者价格指数等均来自中经网统计数据库，5000 户工业企业设备能力利用水平景气扩散指数来源于 Wind 金融数据库。为了消除数据上的异方差和季节趋势等问题，本章对固定资产投资完成额、社会消费品零售总额、外部需求等变量进行 X-12 的季节调整后再进行取对数处理，以此来提高数据的稳定性，分别记为 lninv、lncons、lnfgdp。由于 5000 户工业企业设备能力利用水平景气扩散指数的季节性不明显，本章并未对此变量进行季节调整，记为 CU。

7.2.2　向量自回归模型的构建与检验

向量自回归（vector autoregression，VAR）模型必须建立在数据平稳的前提下，即模型的每一个变量都是平稳的或者是具有协整关系的同阶单整序列，否则将会出现"伪回归"问题。如果变量均为平稳的时间序列，则可以构建 VAR 模型。因此，必须对上述数据进行单位根检验以验证数据的平稳性。

（1）变量的平稳性检验

本章采用 ADF 单位根检验方法对产能利用率 CU、固定资产投资完成额 lninv、社会消费品零售总额 lncons、国外收入 lnfgdp 四个变量进行检验，结果见表 7-1。检验结果表明，四个变量的原序列在 5%的显著水平上均为非平稳序列，而其一阶差分序列在 5%的显著性水平下均为平稳序列，故四个变量均为一阶单整 I（1）过程。

表 7-1　单位根检验结果

变量	检验类型（C, T, L）	t 值	p 值	结论
CU	（N, N, 0）	0.7246	0.8685	不显著
ΔCU	（N, N, 2）	−7.4506	0.0002	显著
lninv	（C, T, 1）	−2.6037	0.2804	不显著
Δlninv	（C, T, 1）	−7.9141	0.0000	显著
lncons	（C, T, 0）	−3.1918	0.0967	不显著
Δlncons	（C, T, 0）	−7.2267	0.0000	显著
lnfgdp	（N, N, 1）	1.1393	0.9324	不显著
Δlnfgdp	（N, N, 0）	−5.0757	0.0000	显著

注：检验形式（C, T, L）分别表示 ADF 检验方程的常数项、时间趋势及滞后阶数，N 表示不包括常数项或者时间项；滞后阶数由 AIC[①]确定

（2）协整检验与模型滞后阶数选择

由于 CU、lninv、lncons、lnfgdp 均为 1 阶单整序列，在此基础上使用 Johansen 协整检验对各序列之间是否存在协整关系进行检验（表 7-2），检验结果表明，无论是根据最大特征值统计量还是迹统计量，在 5%的显著性水平下变量 CU、lninv、lncons、lnfgdp 之间均存在长期协整关系，因而可以构建 VAR 模型。考虑到本章样本容量的个数，本章选择最大滞后阶数为 5 阶，运用 AIC、施瓦兹准则（Schwarz criterion，SC）和似然比（likelihood ratio，LR）检验等来共同确定模型的最优滞后期数（表 7-3）。综合各种信息准则的分析结果，确定滞后阶数为 2 阶，因此，本章建立 VAR（2）模型。

表 7-2　变量 Johansen 协整检验结果

原假设	特征根	最大值统计量	p 值	迹统计量	p 值
无[**]	0.4886	35.5461	0.0055	87.2995	0.0000
至多 1 个协整向量[**]	0.3780	25.1625	0.0194	51.7535	0.0004
至多 2 个协整向量[**]	0.2758	17.1026	0.0322	26.5910	0.0058
至多 3 个协整向量[**]	0.1639	9.4884	0.0434	9.4884	0.0434

**表示在 5%的显著性水平下拒绝原假设

---

① AIC（Akaike information criterion），即赤池信息量准则。

表 7-3　VAR 模型最优滞后阶数的确定

Lag	Log$_{10}$L	LR	FPE	AIC	SC	HQ
0	−12.166 93	NA	2.22×10^{-5}	0.633 997	0.785 513	0.691 896
1	274.787 7	517.643 6	5.39×10^{-5}	−9.991 674	−9.234 095*	−9.702 181*
2	292.661 1	29.438 58*	5.07×10^{-5}	−10.065 14*	−8.701 500	−9.544 054
3	305.301 6	18.836 76	5.97×10^{-5}	−9.933 395	−7.963 690	−9.180 712
4	314.978 5	12.902 64	8.12×10^{-5}	−9.685 433	−7.109 666	−8.701 156
5	333.636 0	21.949 93	8.10×10^{-5}	−9.789 647	−6.607 816	−8.573 775

＊表示按照不同标准所选择的最优滞后阶数

（3）模型的稳定性检验

在确定最优的滞后阶数以后，为了确保脉冲响应函数的稳定性，需要对模型的特征多项式的根的模的倒数是否全部位于单位圆内部进行分析。由图 7-2 可以看出，特征多项式根的模的倒数全部都位于单位圆内部，说明了有关产能利用率、固定资产投资完成额、社会消费品零售额、国外收入的 VAR 模型是稳定的，可以进行后续脉冲响应函数及方差分解的分析。

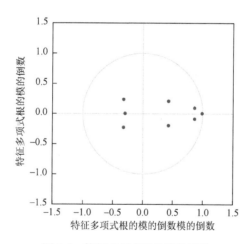

图 7-2　特征多项式根的模的倒数

7.3　实　证　分　析

7.3.1　脉冲响应分析

在实际应用中，由于 VAR 模型是一种非理论性的模型，无需对变量作先验性约束,在分析 VAR 模型时,往往不分析一个变量的变化对另一个变量的影响如何,而是分析当一个误差项发生变化,或者说模型受到某种冲击时对系统的动态影响。另外,脉冲响应函数要求扰动项之间是正交的,而正交化通常需要采用乔利斯基(cholesky)分解来完成,但是 cholesky 分解的结果严格依赖于模型中变量的次序,为了克服这个缺点,本节采用 Koop 等(1996)提出的广义脉冲响应函数进行分析。分别给 lninv、lncons 和 lnfgdp 一个正向冲击,采用广义脉冲方法得到关于 CU 的脉冲响应函数图。在图 7-3～图 7-5 中,横轴表示冲击作用的滞后期数(季度),纵轴表示 CU 的响应情况,实线代表产能利用率 CU 对 lninv、lncons 和 lnfgdp 的冲击的反应情况,虚线表示正负两倍标准差偏离带。

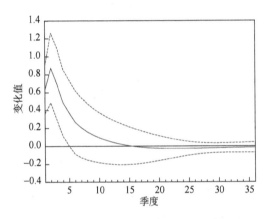

图 7-3　外部需求对产能利用率的脉冲响应

图 7-3 给出的是外部需求 lnfgdp 对产能利用率 CU 的脉冲响应分析。可以看出,产能利用率对外部需求的响应轨迹为:给当期外部需求一个正向冲击后,产能利用率表现出一个较大的正向响应。该正向响应在第 1 期、第 2 期达到最大值,此后正向冲击逐渐减弱。在第 15 期以后基本围绕在 0 值附近,趋于稳定。在我国出口产品结构中,工业制成品出口比例远超过初级产品出口比例,长期以来维持在 90%以上。因此,外部需求波动会主要通过影响我国出口水平进而对工业制造业企业的生产与经营造成冲击。当世界经济处于繁荣时期时,外部需求增加使得国外购买力增强,促进了我国产品加快向海外输出,极大地提高了出口导向型制造业企业的产能利用率。即使国内存在着结构性产能过剩,过剩行业生产的大量产品也被旺盛的出口需求和国内强劲的投资需求吸纳,产能利用状况较好。在外部需求繁荣和盈利前景较好的背景下,受利益驱动的国内企业纷纷涌向在国际市场上销路较好的行业,加上我国行业进入门槛较低,自主创新能力尚待增强,进而造成行业过度投资和低水平重复建设现象明显。企

业的急功近利使得行业供给远大于需求，生产经营状况逐渐恶化，造成开工率和产能利用率均较低。因此，从图 7-3 可以看出，产能利用率在受到正向外部需求冲击一段时间后呈现下降趋势。

2008 年以来，随着全球性金融危机和欧洲主权债务危机的相继爆发和不断深化，世界经济出现了明显衰退甚至停滞，国外需求持续萎靡，复苏进程缓慢，严重冲击了我国工业制成品出口，给我国制造业企业带来了巨大压力，结构性产能过剩与周期性产能过剩相互叠加，使得我国原有的产能过剩问题充分地暴露出来，产能利用率也随之下降。另外，发达国家为应对国内经济危机，国际资本流动放缓甚至回流，国际产业转移放缓及国际贸易保护主义加剧都使得我国工业品出口增速回落不可避免，市场需求难以消化已形成的重化工业生产能力。

图 7-4 给出了社会消费品零售总额 lncons 对产能利用率 CU 的脉冲响应分析。可以看出，产能利用率对社会消费品零售总额的响应轨迹表现为：给当期社会消费品零售总额一个正向冲击后，产能利用率立即表现出一个较大的正向响应，随后该正向响应逐渐减弱，在第 5 期时正向响应达到 0，并在此后基本保持不变。这表明，随着社会消费品零售总额的增长即社会消费水平的提高，制造业企业能够迅速地对国内社会消费水平的变动做出反应，产能利用率会有一定程度的提高。然而，在社会需求提升的同时，制造业企业家也争先扩大规模使得供给迅速增加，进而造成产能利用率正向响应逐渐下降。

图 7-5 给出了固定资产投资完成额 lninv 对产能利用率 CU 的脉冲响应分析。可以看出，产能利用率对固定资产投资完成额的响应轨迹为：给当期固定资产投资完成额一个正向冲击后，产能利用率的正向响应逐渐上升，在第 4 期时正向响应达到最大值。此后正向响应逐渐减弱，在第 17 期后开始表现为较小的负向

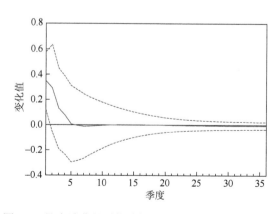

图 7-4　社会消费品零售总额对产能利用率的脉冲响应

相应，且负向响应一直存在。主要原因在于，随着固定资产投资规模不断扩张，全社会对钢铁、水泥、建材等基础原材料行业的需求大幅增加，需求旺盛导致行业盈利水平不断升高，对外吸引力增强，追逐利润最大化的工业制造业企业会积极扩大投资和生产规模，产能利用率在初期大幅提高。然而，随着固定资产投资规模不断扩张，大批逐利企业纷纷进入工业制造业领域，产品的供给开始远大于需求，造成产能利用率开始下滑。当固定资产投资规模扩张到一定程度开始集中释放时，产能过剩问题就会暴露出来，因此固定资产投资规模不断扩张最终会导致产能利用率出现负向响应。2008 年全球性金融危机爆发之后，为了应对我国实体经济下行风险，国家出台了一揽子计划，在拉动我国固定资产投资需求和消化部分制造业过剩产能的同时，又带来了新的问题，即加剧了未来产能过剩的形成，而且随着政策效应逐渐减弱，国内需求陷入增长乏力状态，大量过剩产能短期内无法化解，即固定资产投资的持续增加反而降低了制造业产能利用率，产能过剩问题也已经成为当前我国实体经济复苏所面临的突出风险。

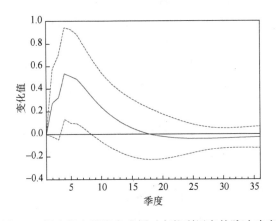

图 7-5　固定资产投资完成额对产能利用率的脉冲响应

7.3.2　方差分解

　　脉冲响应函数描述的是 VAR 模型中的一个内生变量的冲击给其他内生变量所带来的影响。而方差分解是通过分析每一个结构冲击对内生变量变化的贡献度，进一步评价不同结构冲击的重要性。因此，方差分解给出了对 VAR 模型中的变量产生影响的每个随机扰动的相对重要性的信息。考虑到方差分解的结果到 10 期之后基本处于比较稳定的状态，因此，本章仅给出前 10 期的方差分解结果（表 7-4）。

表 7-4　产能利用率的方差分解

滞后期	标准差	lnfgdp	lncons	CU	lninv
1	0.02	34.24	10.28	55.48	0.00
2	0.03	49.14	8.63	39.02	3.20
3	0.04	52.96	7.13	34.07	5.84
4	0.05	50.62	6.12	30.60	12.66
5	0.05	48.61	5.48	28.27	17.64
6	0.06	46.55	5.07	26.75	21.64
7	0.06	45.05	4.81	25.78	24.36
8	0.06	44.00	4.64	25.20	26.16
9	0.07	43.29	4.54	24.86	27.32
10	0.07	42.82	4.47	24.67	28.04

由表 7-4 可以看出，在国内产能利用率的波动中，34.24%～52.96%的波动可由外部需求解释，4.47%～10.28%的波动可由社会消费品零售总额解释，而3.20%～28.04%的波动可由固定资产投资完成额解释，其余部分的波动可以归结为产能利用率本身的影响。整体来看（不考虑自身影响），外部需求对产能利用率的解释力度虽然有一定的波动，但是在整个预测期内，其解释比例较大，这说明了外部需求冲击对产能利用率的影响较大，是影响我国工业产能利用状况的重要因素。其次影响程度较大的是固定资产投资完成额，最后是社会消费品零售总额。

7.4　本 章 小 结

基于 2000 年 1 季度至 2013 年 4 季度的样本数据，本章利用向量自回归模型重点考察了外部需求冲击对我国产能利用率的影响。实证结果表明：外部需求冲击对产能利用率具有正向作用，外部需求波动主要通过影响我国对外出口水平进而对工业企业的生产与经营造成冲击。随着时间的推移，外部需求冲击对产能利用率的正向冲击作用逐渐减弱，这主要是因为工业企业追求利润最大化，外部市场需求旺盛会增加企业投资积极性，加上我国产业升级过程较缓慢，行业进入门槛较低，加速了低端产能快速扩张，进而造成工业企业过度投资和低水平重复建设现象严重，因此，产能利用率对外部需求冲击的正向响应不断下降。

第三篇　产能过剩的形成机理研究
——微观企业投资需求角度

第8章　政策不确定性对企业投资的影响

环境的高度波动使得投资者很难对未来进行预测，特别是对发展中国家和转型经济体而言，经济体制的不完善导致其波动性很强，而且经济活动对冲不利冲击的能力很弱，不确定性是影响发展中国家和转型经济体企业投资行为的重要因素。作为发展中国家，我国目前正处于经济转型升级的关键时期，企业面临诸多的政策不确定因素，政策的波动对企业投资收益和投资决策产生了重大影响。特别是2008年以来，全球性金融危机及欧洲主权债务危机的相继爆发使得全球经济增速大幅下滑，国际经济形势急转直下。受此影响，我国经济增速快速下滑，制造业面临的困难尤为严重，中央政府不断调整宏观经济政策来应对金融危机的负面冲击，这些政策在较快扭转我国实体经济增速下滑局面的同时，也加剧了原来的结构性矛盾，内生增长动力依旧不足，进而要求这些超常规刺激性政策逐步退出，中国经济也从"救急"转向"调养"阶段，转方式、调结构、促升级成为我国经济加快发展的关键环节。当前我国经济正处于经济增速的换挡期、结构调整的阵痛期及前期经济刺激政策的消化期，中国实体经济仍然面临着国内外诸多不确定因素，这种不确定性难免会对我国的经济增长造成或大或小的外部冲击。政府部门结合国内外经济发展态势及权衡各项经济指标，不断调整宏观政策取向，从而给微观主体经济活动带来不利影响。

2013年，国际知名会计机构——致同会计师事务所《国际商业问卷调查报告》结果显示，40%的中国内地企业认为经济不确定性是影响企业发展的最重要因素，超过其他各种因素的比例；2013年"两会"期间网易财经针对全国各地40多家企业进行的调查数据显示，40.91%的受访者认为宏观经济最大的不确定性来自政策，超过其他各种因素。面对多变的宏观经济环境及政府经济政策，企业对未来经济走势难以形成稳定的市场预期，特别是固定资产占比较大的制造业企业，投资不可逆性明显，资本调整成本高，对未来政策取向更是持观望态度，市场信心大幅下降，投资和产出的下滑问题严重。基于此，本章将重点考察政策不确定性对我国制造业企业投资行为的影响机理，试图为政府部门在我国经济环境波动过程中应对企业投资下滑和引导企业合理投资等问题提供参考。

8.1 文 献 综 述

国外学者对不确定性与投资之间的关系展开了广泛研究，但存在很大争议。Hartman（1972）利用离散时间动态投资模型证明投资不会随着将来产出价格和工资率的不确定性而减少。Caballero（1991）表明，如果企业在完全竞争的产品市场中利用规模收益不变的生产技术，则不确定性对不可逆投资的效应为正。因为在这种情况下资本的边际产品是不确定性变量的凸函数，不确定性增加将会正向影响投资。Dixit（1989）指出，未来价格的不确定性产生了等待的期权价值，企业将会推迟进入或者退出的投资，直到其获得更多信息。这种背景下，进入和退出取决于冲击的方差和持续性及沉没成本的大小。Zeira（1990）和 Nakamura（1999）都指出，风险厌恶引起了不确定性对投资的负向影响。Pattillo（1998）考察了投资可逆性及其对投资和不确定性关系的影响，表明不可逆性出现时，外部不确定性的增加将会减少投资，但并没有证据表明不确定性与投资之间的负向关联受不可逆程度的影响。Guiso 和 Parigi（1999）的发现与之相反，他们认为投资对不确定性的负向影响会随着不可逆程度的增加而增强。Abel 和 Eberly（1999）区分了不确定性对不可逆投资的短期和长期效应。短期效应被称为"使用者成本效应"，而长期效应被称为"遗留效应"。一方面，不确定性增加了资本使用者成本，暗示着不确定性对投资的负向影响；另一方面，当面临着需求下降等不利状态，由于不可逆性企业不能撤资，这种遗留效应意味着长期存在较高水平的资本存量。"使用者成本效应"与"遗留效应"同时在相反方向发挥作用，使得不确定性对投资的效应比较模糊。另外，Julio 和 Yook（2012）考察了政治不确定性对投资支出的影响，认为在选举年，企业相对于非选举年降低平均 4.8% 的投资支出，政治不确定性导致企业降低投资支出直到选举不确定性问题解决。Pahlavani 等（2010）指出，经济不确定性对私人投资也具有显著的负向影响。

对政策不确定性，一般认为其增加了生产单位资本所需的预期成本，在竞争性投资中，有产生短期项目的倾向性。进一步地，如果政策相关的成本变高，投资者可能会放弃项目，政策不确定性增加通常会抑制企业投资增加。Rodrik（1991）表明，由于物质投资部分不可逆，私人领域的理性行为是撤回投资直到政策不确定性消除，即在未来政策不确定性存在的情况下投资是不会实现的。Jeong（2002）表明，政策不确定性降低了长期投资和产出，是不同收入国家差异的主要因素。低收入国家比高收入国家具有更高的政策不确定性，如果投资以资本获得的实际数量来衡量，其投资比例将比高收入国家偏低。Gulen 和 Ion（2013）发现，近年来全球性金融危机中企业投资支出的下降主要归因于政策不确定性的增加。Wang 等（2014）指出，经济政策不确定性影响中国企业投资，当政策不确定性程度较高时，企业会降低投资，而且对具有较高资产收益、使用较多内部融资的企业和非国有企业而言，不确定性对企业投资影响较小，具有较高市场化程度地区的企业对经济政策不确定性更敏感。政策不确定性还涉及税收、贸易等多个方面，Aizenman 和 Marion（1993）构建了一个内生增长模型，假定政策在高税收和低税收两种状态之间随机变动，政策不确定性的增加对投资模式不会产生影响。但是，如果政策具有持久性特点，那么较高的政策不确定性将会改变资本边际产品的预期净收益，进而改变投资模式，在某些情况下将会减少投资。Hassett 和 Metcalf（1999）考察了税收政策不确定性对企业投资和总投资的影响，指出当税收政策不确定性导致资本成本遵循连续时间的随机游走时，不确定性会推迟企业投资并且导致较低水平的总投资。然而，当税收政策遵循与实际历史经验相似的平稳离散跳跃过程时，不确定性具有相反效应，可能加速投资时间并且增加待投资的资本数量。政策不确定性对投资的影响在很大程度上取决于相关的随机过程。Handley 和 Limão（2012）表明，政策不确定性在国际贸易背景下会显著影响企业投资水平和进入决策，当市场进入成本沉没时，政策不确定性会产生等待进入外国市场的实际期权价值，直到条件改善或者不确定性消除，贸易政策不确定性才使得投资和出口市场的进入下降。

国内研究不确定性对经济活动影响的文献较少。陆庆春和朱晓筱（2013）利用非金融上市公司数据考察了直接投资和间接投资行为与宏观经济不确定性之间的关系，结果表明，宏观经济不确定性显著抑制直接投资行为，与间接投资行为没有显著相关性。王义中和宋敏（2014）指出，宏观经济不确定性会影响公司投资行为，且通过外部需求、流动性资金需求和长期资金需求渠道起作用，但这种作用会受预期因素影响。国内学者也关注了政策不确定性对企业投资的影响，黄福广和赵浩（2009）利用结构方程方法针对政策和经济环境变化所带来的不确定性对企业投资行为的影响进行研究。研究结果表明，政策因素变化与受调查上市公司的投资有很大关联；经济环境变化对企业投资影响不大。贾倩等（2013）检验了区域政策不确定性对企业投资行为的影响。研究表明，政府官员变更引发的政策不确定性与企业投资显著负相关，而这一影响主要体现在省级控制的国有企业方面，当经济处于上行期或者管理层不具有政治身份时，换届的经济后果更加明显。金雪军等（2014）利用 FAVAR 方法分析了政策不确定性冲击对中国宏观经济的影响，结果表明，政策不确定性冲击对 GDP、投资和消费等会带来负向影响。

国外的理论模型与经验研究从经济、政治和政策等方面考察了不确定性对投资的影响问题，为本章的研究奠定了坚实的基础。国内文献则主要考察了经济不确定性对企业投资的影响，仅有少数文献分析了政策不确定性的影响。当前我国的经济形势复杂多变，政策及政策预期频繁变化，深入研究政策不确定性对微观主体经济活动的影响有助于充分认识政策调控的效果，对促进实体经济健康发展具有重要的现实意义。因此，本章试图从以下几个方面拓展现有研究：①部分研究从投资的不可逆性效应及企业调整成本较高的角度来解释不确定性对投资的负向影响，但很少对这一影响机理进行验证。本章试图考察投资不可逆性在政策不确定性与企业投资关系中的作用，检验不可逆投资理论在我国是否成立。②制造业是我国实体经济的主体，当前制造业投资的健康发展对促进实体经济强劲增长具有重要作用。不同于以往文献对全部非金融行业的研究，本章主要考察我国制造业企业的投资行为。③鉴于政策不确定性程度的高低给微观经济主体投资活动带来的风险明显不同，本章将根据经济周期不同阶段区分政策不确定性的大小，分区间考察政策不确定性对企业投资的差异性影响。

综上，本章将对政策不确定性与企业投资之间的关系进行深入细致研究，不仅考察政策不确定性对企业投资的影响，还将对不可逆投资理论是否成立进行验证。试图进一步深化与丰富不确定性对企业投资影响的理论和经验研究，详细解析政策不确定性对企业投资的影响及其微观作用机理，进而为政府部门在不确定环境下科学制定宏观经济政策、缓解市场担忧情绪、鼓励企业投资提供参考。

8.2   理论模型与假设

参照 Rodrik（1991）提出的在政策不确定性条件下进行投资决策的理论模型，假定在政策实施前，企业可获得的资本收益为 $r - t_0$，其中，r 代表资本的边际产品，t_0 代表政策扭曲对企业收益的影响效应。政策实施以后 t_0 减少至 t，即 $t < t_0$，t 代表政策实施后，政策扭曲对企业收益的影响效应。假定其他用途的资本收益为 r^*，政策实施以前有 $r - t_0 \leqslant r^*$ 成立，政策实施是为了使资本得到更优配置。政策不确定性用政策退出的概率 π 来反映，衡量政策退出的可能性。

考虑风险中立的企业在政策实施时的投资决策，假定该企业只拥有一单位资本，它将在资本无需重新配置赚取 r^* 的收益和政策实施以后资本赚取 $r - t$ 的收益间进行选择，前者并不存在政策不确定性。如果投资者的折现因子为 ρ，这种决策的价值可以表示为

$$V_0 = r^* / \rho \tag{8.1}$$

由于在政策实施时投资者没有重新配置资本，如果发生政策退出时，它也无需重新配置资本。在这种情况下，不必分开考虑政策退出前后收益的变化。

假定 V_1 代表政策实施以后持有一单位资本的最大价值，V_1 的大小取决于政策退出的可能性大小及政策退出时的成本。假定 V_1^R 代表政策退出时持有资本的最大价值，$V_1 - V_1^R$ 则表示政策退出时累积的资本损失。V_1 由两部分组成，即稳定的收

益 $r\text{-}t$ 和预期的资本损失。发生政策退出的可能性为 π ，预期资本损失为 $\pi[V_1 - V_1^R]$ ，因此， V_1 可以表示为

$$V_1 = \{(r-t) - \pi[V_1 - V_1^R]\}/\rho \tag{8.2}$$

整理得到

$$V_1 = (\rho + \pi)^{-1}[(r-t) + \pi V_1^R] \tag{8.3}$$

由式（8.3）可见，还需知道 V_1^R 的大小。假定政策退出以后 t 将恢复至政策实施以前的扭曲水平 t_0 ，令每单位资本的退出成本为 θ ，如果 $r - t_0 < r^* - \rho\theta$ ，即如果政策实施前的资本收益小于政策不确定性出现以后资本回到原领域的收益减去退出成本，则资本将会发生重新配置；反之资本则保持不动，分别对应式（8.4）和式（8.5）两种情况。这个决策在很大程度上取决于 t_0 的大小， V_1^R 需要根据不同情况分别确定：

当 t_0 较大时，即 $t_0 > (r - r^*) + \rho\theta$ 时，有

$$V_1^R = r^* / \rho - \theta \tag{8.4}$$

当 t_0 较小时，即 $t_0 \leqslant (r - r^*) + \rho\theta$ 时，有

$$V_1^R = (r - t_0) / \rho \tag{8.5}$$

因此， V_1 可以表示为

$$V_1 = (\rho + \pi)^{-1}[(r-t) + \pi \max\{(r - t_0) / \rho, (r^* / \rho) - \theta\}] \tag{8.6}$$

令 ε 代表单位资本的进入成本，只有当重置资本的净收益为正时，资本才会发生变动，即以下条件成立时，资本才会重置：

$$V_1 \geqslant V_0 + \varepsilon \tag{8.7}$$

当 t_0 较大时，将式（8.1）和式（8.6）代入式（8.7），可得

$$(r-t) - r^* \geqslant \pi(\varepsilon + \theta) + \varepsilon\rho \text{ 或 } t \leqslant (r - r^*) - \varepsilon\rho - \pi(\varepsilon + \theta) \tag{8.8}$$

从式（8.8）可以看出， t 必须足够低以使得扣除这部分政策扭曲成本后的投资收益与其他投资的收益相当，而且政策实施效果必须足够明显来弥补资本重置的一次性进入成本 $\varepsilon\rho$ 和政策退出的成本 $\pi(\varepsilon + \theta)$ 。因此，这项政策实施必须足够到位（即 t 足够小），否则投资是不会实现的。Rodrik（1991）表明，当 π 、 ε 、 θ 很大时，即使政策扭曲程度 t 等于 0，投资者也很难弥补这部分成本。式（8.8）表明政策不确定性实际上是对投资行为征税，进入和退出都需要很高的成本，如制造业的安装成本和雇佣劳动力及破产倒闭退出市场解雇劳动力等。如果发生政策退出（政策不确定性），则需要较高的政策补贴来对冲其对投资的负面影响，即在政策不确定性存在时必须要有较大的溢价来弥补这部分成本。

当 t_0 较小时，将式（8.1）和式（8.6）代入式（8.7），可得

$$t \leqslant (r - r^*) - \varepsilon\rho - [\pi / (\rho + \pi)]t_0 \qquad (8.9)$$

当折现因子相对政策退出概率比较小的时候，$\pi / (\rho + \pi)$ 将接近于 1，投资者需要对政策退出进行完全补偿，需要超过 r^* 的溢价或者说较高的投资补贴来抵消不确定性效应。

由上述理论模型可以看出，对单个企业而言，需要有较大的溢价来弥补政策不确定性所带来的各方面成本。然而，一般来说，即使政策扭曲程度 t 降到足够低，企业投资意愿也很难实现。特别是对制造业而言，投资的不可逆性较强，进入成本和退出成本都很高，政策不确定性的发生必须有较高的政策补贴才能够使得投资者调整资本，否则投资是不会发生的。Rodrik（1991）认为，在政策不确定性环境下投资是不会实现的，较高水平的经济政策不确定性将会抑制企业投资（Gulen and Ion，2013）。因此，本章提出如下假设。

假设 1：政策不确定性对制造业企业投资将会产生负面影响。

French 和 Sichel（1993）研究表明，不确定性与企业投资之间的关系与不确定性的大小密切相关。外部负向冲击通常与较高的不确定性相联系，如果不确定性很高，则不确定性的负向效应占主要地位，如果不确定性很低，则正向效应可能会出现，应非对称地对待消极和积极的外部冲击。企业偏好于在不确定性增加所引起的较小损失范围内冒风险，这样不确定性与投资之间的关系将会是正向的，直到达到某一较高不确定性水平以后，不确定性与投资之间才是负向效应（Kahneman and Tversky，1979）。Sarkar（2000）指出，不确定性对投资有两种效应，一方面与标准的实物期权方法一致，不确定性提高了投资门槛进而阻碍投资；另一方面不确定性增加了达到投资门槛的概率，在不确定性水平较低这个特定时期投资发生的概率增加，正向效应超过了负向效应。Bo 和 Lensin（2005）也表明，对较低不确定性水平，不确定性增加对投资具有正向效应，而对较高不确定性水平，不确定性增加对投资具有负向效应。因此，本章提出如下假设。

假设 2：政策不确定性的高低将会对政策不确定性与企业投资之间的关系产生差异性影响。

部分学者认为投资不可逆性（即考虑调整成本的形态）对投资与不确定性之间的关系具有影响。投资（部分）不可逆的事实增加了资本使用者成本，因此，导致投资门槛值增加。Guiso 和 Parigi（1999）研究表明，资本往往具有资产专用性特点，在不确定的经济环境下，资本不可逆导致当前投资机会成本增加，而且会随着不确定性的增加而加大，等待的期权价值上升，从而抑制了投资者当前的投资。因此，本章提出如下假设。

假设 3：投资的不可逆性将会加剧政策不确定性对企业投资的负面影响。

8.3　实证分析

8.3.1　变量选取与数据处理

对企业投资相关数据，本章选取上证 A 股和深圳主板 A 股中非 ST 制造业上市公司财务数据，数据主要来源于 CSMAR（国泰安）数据库。2003 年我国进入新一轮经济增长周期，国民经济呈现出良好发展态势，但在经济快速增长过程中也存在一些影响经济、金融持续健康发展的矛盾和问题，2004 年开始宏观经济和政策取向中出现一些不确定因素。因此，本章考察的样本区间为 2004 年 2 季度至 2013 年 2 季度。剔除控制变量缺失的数据，最终获得 233 家企业的 8854 个观测值，主要变量情况见表 8-1。

表 8-1　制造业企业投资及其影响因素变量

变量名称	变量定义
$INV_{i,t}$	公司投资水平，利用构建固定资产、无形资产，以及其他长期资产所支付的现金与处置固定资产之差、无形资产和其他长期资产而收回的现金净额得到，并用总资产进行调整
$lnPU_{i,t}$	代表政策不确定性程度，对政策不确定性变量进行取对数处理
$ROA_{i,t}$	代表公司盈利水平，用资产收益率替代，定义为公司净利润/总资产
$Cash_{i,t}$	代表经营活动产生的现金流量净额，利用总资产进行调整
$TQ_{i,t-1}$	利用滞后一期的托宾 Q 代表公司投资机会，定义为市场价值/期末总资产
$lnSize_{i,t}$	代表公司规模，利用取对数后的公司总资产规模替代
$Lev_{i,t}$	代表公司财务杠杆，即资产负债率，定义为公司负债/总资产
$PPE_{i,t}$	代表投资的不可逆程度，定义为固定资产净值/总资产

对政策不确定性变量的选取，本章采用 Bake、Bloom 和 Davis 于 2012 年构建的政策不确定性指数作为政策不确定性的替代变量。这个指数由三部分加权平均计算得到，第一部分是集中量化各大报纸中经济政策不确定性的消息报道；第二部分是未来即将到期的税法规定；第三部分是与货币政策和政府支出有关的不确定性部分。政策不确定指数分别对上述三部分采用 1/2、1/6 和 1/3 的权数，每个月进行更新。中国政策不确定性指数来源于"经济政策不确定性"网站（http://www.policyuncertainty.com）。鉴于本章采用的财务数据是季度数据，因此，本章将每个季度三个月的政策不确定指数简单平均转换成季度频率数据，用变量 PU 表示。

表 8-2 对本章主要变量进行了描述性统计分析，分别给出了各变量的观测值、均值、标准差及变量的最大值和最小值，本章公司规模 $\ln Size_{i,t}$ 的单位为元，取对数后的均值为 22.032。所有企业相关变量的最大值与最小值的差异较大，这表明不同企业之间存在较大异质性。

表 8-2　制造业企业投资及其影响因素变量的描述性统计

变量	观测值	均值	标准差	最小值	最大值
$INV_{i,t}$	8854	0.035	0.043	−0.504	0.453
$\ln PU_{i,t}$	8854	4.711	0.480	3.916	5.733
$ROA_{i,t}$	8854	0.024	0.041	−0.640	0.399
$Cash_{i,t}$	8854	0.025	0.063	−0.257	0.490
$TQ_{i,t-1}$	8854	1.582	0.919	0.436	14.915
$\ln Size_{i,t}$	8854	22.032	1.146	19.166	26.569
$Lev_{i,t}$	8854	0.525	0.175	−0.087	1.301
$PPE_{i,t}$	8854	0.282	0.148	0	0.825

8.3.2　模型构建与实证分析

（1）政策不确定性对企业投资的影响分析

结合 Chen J 和 Chen S（2012）的简化投资模型及 Gulen 和 Ion（2013）的研究政策不确定性对投资影响的模型设定，本章的基本模型形式设定为式（8.10）。为了全面分析政策不确定性对投资的影响，首先将企业投资对政策不确定性进行回归，并考虑时间效应，设为模型（1），然后加入式（8.10）中其他控制变量，设为模型（2）。利用 Hausman 检验可知，模型（1）和模型（2）均属于企业固定效应模型，估计结果见表 8-3。

$$INV_{i,t} = \alpha_i + \beta_1 \ln PU_{i,t} + \beta_2 ROA_{i,t} + \beta_3 Cash_{i,t} + \beta_4 TQ_{i,t-1} + \beta_5 \ln Size_{i,t} \quad (8.10)$$
$$\beta_6 Lev_{i,t} + QuarDummy + \varepsilon_{i,t}$$

表 8-3　全样本区间政策不确定性对企业投资的影响

变量	模型（1）	模型（2）
$\ln PU_{i,t}$	−0.014*** （−6.19）	−0.005*** （−3.87）
$ROA_{i,t}$	—	0.089*** （5.63）
$Cash_{i,t}$	—	0.027*** （3.52）
$TQ_{i,t-1}$	—	0.002*** （2.60）

续表

变量	模型（1）	模型（2）
$\ln\text{Size}_{i,t}$	—	0.004^{***}（3.57）
$\text{Lev}_{i,t}$	—	-0.012^{***}（-3.21）
时间效应	是	是
企业固定效应	是	是
观测值	8854	6524
R^2	0.22	0.20

*** 表示在 1% 水平上显著，小括号内的数字代表 z 统计量

从表 8-3 可以看出，在全样本区间模型（1）和模型（2）中的变量 $\ln\text{PU}_{i,t}$ 的估计系数在 1% 的显著性水平下均显著。模型（1）中仅包含本章主要考察的政策不确定性变量，可见政策不确定性变量对投资的影响显著为负，即政策不确定性增加将会抑制企业投资。在模型（2）中包含了其他控制变量，从结果可以看出，变量 $\text{ROA}_{i,t}$、$\text{Cash}_{i,t}$、$\text{TQ}_{i,t-1}$、$\ln\text{Size}_{i,t}$ 对企业投资行为均具有显著的正向影响，而政策不确定性和资产负债率则对企业投资行为具有显著的负向影响。这与本章理论模型及假设 1 是相吻合的。对企业而言，政策不确定性将会导致其暂时推迟投资计划，避免在政策波动性较大的情况下进行投资导致预期收益下降。在我国，短期经济政策取向波动性较大，政策连续性不强，不同时期宏观调控目标的侧重点不同和经济指标间的权衡也使得经济政策变化频繁，政府提供的混淆信息使得企业很难形成合理预期，加强了弱经济周期中投资者的观望情绪，这对缓解市场担忧情绪、鼓励企业投资和消费显然非常不利。如果经济下滑的趋势不断加快，可能会进入自我强化的循环，扩大对经济的负面冲击。

（2）经济周期不同阶段政策不确定性对企业投资的影响分析

在我国，政策不确定性的大小与经济周期密切相关，在经济周期不同阶段，政策不确定性的大小表现不同。鉴于我国 GDP 增长率在 2004 年 2 季度至 2008 年 2 季度呈现持续上升趋势，在 2008 年 3 季度全球性金融危机爆发以后呈现下降趋势，全样本区间划分为宏观经济上升期（2004 年 2 季度至 2008 年 2 季度）和宏观经济下滑期（2008 年 3 季度至 2013 年 2 季度）两个时期。

图 8-1 给出了样本区间政策不确定性指数的变化，从图 8-1 中可以看出，在这两个样本区间，政策不确定性的大小明显不同。2004 年 2 季度至 2008 年 2 季度，我国经济处于快速上升时期，伴随着经济的高速增长，部分行业出现盲目重复建设、投资过热现象，能源交通出现瓶颈制约、通货膨胀压力较大等问题，

国家在此期间出台了一系列宏观经济政策来应对经济过快增长、产业结构调整等问题，政策不确定性程度较小；随着 2008 年 3 季度全球性金融危机爆发，我国实体经济遭遇重创，宏观经济政策不确定性快速上升。在国内结构性问题尚未解决之际，全球经济环境恶化给我国经济带来沉重影响，曾经对拉动国内经济高速增长贡献较大的对外贸易和投资均遭遇寒流，出口严重下滑，国内投资需求大幅下降，结构性产能过剩与周期性产能过剩叠加，使得我国实体经济持续处于低迷状态。为了挽救国内经济形势，国家不断出台各种政策措施，并且政策取向随着经济形势的变化不断进行调整，不确定程度显著增加。2011 年欧洲主权债务危机的全面爆发无疑对我国经济的恢复和发展造成一定打击，欧洲不仅是中国重要的贸易伙伴，也和世界上大多数国家有着大量贸易往来，欧洲主权债务危机在拖累欧洲经济的同时也影响了世界其他国家的经济发展，而这些国家经济减速也对我国外贸造成严重影响，而且这一时期我国对欧洲出口还面临着欧盟贸易保护主义等问题。欧洲主权债务危机的爆发使得已经在宏观经济调控之下减速的中国经济面临更大的风险，对出口企业形成较大冲击，严重打击了国内投资者的信心。国内经济形势异常复杂，经济不平衡、不协调、不可持续的矛盾凸显，经济增长下行压力和物价上涨压力并存，部分企业生产经营困难濒临倒闭，经济金融等领域潜在风险加大；国际经济形势也十分严峻，经济复苏的不稳定性和不确定性程度很高。这一时期国家出台的宏观经济政策需要兼顾国内外各方面不利冲击，具有很大的不确定性。鉴于经济上升期和经济下滑期政策不确定性程度具有上述显著差异，本章利用式（8.10）分别检验这两个时期政策不确定性对企业投资的影响。根据 Hausman 检验结果，经济上升期和经济下滑期的模型均属于随机效应模型，估计结果见表 8-4。

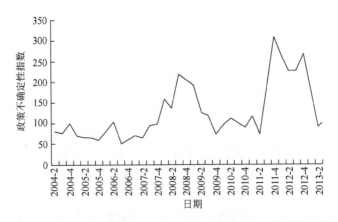

图 8-1　2004 年 2 季度至 2013 年 2 季度政策不确定性指数变化

表 8-4　经济周期不同阶段政策不确定性对企业投资的影响

变量	经济上升期	经济下滑期
$lnPU_{i,t}$	0.009*** （4.51）	−0.015*** （−8.82）
$ROA_{i,t}$	0.012（0.61）	0.144*** （6.37）
$Cash_{i,t}$	0.033*** （3.23）	0.042*** （4.00）
$TQ_{i,t-1}$	−0.001（−1.63）	0.001（1.35）
$lnSize_{i,t}$	0.002*** （1.98）	0.004*** （3.39）
$Lev_{i,t}$	−0.008（−1.55）	−0.001（−0.16）
时间效应	是	是
企业固定效应	否	否
观测值	2796	3495
R^2	0.24	0.24

注：（）内的数字代表 z 值

***代表在 1%的显著性水平下系数显著

从表 8-4 可以看出，在不确定性较小的经济上升期，政策不确定性对企业投资的影响在 1%的显著性水平下为正；在不确定性较大的经济下滑期，政策不确定性对企业投资的影响在 1%的显著性水平下为负，政策不确定性的大小确实对两者之间的关系产生了差异性影响，这与本章理论模型及假设 2 相符合。

2004 年 2 季度至 2008 年 2 季度，中国经济正处于高速发展阶段，经济形势良好，企业对未来的经济前景充满信心。政策不确定性虽是风险，但变动幅度较小，而且在经济上升期政策取向不确定对企业来说也意味着未来可能有更好的投资机会，进而会提高企业的资本边际回报率，企业对较小损失范围内冒险投资是可以接受的。因此，在国内外经济环境较好、政策不确定性较小的情况下，企业会随时根据国内外经济形势和产业发展态势的变化来调整战略运营计划，政策不确定性并没有对企业投资起到抑制作用；而在经济衰退期，特别是 2008 年 3 季度全球性金融危机爆发以来，国内外需求大幅萎缩，经济全面复苏迹象并不强劲，严重限制了国内产品的出口渠道；国内经济面临经济增长方式转变和经济结构深度调整，政策不确定性大幅度增加。企业在这种经济低迷形势下，对未来的经济走势大都持有悲观情绪，特别是在当前，我国房地产市场持续萎靡，工业产能过剩问题尚未化解、产业转型亟待解决，去产能化及产业转型都需要时间，新经济增长点尚未形成，在短期内经济回升乏力，宏观经济政策取向充满变数，大多数企业在投资上持有观望态度，在政策不确定性消除之前企业会降低投资支出。因此，政策不确定性对企业投资具有显著的负向影响。

（3）不可逆性对政策不确定性与投资之间关系的影响分析

不可逆投资理论认为大多数固定资产投资具有不可逆性[1]，为此投资者在进行投资决策时就要权衡等待新信息的价值和延迟投资的成本，研究表明，等待的期权价值较高，特别是在高度不确定性的环境中，不确定性能够增加企业推迟投资的动机，直到不确定性消除。如果是这样的情况，对具有较多不可逆投资的企业而言，这种投资减速效应会更加强烈。本章所研究的制造业企业不可逆投资较多，因此，本章进一步考察政策不确定性对制造业企业资本投资的负向效应是否受不可逆性的影响。

产生投资不可逆的原因有很多，如资产具有专有性，即资产是特定为某企业或行业设计的，很难为其他企业或行业使用；资产的二手市场并不发达，资产很难转手出售；即使能够顺利出售，由于信息不对称等因素的影响，购买者仅提供较低价格，使得投资部分不可逆；另外，有些资产本身就是不可逆的，等等。本章主要研究制造业企业的投资行为，制造业企业大都以固定资产作为主要投入，而且我国二手市场交易并不活跃，具有较高水平固定资产的企业调整固定资产的成本相对较高。因此，本章利用固定资产与总资产的比值来替代投资不可逆性（Gulen and Ion，2013）。

在式（8.10）中加入政策不确定性变量 $\ln PU_{i,t}$ 与投资不可逆性变量 $PPE_{i,t}$ 的交叉乘积项，对全样本区间数据重新进行估计，根据 Hausman 检验结果可知该模型属于固定效应模型，估计结果见表 8-5。

表 8-5　不可逆性对全样本区间政策不确定性与企业投资之间关系的影响

变量	系数
$\ln PU_{i,t}$	-0.005^{***}（-3.30）
$PPE_{i,t}\ln PU_{i,t}$	-0.005^{***}（-4.70）
$ROA_{i,t}$	0.091^{***}（5.80）
$Cash_{i,t}$	0.027^{***}（3.51）
$TQ_{i,t-1}$	0.002^{***}（2.61）
$\ln Size_{i,t}$	0.004^{***}（3.64）
$Lev_{i,t}$	-0.013^{***}（-3.28）
时间效应	是
企业固定效应	是
观测值	6524
R^2	0.21

注：（）内的数字代表 z 值
***代表在 1%的显著性水平性系数显著

[1] 投资可逆是指投资者购买或投资一项资产后，能够以较低代价将这项资产原价卖出，而现实中投资者很难在将来通过出售资本来完全收回投资，投资具有不可逆性。

从表 8-5 可以看出，考虑了投资不可逆因素以后，模型中所有变量均在 1% 的显著性水平下显著。从模型估计结果可知，政策不确定性 $\ln PU_{i,t}$ 对投资的直接效应为 -0.005，而反映投资不可逆性的变量 $PPE_{i,t}$ 与政策不确定性变量 $\ln PU_{i,t}$ 的交叉乘积项系数为 -0.005。对交叉项而言，变量 $\ln PU_{i,t}$ 的影响应根据对其求导后函数的条件均值计算得到，因此，政策不确定性变量 $\ln PU_{i,t}$ 对投资的最终影响应为 $-0.005 - 0.005 \times 0.282 = -0.006$（0.282 为 $PPE_{i,t}$ 的均值）。这说明交叉乘积项的引入使得政策不确定性对企业投资的负向影响由 0.005 增加至 0.006，投资不可逆性确定增加了政策不确定性与企业投资之间的负向效应。对政策不确定性冲击，具有较多不可逆投资的制造业企业更有可能通过推迟投资来规避风险，因为国内制造业企业投资固定资产的比重较大，资产专用性较强，二手市场活跃度较低，投资回收期长，不可逆性明显，投资者需要更多时间和信息来检验自身对市场环境变化的预期及避免投资的项目盈利性较小而带来的重大损失。在预计未来市场条件会朝不利方向发展时，未来越不确定，这种推迟投资等待的价值越大。而且，推迟投资也保持了未来获利的机会，可以说政策不确定性和投资之间的负向关系在很大程度上归因于实物期权引起的推迟效应。而具有完全可逆性投资项目的企业则不会受到不确定性冲击的影响，因为其可以很容易调整资本，没有等待的动机。

8.4　本 章 小 结

基于政策不确定性条件下的投资决策理论模型，本章利用 2004 年 2 季度至 2013 年 2 季度我国制造业上市公司的面板数据深入研究了政策不确定性对企业投资行为的影响。研究结果表明，政策不确定性对企业投资具有显著的负向效应，政策的波动使得企业暂时推迟投资计划或者降低投资支出，避免预期收益下降。投资不可逆性越强，等待的价值越大，企业更有可能通过推迟或降低投资来规避风险，投资不可逆性使得政策不确定性与投资之间的负向关系表现得更加明显。在经济周期的不同阶段，政策不确定性的高低程度给企业投资带来的风险不同，在经济上升期，较低的政策不确定性对企业投资具有促进作用；而在经济下滑期，较高的政策不确定性对企业投资则具有显著抑制作用。

第 9 章 能源价格不确定性对制造业企业投资的影响

不确定性是影响发展中国家和转型经济体企业投资行为的重要因素,来源各种渠道的不确定性加大了企业进行投资收益预期评价和投资决策的难度。能源要素价格波动代表着影响企业投入成本的不确定性来源,关乎企业盈利、企业投资项目价值和内在价值,进而影响企业投资决策。《2014 世界能源问题监测》(2014 *World Energy Issue Monitor*) 报告表明,较高的能源要素价格波动性首次取代全球气候框架成为推动世界能源议程最关键的不确定因素,能源要素价格波动问题已经引起了国际社会的广泛关注。当前,我国正处于工业化、城镇化进程的关键时期,经济活动严重依赖能源,特别是制造业企业,需要购买煤炭、石油、电力等来满足能源需求,能源消耗量非常大,2000~2012 年,我国制造业能源消费总量占全国能源消费总量的比例平均达到 57.37%[①]。而且制造业内部不同行业对能源的消耗量也存在很大差异,2000~2012 年,高能耗行业能源消费总量占制造业能源消费总量的比例平均达到 75.17%[②],而低能耗行业对能源消费则相对较少。与此同时,我国能源利用率和节能技术并没有明显改进,经济对能源价格的敏感性不断提升,国内实体经济未来发展的需要将会使得制造业能源消费总量保持快速增长,在抵抗能源风险能力较弱的情况下,能源要素价格波动对制造业企业经济活动必将产生重要影响。

近年来,我国能源要素价格逐渐加大了市场调节步伐,并开始受国际市场的影响,少数能源供应企业不断强调与国际接轨,把国际能源期货市场和期权市场的价格波动作为调整中国能源市场价格的重要指标,导致中国的能源市场价格波动异常。能源要素价格波动过程中产生了能源要素价格不确定性,图 9-1 描述的是近年来我国能源要素价格指数及其不确定性的变动情况。从图 9-1 中可见,长期以来,我国能源要素价格大体呈现上涨趋势,但具有一定的波动性,特别是 2008 年、2009 年前后能源要素价格波动较为剧烈。2008 年上半年,我国能源供给持续紧张,价格大幅上涨,2008 年 3 季度后受全球性金融危机影响,世界经济增长明显减速,国内产能过剩形势严峻,能源供需形势急转直下,价格大幅跳水。2009 年 2 季度开始,国内宏观经济止跌企稳,能源需求逐渐回暖,部分地区出现供应紧张状况,能源要素价格开始回升。通过图 9-1 还可以看出,2003 年以来,

---

① 数据来源于国家统计局,经整理计算得到。
② 数据来源于国家统计局,经整理计算得到。

在能源要素价格变化的同时能源要素价格不确定性也呈现出较大波动，如长期以来我国煤炭、石油等能源要素价格波动性大，价格大起大落、稳定性差。特别是从2008 年开始受能源要素价格大幅波动影响，能源要素价格不确定性的变化幅度也很大，且与能源要素价格走势呈现出不一样的变动规律。当前能源要素价格波动已经得到专家学者和政府部门的高度关注，鉴于能源要素价格波动与能源要素价格不确定性相伴而生，在关注能源要素价格波动的同时还需关注能源要素价格不确定性对经济活动的影响。

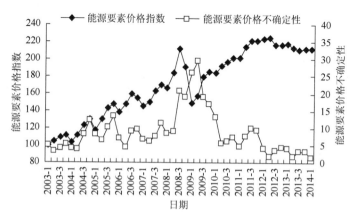

图 9-1　近年来我国能源要素价格指数及其不确定性的变动

9.1　文　献　综　述

国内外学者主要从两个大的维度出发来研究能源要素价格冲击对经济活动的影响，一是从宏观方面，Ferderer（1996）指出，油价冲击对宏观经济的负面影响不仅是因为油价水平增加，还因为油价的波动性提高。Lee 等（1995）发现，只有当价格相对稳定时，油价变动才对经济活动具有显著影响，而在价格波动性较大时影响不显著。这表明油价波动性显著增加将会导致油价与经济活动间关系变弱。Huang 等（2005）分别利用油价变动和油价波动性作为门槛变量，指出油价变动或油价波动性位于门槛值以下时对经济活动的影响有限，而在门槛值以上时油价变动相比油价波动性能够更好地解释经济变量。Park 和 Ratti（2008）考察了油价冲击和油价波动性对美国和欧洲国家股票收益的影响，指出油价波动性增加将会显著降低股票实际收益。Rafiq 等（2009）指出，油价波动性对泰国宏观经济指标具有负向影响，且在亚洲金融危机之后这种负向影响减弱。国内文献大多集中在能源要素价格变动对经济运行的影响，较少关注能源要素价格波动性。林伯强和牟敦国（2008）表明，能源要素价格上涨对中国经济具有紧缩作用，但对不同产业的紧缩程度不一致，原鹏飞和吴吉林（2011）持有类似观点。张欣和成金华（2011）指出，能源要素价格在长期对居民消费水平产生重要影响，国家在调控能源要素价格时应避免能源要素价格过快上涨导致居民消费水平剧烈波动。任泽平（2012）考察了能源要素价格波动对我国物价水平的影响，指出能源要素价格对上游的影响大于下游，对生产领域的影响大于消费领域，对企业的影响大于居民，对城市居民的影响大于农村居民。张华明等（2013）利用投入产出价格模型探讨了能源行业对与其相关产业价格的影响机制，指出不同能源要素的价格波动对相关产业价格影响存在差异，并且部门之间会形成价格影响螺旋。侯乃堃和齐中英（2011）指出，油价波动不确定性会抑制投资和消费，导致 GDP 增长率下降，他们认为除应关注石油价格上涨对经济增长的影响外，更要关注油价波动不确定性增加对经济波动所产生的不利影响。

　　二是从微观方面，主要关注能源要素价格冲击对居民消费支出和企业投资行为的影响。Kilian（2008）指出，能源要素价格增加通过减少可随意支配的收入导致消费者支出下降，而且能源要素价格不确定性使得消费者推迟不可逆的耐用品购买决策，即使投资决策可逆，能源要素价格冲击也会带来消费下降，因为消费者会增加预防储蓄用来防止未来失业或收入减少。已有文献研究能源要素价格冲击对企业投资行为的影响则主要从两个角度展开：一方面是能源要素价格变化对企业投资的影响。Edelstein 和 Kilian（2007）认为，企业投资的变化是能源要素价格冲击传导至整个经济体的主要渠道之一，能源要素价格上升对投资影响的大小取决于行业能源使用情况。Kilian（2008）指出，能源要素价格上升通过增加企业生产的边际成本和降低对企业产出的需求导致企业投资削减。Ratti 等（2011）表明，能源要素价格上升对欧洲企业投资具有负向影响，且对规模小的企业和在经济复苏时期的企业的影响更大，而能源要素价格上升和下降对企业投资的非对称效应则相对较弱。Lee 等（2011）表明，石油价格冲击能够抑制美国企业投资，且具有较大不确定性的企业受到的影响更大。林永生（2008）指出，能源要素价格上涨将会严重影响我国企业主体的生产投资决策，造成设备开工不足，产能闲置，降低投资需求。另一方面是考察能源要素价格波动不确定性对企业投资影响，这类文献较多集中在油价波动不确定性对企业投资的影响。最早的理论由 Bernanke（1983）建立，他认为油价波动不确定性将导致公司成本和盈利水平都难以预期，公司最优选择是推迟不可逆投资决策直到附加信息的期望价值超过现有投资的短期期望收益。Pindyck（1991）指出，较高的油价波动与能够影响资本边际产品的能源投入不确定性密切相关。不确定性的增加使得企业推迟投资，直到不确定性消失，Kellogg（2014）持有类似观点。Henriques 和 Sadorsky（2011）指出，油价波动与美国企业战略性投资之间呈现 U 形关系，不确定性增加导致等待投资的期权价值提升，推迟了当前的战略性投资。超过某个点以后，不确定性增大将会导致投资增加，因为战略性增长期权价值超过了等待投资的期权价值。王勇和郑海东（2014）指出，国际油价不确定性对国内微观企业投资具有显著抑制作用，且部分是通过降低企业新增银行信贷资源的中介渠道产生影响。在考察能源要素价格本身不确定性对企业投资影响方面，Yoon 和 Ratti（2011）考察了能源要素价格不确定性对美国制造业企业投资的影响，指出较高的能源要素价格不确定性使得企业投资更加谨慎，减少了投资对销售增长的反应，认为能源要素价格稳定将会给企业投资带来更大稳定性。

能源作为重要的生产要素，能源要素价格变化将首先影响微观主体的经济活动，进而对整个宏观经济产生影响，因此，从微观角度来考察能源要素价格冲击的经济影响更具有参考价值。上述文献在微观方面较多关注能源要素价格变化和石油价格不确定性对微观主体经济活动的影响，缺乏对能源要素价格不确定性的相关研究。因此，本章重点考察能源要素价格波动不确定性对企业投资的影响，试图进一步深化与丰富不确定性对企业投资行为影响的理论和经验研究，全面理解能源要素价格波动对微观经济主体和实体经济的作用机理，进而为科学制定能源政策、缓解能源要素价格波动对国民经济稳定增长的负面影响提供微观层面的经验依据。

9.2　数据来源与研究方法

9.2.1　数据来源与变量说明

本章的样本区间为 2003 年 1 季度至 2014 年 1 季度，数据主要来源于 CSMAR（国泰安）数据库，选取的是全部 A 股中非 ST 制造业上市公司财务数据，剔除了控制变量缺失的数据，最终获得了 398 家企业的 17 910 个观测值。能源要素价格指数数据来源于 Wind 金融数据库，表 9-1 为所有变量的定义和计算方法说明。

表 9-1　变量定义

变量符号	变量名称	变量定义
$I_{i,t}/K_{i,t-1}$	当期新增投资	利用构建固定资产、无形资产，以及其他长期资产所支付的现金与处置固定资产之差、无形资产和其他长期资产而收回的现金净额得到，并用期初固定资产净值进行调整[①]
$\Delta\ln Y_{i,t}$	销售收入增长率	即（当期营业收入−当期期初营业收入）/当期期初营业收入，代表企业产品需求情况（Bloom et al.，2007）
$\ln Y_{i,t-1}/K_{i,t-1}$	误差修正项	对前期营业收入与期初固定资产净值之比取对数
$CF_{i,t}/K_{i,t-1}$	现金流量	当期经营性现金流量净额与期初固定资产净值之比

---

① 本章利用固定资产净值对变量进行标准化，其他变量做类似处理，同王义中和宋敏（2014）。

续表

变量符号	变量名称	变量定义
TQ$_{i, t-1}$	托宾 Q	滞后一期的托宾 Q，定义为市场价值/期末总资产
lnSize$_{i, t}$	公司规模	利用当期公司总资产规模来替代，并进行取对数处理
Lev$_{i, t-1}$	资产负债率	滞后一期的资产负债率，定义为公司总负债/总资产
σ_t	能源要素价格不确定性	此处参考有关不确定性的研究设计（Ogawa and Suzuki, 2000），通过计算过去四个季度（包括当期）能源价格的标准差来衡量能源价格不确定性，具体表示如下（其中，EP$_j$代表第 j 期的能源要素价格，EP 代表能源要素价格均值，能源要素价格采用以 2003 年 1 季度为 100 的能源要素价格指数[①]表示）：$$\sigma_t = \sqrt{\frac{1}{3}\sum_{j=t-3}^{t}(EP_j - EP)^2}$$

鉴于制造业不同行业能源消耗量存在较大差别，能源要素价格不确定性对企业投资的影响也会存在差异，本章将制造业按照能源消耗量的大小分为高能耗行业和低能耗行业。根据《2010 年国民经济和社会发展统计公报》，我国六大高能耗行业分别为化学原料及化学制品制造业、非金属矿物制品业、黑色金属冶炼及压延加工业、有色金属冶炼及压延加工业、石油加工炼焦及核燃料加工业、电力热力的生产和供应业。由于本章仅关注制造业企业投资，将《2010 年国民经济和社会发展统计公报》中前五个行业划分为高能耗行业，这五个行业的能源消费总量占制造业能源消费总量的比例很高（表 9-2），而制造业中除上述五个行业外的其他制造业行业[②]则划分为低能耗行业。

表 9-2　历年高能耗行业能源消费总量占制造业能源消费总量的比例（单位：%）

年份	2000	2001	2002	2003	2004	2005	2006	2007	2008	2009	2010	2011	2012
比例	72.80	71.89	72.06	73.24	75.23	75.50	75.87	76.33	76.30	76.95	76.57	77.18	77.31

注：数据来源于国家统计局网站，经整理计算得到

9.2.2　研究方法

本章采用面板数据模型的工具变量——广义矩估计方法（IV-GMM）来对能源要素价格不确定性与企业投资之间的关系进行分析，所用软件是 Stata12。通过内生性检验来检验模型设定是否存在内生性问题，该检验的原假设是模型中的解释变量不存在内生性问题。如果拒绝，则认为存在内生解释变量，需要使用工具变

[①] 能源要素价格指数利用燃料、动力类要素价格指数替代。不同于已有文献利用 GARCH 模型计算不确定性，本章采用能源要素价格标准差作为不确定性变量，主要是因为本章样本观测值个数与 GARCH 模型要求大量数据有差距，且通过用于检验异方差存在性的 ARCH LM 检验得知，在样本区间能源要素价格不存在波动集聚效应。

[②] 参见 CSMAR（国泰安）数据库中证监会的行业分类。

量。为了确保工具变量的合理性，需要进行几项必要的检验。在本章的计量模型中，假定误差项是异方差分布的，采用 Kleibergen-Paap rk LM 统计量来检验工具变量是否存在识别不足问题，如果拒绝原假设，表明模型设定不存在识别不足问题。采用 Kleibergen-Paap Wald rk F 统计量来检验工具变量是否存在弱识别问题，原假设是工具变量是弱识别的，如果拒绝原假设，说明工具变量是合理的。Hansen 检验为工具变量过度识别约束检验，原假设是工具变量有效，即工具变量与干扰项不相关。

9.3　实　证　分　析

9.3.1　模型设定

基于 Bloom 等（2007）的资本存量调整误差修正模型，本章提出企业投资基本模型：

$$\frac{I_{i,t}}{K_{i,t-1}} = \beta_1(\Delta \ln Y_{i,t}) + \beta_2(\ln Y_{i,t-1}/K_{i,t-1}) + \beta_3\frac{CF_{i,t}}{K_{i,t-1}} + \beta_4 TQ_{i,t-1} \quad (9.1)$$
$$+ \beta_5 \ln Size_{i,t} + \beta_6 Lev_{i,t-1} + f_i + d_t + \mu_{i,t}$$

式中，变量含义见表 9-1，$\beta_1 > 0$ 意味着正向需求冲击将会提高资本存量，增加企业投资；$\beta_2 > 0$ 意味着资本存量低于理想水平的企业将会长期向上调整资本存量，增加企业投资；$\beta_3 \sim \beta_5$ 代表待估计参数；f_i 和 d_t 分别代表不可观测的企业效应和时间效应；$\mu_{i,t}$ 是误差项。

为了考察能源价格不确定性对企业投资的影响，在式（9.1）中引入能源价格不确定性变量 σ_t，分别通过影响销售收入增长率和误差修正过程（即资本存量低于理想水平时由投资弥补）的调整速度来考察能源价格不确定性对企业投资的影响。分别建立如下模型：

$$\frac{I_{i,t}}{K_{i,t-1}} = \beta_1(\Delta \ln Y_{i,t}) + \beta_2(\ln Y_{i,t-1}/K_{i,t-1}) + \beta_3\frac{CF_{i,t}}{K_{i,t-1}} + \beta_4 TQ_{i,t-1} \quad (9.2)$$
$$+ \beta_5 \ln Size_{i,t} + \beta_6 Lev_{i,t-1} + \beta_7(\Delta \ln Y_{i,t})\sigma_t + f_i + d_t + \mu_{i,t}$$

$$\frac{I_{i,t}}{K_{i,t-1}} = \beta_1(\Delta \ln Y_{i,t}) + \beta_2(\ln Y_{i,t-1}/K_{i,t-1}) + \beta_3\frac{CF_{i,t}}{K_{i,t-1}} + \beta_4 TQ_{i,t-1} \quad (9.3)$$
$$+ \beta_5 \ln Size_{i,t} + \beta_6 Lev_{i,t-1} + \beta_7'(\ln Y_{i,t-1}/\ln K_{i,t-1})\sigma_t + f_i + d_t + \mu_{i,t}$$

式中，系数 β_7 和 β_7' 捕捉了能源价格不确定性对企业投资的影响。$\beta_7 < 0$ 意味着能源价格不确定性通过弱化销售收入增长率与投资之间的正向关系降低企业投资；$\beta_7' < 0$ 则意味着能源价格不确定性通过降低误差修正过程的调整速度来影响企业投资。

9.3.2　实证结果分析

表 9-3 是模型（9.1）的估计结果，采用固定效应模型，并且考虑了时间效应。可以看出，对制造业所有行业及高能耗和低耗能行业而言，销售收入增长率$\Delta \ln Y_{i,t}$对企业投资均具有显著正向影响。销售收入增长率能够很好地反映企业产品的市场需求状况，是影响企业投资决策的重要因素。市场需求增加将会导致企业扩充现有市场投资，增加企业生产规模，追求规模收益来获得更多利润。误差修正项$\ln Y_{i,t-1}/K_{i,t-1}$对制造业所有行业及高能耗和低能耗行业企业投资均具有显著正向影响，这意味着资本存量水平低于理想目标值的企业将会向上调整资本存量，增加投资。对其他控制变量，仅有高能耗行业的现金流量对企业投资具有显著正向作用；代表企业未来发展机会的托宾 Q 变量仅对高能耗行业企业投资具有显著正向作用，而对制造业所有行业和低能耗行业则没有发挥作用；规模变量 $\ln Size_{i,t}$对制造业所有行业及高能耗和低能耗行业均具有显著正向影响；只有低能耗行业的资产负债率对企业投资发挥了显著的抑制作用。另外，三个方程均拒绝了内生性检验的原假设，说明模型均存在内生性问题。Kleibergen-Paap rk LM 统计量在 1% 的显著性水平下均拒绝了模型存在识别不足的原假设，Kleibergen-Paap Wald rk F 统计量大于 Stock-Yogo 检验 10% 水平上的临界值，因此拒绝工具变量是弱识别的假定，Hansen J 统计量均接受了工具变量有效的原假设，说明三个模型的建立较为合理。

表 9-3　企业投资基本模型的估计结果

变量	制造业所有行业	高能耗行业	低能耗行业
$\Delta \ln Y_{i,t}$	0.0446*** （73.98）	0.0436*** （71.42）	0.0084* （1.78）
$\ln Y_{i,t-1}/K_{i,t-1}$	0.2864*** （8.09）	0.1752*** （2.89）	0.1878*** （7.20）
$CF_{i,t}/K_{i,t-1}$	0.0126 （0.33）	0.0652** （1.99）	0.0185 （0.70）
$TQ_{i,t-1}$	0.0384 （1.32）	0.1053* （1.93）	0.0051 （0.48）
$\ln Size_{i,t}$	0.1215*** （6.37）	0.1089*** （2.80）	0.1096*** （7.43）
$Lev_{i,t-1}$	0.0372 （0.97）	−0.0108 （−0.29）	−0.0975** （−2.69）
观测值	17910	5535	12375
内生性检验	5.126** [0.0236]	2.861* [0.0908]	8.915*** [0.0028]
Kleibergen-Paap rk LM 统计量	336.097*** [0.00]	117.359*** [0.00]	292.998*** [0.00]

续表

变量	制造业所有行业	高能耗行业	低能耗行业
Kleibergen-Paap Wald rk F 统计量	270.202{11.12}	23.603{11.46}	550.401{11.83}
Hansen J 统计量	7.352[0.1958]	11.570[0.1714]	2.959[0.5646]

***、**、*分别表示 1%、5%和 10%的显著性水平，（）内数值表示系数的 z 统计量，[]内数值表示相应统计量的 p 值，{}内数值表示 Stock-Yogo 检验 10%水平上的临界值

表 9-4 给出了含有销售收入增长率 $\Delta \ln Y_{i,t}$ 与能源价格不确定性变量 σ_t 交叉项的模型（9.2）的估计结果，采用固定效应模型，并且考虑了时间效应。从表 9-4 中可见，对制造业所有行业及高能耗和低能耗行业，交叉项对企业投资的影响均显著为负，能源价格不确定性将会减弱销售收入增长率与企业投资之间的正向关系。这说明当能源价格不确定性较高时，企业在投资方面变得更加谨慎，较高的需求增长尽管仍然能够促进企业投资，但作用已经减弱。企业在生产过程中最关注成本，能源价格不确定性将会导致企业生产成本存在很大的不确定性，进而导致企业收益存在很大的不确定性。特别是对能源消费量大、消耗强度高的制造业企业来说，能源价格不确定性的冲击将会对企业投资决策产生非常重要的影响。当面对较高的能源价格不确定性时，基于实物期权理论，企业投资的等待期权价值上升，企业通常会选择推迟投资或减少投资直到不确定性程度减弱或消失为止。另外，三个方程均通过了内生性、工具变量识别不足、弱识别和过度识别的检验，说明模型的建立较为合理。

表 9-4　引入能源价格不确定性与销售收入增长率交叉项的企业投资估计结果

变量	制造业所有行业	高能耗行业	低能耗行业
$\Delta \ln Y_{i,t}$	0.0642*** （19.79）	0.062 6*** （20.28）	0.023 4*** （3.34）
$\ln Y_{i,t-1}/K_{i,t-1}$	0.2916*** （9.04）	0.178 2*** （3.23）	0.187 7*** （8.11）
$CF_{i,t}/K_{i,t-1}$	−0.006 0 （−0.18）	0.023 6 （0.90）	0.012 2 （0.48）
$TQ_{i,t-1}$	0.054 0* （1.94）	0.082 4*** （2.73）	−0.003 4 （−0.32）
$\ln Size_{i,t}$	0.128 1*** （7.12）	0.132 5*** （3.43）	0.109 0*** （8.03）
$Lev_{i,t-1}$	0.021 0 （0.60）	0.041 0 （1.03）	−0.104 9*** （−3.00）
$(\Delta \ln Y_{i,t})\, \sigma_t$	−0.004 4*** （−6.93）	−0.004 2*** （−6.77）	−0.001 9* （−1.66）

变量	制造业所有行业	高能耗行业	低能耗行业
观测值	17 910	5 535	12 375
内生性检验	8.145***[0.0043]	3.843**[0.0499]	16.967***[0.0000]
Kleibergen-Paap rk LM 统计量	342.840***[0.00]	66.141***[0.00]	299.777***[0.00]
Kleibergen-Paap Wald rk F 统计量	183.799{11.39}	14.061{11.46}	275.481{11.39}
Hansen J	9.331[0.2298]	6.511[0.5902]	9.183[0.2398]

***、**、*分别表示 1%、5%和 10%的显著性水平，（）内数值表示系数的 z 统计量，[]内数值表示相应统计量的 p 值，{}内数值表示 Stock-Yogo 检验 10%水平上的临界值

从表 9-4 还可以看出，高能耗行业销售收入增长率$\Delta \ln Y_{i,t}$与能源价格不确定性变量 σ_t 的交叉项系数要大于低能耗行业，说明相对于低能耗行业而言，能源价格不确定性的出现使得高能耗行业的企业在减弱销售收入增长率与企业投资之间正向关系上具有更大的效应。为了深入理解能源价格不确定性对销售收入增长率与企业投资之间关系的具体影响，本章利用弹性定义[①]来考察能源价格不确定性出现前后企业投资对销售收入增长率弹性的变化情况。根据变量的描述性分析，能源价格不确定性的均值为 8.5755，本章主要计算在其均值处企业投资对销售收入增长率的弹性。对制造业所有行业而言，企业投资对销售收入增长率的弹性为：（0.0642−0.0044×8.5755）×（0.1633/0.1524）= 0.0284，类似地，高能耗和低能耗行业的企业投资对销售收入增长率的弹性分别为 0.0223 和 0.0091（表 9-5）。这意味着如果销售收入增长率本身增长 20%，将会导致制造业所有行业、高能耗和低能耗行业的企业投资分别增加 0.57%、0.45%和 0.18%。而对不存在能源价格不确定性的情况，制造业所有行业的企业投资对销售收入增长率的弹性计算为：0.0642×（0.1633/0.1524）= 0.0688，类似地，高能耗和低能耗行业的企业投资对销售收入增长率的弹性分别为 0.0526 和 0.0298（表 9-5），这意味着如果销售收入增长率本身增长 20%，将会导致制造业所有行业、高能耗和低能耗行业的企业投资分别增加 1.38%、1.05%和 0.60%。可见，当存在能源价格不确定性时，企业投资对销售收入增长率的弹性下降，制造业所有行业及高能耗和低能耗行业分别下降 0.0404、0.0303 和 0.0207；在销售收入增长率增加 20%的情况下，能源价格不确定性的出现使得制造业所有行业、高能耗和低能耗行业的企业投资增加幅度分别下降 0.81%、0.60%和 0.42%。这说明能源价格不确定性确实能够抑制企业投资，并且相比于低能耗行业，高能耗行业企业投资受到更加显著的影响。高能耗行业能源消耗量大、能源消耗强度高，能源价格不确定性的增加将会给高能耗行业的

---

① 根据弹性定义，Y 对 X 的弹性可以表示为 $E = \dfrac{\Delta Y / Y}{\Delta X / X} = \dfrac{\Delta Y}{\Delta X} \times \dfrac{X}{Y} \approx \dfrac{\mathrm{d}Y}{\mathrm{d}X} \times \dfrac{X}{Y}$。

生产成本和预期收益带来较大冲击，进而影响其投资决策，企业大多采取等待观望的态度，推迟或减少投资支出。

表 9-5　能源价格不确定性影响企业投资对销售收入增长率弹性的情况

行业	$\Delta \ln Y_{i,t}$ 均值	$I_{i,t}/K_{i,t-1}$ 均值	企业投资对销售收入增长率的弹性		弹性下降
			无能源价格不确定性	存在能源价格不确定性（均值 = 8.5755）	
制造业所有行业	0.1633	0.1524	0.0688	0.0284	0.0404
高能耗行业	0.1941	0.2310	0.0526	0.0223	0.0303
低能耗行业	0.1495	0.1172	0.0298	0.0091	0.0207

注：表中变量的均值来自描述性分析

　　表 9-6 给出了含有误差修正项与能源价格不确定性 σ_t 交叉项的模型（9.3）的估计结果，采用固定效应模型，并且考虑了时间效应。可以看出，对制造业所有行业及高能耗和低能耗行业来说，误差修正项的系数均显著为正，而误差修正项与能源价格不确定性交叉项的系数均显著为负，这表明能源价格不确定性的出现减慢了资本存量向长期理想水平调整的速度，即降低了企业投资水平。在能源价格不确定性均值处，制造业所有行业、高能耗和低能耗行业的企业投资调整速度分别下降 15.93%、38.94% 和 14.58%[①]，也就是说能源价格不确定性还可以通过减弱误差修正项与企业投资之间的正向关系抑制企业投资。而且相对于低能耗行业而言，高能耗行业企业投资调整速度下降较快，这与高能耗行业能源消耗量较大、能源消耗强度较高、受能源价格波动影响较大等情况有关。表 9-6 显示三个方程均通过了内生性、工具变量识别不足、弱识别和过度识别的检验，说明模型的建立较为合理。

表 9-6　引入能源价格不确定性与误差修正项交叉项的企业投资估计结果

变量	制造业所有行业	高能耗行业	低能耗行业
$\Delta \ln Y_{i,t}$	0.0443*** （78.55）	0.0448*** （103.19）	0.0101** （2.00）
$\ln Y_{i,t-1}/K_{i,t-1}$	0.3070*** （6.44）	0.4515*** （5.12）	0.2414*** （5.40）
$CF_{i,t}/K_{i,t-1}$	0.0321 （0.93）	0.0028 （0.15）	0.0249 （0.73）

　　[①] 对制造业所有行业来说，未出现能源价格不确定性时，资本存量的调整速度为 0.3070；当出现能源价格不确定性时，资本存量的调整速度为 0.3070–0.0057×8.5755 = 0.2581，调整速度下降 15.93%。高能耗和低能耗行业的计算类似。

续表

变量	制造业所有行业	高能耗行业	低能耗行业
$TQ_{i,t-1}$	0.0525** (2.20)	0.0217 (1.16)	0.0007 (0.06)
$\ln Size_{i,t}$	0.1136*** (6.23)	0.0941*** (3.88)	0.1128*** (6.98)
$Lev_{i,t-1}$	0.0273 (0.74)	0.0156 (0.82)	−0.1044*** (−2.84)
$(\ln Y_{i,t-1}/K_{i,t-1})\sigma_t$	−0.0057** (−2.22)	−0.0205** (−2.30)	−0.0041* (−1.75)
观测值	17910	5535	12375
内生性检验	3.136*[0.0766]	3.596*[0.0579]	10.274***[0.0013]
Kleibergen-Paap rk LM 统计量	250.350***[0.00]	149.599***[0.00]	218.167***[0.00]
Kleibergen-Paap Wald rk F 统计量	101.115{11.49}	38.532{10.27}	202.364{10.27}
Hansen J 统计量	9.672[0.3776]	4.040[0.2572]	0.712[0.8703]

***、**、*分别表示 1%、5%和 10%的显著性水平，（）内数值表示系数的 z 统计量，[]内数值表示相应统计量的 p 值，{}内数值表示 Stock-Yogo 检验 10%水平上的临界值

9.3.3　稳健性检验

　　为了考察上述结果的可靠性，本章利用国际原油价格替代能源价格[①]重新对模型（9.2）和模型（9.3）进行估计，国际原油价格采用迪拜原油 DUBAI、北海布伦特原油 BRENT 和西德克萨斯中质原油 WTI 的平均油价指数来替代，数据来源于 IMF。模型估计结果见表 9-7 和表 9-8。可以看出，模型估计结果较好，研究结论并未发生实质性改变。

表 9-7　引入国际原油价格不确定性与销售收入增长率交叉项的企业投资估计结果

变量	制造业所有行业	高能耗行业	低能耗行业
$\Delta \ln Y_{i,t}$	0.0870*** (3.40)	0.1072*** (2.89)	0.0191*** (4.42)
$\ln Y_{i,t-1}/K_{i,t-1}$	0.2160*** (9.95)	0.2565*** (6.96)	0.1864*** (8.10)
$CF_{i,t}/K_{i,t-1}$	0.0141 (1.18)	0.0020 (0.17)	0.0118 (0.46)

---

　　① 国内产业链的很多环节都使用石油或石油产品，国际原油价格波动对国内原油价格形成起着决定性作用，还会影响煤炭等其他能源价格，因此，本章选取国际原油价格作为国内能源价格的替代变量。

续表

变量	制造业所有行业	高能耗行业	低能耗行业
$TQ_{i, t-1}$	0.0113 （1.15）	0.0693* （1.67）	−0.0018 （−0.18）
$\ln Size_{i, t}$	0.0924*** （8.56）	0.1177*** （4.25）	0.1102*** （8.14）
$Lev_{i, t-1}$	0.0086 （0.50）	0.0088 （0.43）	−0.1033*** （−2.96）
$(\Delta\ln Y_{i, t})\, \sigma_t$	−0.0027* （−1.65）	−0.0039* （−1.68）	−0.0006* （−1.79）
观测值	17910	5535	12375
内生性检验	6.999***[0.0082]	3.726*[0.0536]	16.840***[0.0000]
Kleibergen-Paap rk LM 统计量	566.129***[0.00]	240.719***[0.00]	289.066***[0.00]
Kleibergen-Paap Wald rk F 统计量	121.397{11.29}	205.671{11.29}	271.533{11.39}
Hansen J 统计量	6.940[0.3265]	6.722[0.3473]	9.297[0.2320]

***、**、*分别表示1%、5%和10%的显著性水平，（）内数值表示系数的 z 统计量，[]内数值表示相应统计量的 p 值，{}内数值表示 Stock-Yogo 检验10%水平上的临界值

表9-8　引入国际原油价格不确定性与误差修正项交叉项的企业投资估计结果

变量	制造业所有行业	高能耗行业	低能耗行业
$\Delta\ln Y_{i, t}$	0.0443*** （78.56）	0.0446*** （67.70）	0.0090* （1.93）
$\ln Y_{i, t-1}/K_{i, t-1}$	0.2753*** （7.21）	0.4484*** （6.24）	0.1986*** （6.46）
$CF_{i, t}/K_{i, t-1}$	0.0314 （0.91）	0.0152 （0.37）	−0.0025 （−0.08）
$TQ_{i, t-1}$	0.0534** （2.22）	0.0509 （0.76）	−0.0051 （−0.45）
$\ln Size_{i, t}$	0.1159*** （6.34）	0.1207*** （2.84）	0.1161*** （7.45）
$Lev_{i, t-1}$	0.0262 （0.72）	0.0352 （0.87）	−0.0914** （−2.54）
$(\ln Y_{i, t-1}/K_{i, t-1})\, \sigma_t$	−0.0008** （−2.11）	−0.0054*** （−2.89）	−0.0006** （−2.03）
观测值	17910	5535	12375
内生性检验	3.217*[0.0729]	5.815**[0.0159]	10.779***[0.0010]
Kleibergen-Paap rk LM 统计量	345.267***[0.00]	115.294***[0.00]	294.989***[0.00]
Kleibergen-Paap Wald rk F 统计量	194.705{11.49}	32.170{11.12}	296.714{11.12}
Hansen J 统计量	9.398[0.4014]	4.152[0.5278]	5.652[0.3415]

***、**、*分别表示1%、5%和10%的显著性水平，（）内数值表示系数的 z 统计量，[]内数值表示相应统计量的 p 值，{}内数值表示 Stock-Yogo 检验10%水平上的临界值

重新考察能源价格不确定性出现前后企业投资对销售收入增长率弹性的变化,估计结果见表9-9,与表9-5得到的研究结论一致。可见本章研究结果具有较高的稳健性,结论可靠。

表9-9　国际原油价格不确定性影响企业投资对销售收入增长率弹性的情况

行业	$\Delta \ln Y_{i,t}$ 均值	$I_{i,t}/K_{i,t-1}$ 均值	企业投资对销售收入增长率的弹性		弹性下降
			无能源价格不确定性	存在能源价格不确定性(均值 = 25.9955)	
制造业所有行业	0.1633	0.1524	0.0932	0.0180	0.0752
高能耗行业	0.1941	0.2310	0.0901	0.0049	0.0852
低能耗行业	0.1495	0.1172	0.0244	0.0045	0.0199

注:表中变量的均值来自描述性分析

9.4　本章小结

本章利用2003年1季度至2014年1季度我国制造业面板数据模型的工具变量——广义矩估计方法(IV-GMM)考察了能源价格不确定性对企业投资的影响,主要研究结论如下。

1)对制造业所有行业而言,能源价格不确定性可以通过减弱销售收入增长率对企业投资的正向效应来抑制企业投资。能源价格不确定性的出现加剧了企业生产成本和收益的不确定性,企业投资变得更加谨慎,等待的期权价值提升,通常会推迟或减少企业投资。

2)通过比较发现,能源价格不确定性对高能耗行业的企业投资与销售收入增长率之间关系的负向效应要大于低能耗行业。进一步计算弹性表明,能源价格不确定性出现前后高能耗行业企业投资对销售收入增长率的弹性下降幅度要高于低能耗行业,说明能源消耗量大、能源消耗强度高的高能耗行业受到的能源价格不确定性冲击程度更大。

3)本章还发现能源价格不确定性的出现还可以通过减慢资本存量向长期理想水平调整的速度来抑制企业投资,而且相对于低能耗行业而言,高能耗行业企业投资调整速度下降较快,这与高能耗行业的能源消耗量大和能源消耗强度高有关。

第10章 需求不确定性、投资者信心
与制造业库存投资

在总投资中，库存投资的比例并不大，但由于其具有易变性，波动性较强，对经济的平稳运行容易形成较大冲击（Blinder，1986；易纲和吴任昊，2000）。尤其是在增长预期复杂多变的时期，剧烈的库存调整会加剧经济和价格波动，降低生产和进口速度，从而导致周期转换时的产出波动强于真实需求波动，成为经济波动的放大器，恶化经济形势，因此，库存投资波动逐渐引起国内外专家学者的高度关注。我国库存投资对经济波动的影响也具有典型的"块头小、能量大"的特点，库存投资占 GDP 的比重由 1990～1999 年平均为 6%左右下降到 2000～2013 年平均为 2%左右[①]，所占比例不高，但波动性却很大。图 10-1 给出 1991～2013 年我国 GDP 与库存投资名义增速的情况，可以发现，我国库存投资相对于宏观经济而言波动幅度非常大。在我国，库存投资波动与经济周期密切相关，在经济上行周期特别是 2006～2007 年，国内外经济形势整体向好、市场需求持续扩张及原材料价格上涨预期使得企业为了避免错失销售机会积极增加产成品库存和原辅料储备，投资者对未来盈利前景充满信心，库存投资增速较高（图 10-1）；2008 年全球性金融危机爆发以后，我国出口形势急剧恶化，外部需求大幅萎缩，国内实体经济遭受重创，作为实体经济主体的制造业所面临的问题尤为严重。国内外市场持续低迷造成产品滞销、库存积压现象凸显，企业形成巨大的库存风险，背上亏损包袱，投资者信心下降。面对未来不确定的市场走势，为了降低损失，企业普遍采取"去库存"[②]措施，2009 年库存投资大幅下降。随后国家陆续出台大规模经济刺激和多项保增长措施，国内需求增长逐步加快，投资者信心短暂回升，2010 年、2011 年库存投资连续增加。多次经济刺激政策暂时缓解宏观经济下行压力的同时也引发了副作用，经济资源向国有大型企业集中，较难惠及广大非国有企业，国有企业相对于非国有企业的投资者信心得到大幅提升，"补库存"的积极性也明显高于非国有企业。然而经济刺激政策退出后，下游需求有限，市场不确定性仍然较大，很多企业对下一阶段的经济走势看不透，预期不高和信心不

---

① 数据来源于中经网统计数据库全国宏观年度库，经整理计算得到。

② "去库存"从理论上和实践上都未必表现为库存存量的下降。我国经济长期处于高速增长，经济规模在不断扩大，因此库存存量多数情况下是正增长的。我国宏观经济"去库存"的一般表现是库存增量的负增长，或者库存存量增速的放缓。

足导致其投资意愿减弱，企业补库存动力不足，2012 年库存投资又出现下滑。国内需求增长和微观经济主体心理预期的反复波动对企业库存调整造成重大影响，库存周期呈现出"补库存"与"去库存"交替的短频化特征，库存投资短期波动频繁且剧烈，导致我国制造业企业利润和工业增加值增速大幅下滑，宏观经济不稳定性明显增强。因此，本章将重点考察需求不确定性与投资者信心对制造业企业库存投资波动的作用机理，不仅在理论上丰富我国库存投资和投资者心理变化对企业投资行为影响方面的研究，而且在实践上为政府部门把握库存投资波动走势、制定宏观经济调控政策、合理引导企业库存投资和促进实体经济平稳运行提供参考依据。

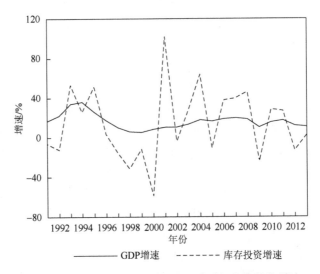

图 10-1　1991～2013 年我国 GDP 增速与库存投资增速

　　本章的创新之处在于将投资者信心这一变量引入库存投资模型，并且区分不同经济周期和不同股东性质企业对库存投资波动进行研究，这主要是源于如下考虑：其一，投资者信心是投资者在经济系统基本面信息和投资者可获得信息集合的基础上对未来经济发展态势、市场经济环境及自身盈利前景所做的判断和预期，支配企业投资意愿和投资行为，直接决定着宏观经济的发展态势。其二，不同经济周期的宏观经济环境和经济景气程度对企业投资行为具有重要影响，国有企业与非国有企业在资源配置方面的失衡使得两者在投资行为方面的表现也大有不同。

10.1　文　献　综　述

　　随着库存统计频率的提高和对库存统计研究的重视，经济学家逐步形成系统的库存理论来研究库存问题，对库存投资的影响因素及库存投资波动与经济周期波动之间的关系尤为重视，很多学者利用典型化事实和经验数据对库存相关理论进行验证。国外学者在库存投资影响因素方面的研究较为广泛，Cuthbertson 和 Gasprro（1993）将可能影响库存的金融效应与技术变化引入库存模型，指出英国制造业库存相对于产出具有单位弹性，与产出的条件方差正相关，而与金融压力负相关。Bils 和 Kahn（2000）把销售简单设定为库存持有量的递增函数，认为边际成本的加成价格和边际成本的预期变化是库存周期的主要决定因素，库存随着预期销售的变化成正比例变动。Galeotti 和 Maccini（2005）利用融入库存的局部均衡模型说明企业在销售和技术冲击发生之前已决定库存投资。Crouzet 和 Oh（2012）指出，经济基本面预期改善的信息冲击增加了消费和投资，却使得库存持续下降，主要是因为生产和库存投资之间发生了跨期替代，企业通过降低现有库存来满足现在需求而推迟生产，直到预期冲击实现。国内学者对库存投资影响因素的研究较少，李涵和黎志刚（2009）主要考察了公路交通基础设施建设对制造业企业库存水平的影响途径及影响程度，指出高等级公路的建设使得企业库存下降，而低等级公路和铁路投资对企业库存没有影响。中国人民银行长沙中心支行课题组（2010）研究表明，湖南库存波动具有顺周期的特点，产成品库存主要受物价、产品销售和经济景气度的影响，而且不同行业库存波动存在差异。

　　国外学者较多关注销售收入不确定性（即需求不确定性）对企业库存投资行为的影响，指出企业会出于不同的考虑来调整库存。Lee 和 Koray（1994）利用美国批发零售贸易领域数据考察了销售收入不确定性与库存行为之间的联系，表明销售收入的方差并不会影响库存行为。Bo（2001）基于加速缓冲存量库存模型，利用荷兰微观企业数据考察了需求不确定性对库存投资的影响，表明需求不确定性对库存投资具有显著正向影响，当利用销售收入的波动性作为库存调整方程中未预期收入的替代变量时，库存调整的速度参数增加较大，企业往往会夸大未来销售收入，在未预期需求较高的情况下，企业为防止出现断货而积累库存。Caglayan 和 Maioli（2012）考察了欧洲国家制造业销售收入不确定性与企业库存投资之间的关系，指出较高的收入不确定性将会导致较大的库存量，并且流动资产、短期负债和贸易信贷净额等金融实力的增强能够缓解销售收入不确定性所带来的负向效应。Mathuva（2013）从企业、行业等角度考察了企业库存投资的决定因素，指出库存投资要受企业内部融资能力、资本支出、企业规模、销售收入预期波动性等诸多因素的影响，其中，销售收入波动性会导致企业库存水平下降，正向的收入偏差将会导致库存水平降低，负向的收入偏差将会增加库存投资，符合企业避免断货的动机。

　　投资者心理变化体现了其对宏观市场层面的预期和判断，包括投资者情绪和投资者信心。市场上微小事件引发的心理冲击极易引发企业行为方式发生变化，进而导致市场发生波动。研究投资者情绪对企业投资行为影响的现有文献较多，大都认为企业投资与投资者情绪正相关，而对投资者信心如何影响企业投资行为的研究则相对较少。Grundy 和 Li（2010）指出，乐观主义精神与企业投资水平显著正相关，随着投资者乐观精神提升，企业投资水平增加。Arif 和 Lee 等（2014）指出，很多发达国家的企业投资在积极投资情绪时期达到顶峰，随后出现较低的股本回报率，企业投资波动在一定程度上可以反映市场范围投资者的情绪变化。国内学者在投资者情绪和投资者信心对企业投资影响方面也有所研究，刘红忠和张昉（2004）指出，我国制造业上市公司的投资支出与市场投资者情绪呈现显著的负向关系。花贵如等（2011）指出，投资者情绪是驱使企业投资的动力，管理者的乐观主义在投资者情绪影响企业投资的过程中发挥了中介作用。叶蓓和袁建国（2008）指出，管理者信心的变化可以改变企业现金流的成本与收益，进而影响企业投资行为，管理者信心越强，则企业投资-现金流敏感度越高，可能会导致企业过度投资或投资不足，进而影响企业价值。雷光勇等（2011）利用中小板上市公司数据考察了投资者信心的形成机理与影响因素及其对企业投资增长的影响，指出投资者信心越强，企业投资增长水平越高；随着企业盈余质量的提高，投资者信心对投资规模的正向影响会越强。

库存投资波动暗含的有关经济波动的信息对政府部门判断未来经济走势具有重要的现实指导意义，我国学者对库存的研究大多集中在库存投资与宏观经济周期波动之间关系的讨论上（俞静等，2005；纪敏和王月，2009；张涛等，2010），很少对影响企业库存投资波动相关因素进行探讨，而这对把握库存投资波动状况及引导库存投资走势具有重要作用。

10.2　企业库存投资的理论模型

研究企业库存投资行为的模型通常包括生产平滑模型、（S, s）库存模型、加速库存模型等。20 世纪 80 年代以前，生产平滑模型被认为是研究库存行为的标准模型，也为研究库存行为的经济周期分析奠定了微观基础。随后学者开始发现生产平滑模型与生产、库存和销售数据的主要特征并不一致，库存投资并没有起到平滑生产的作用，因此，生产平滑理论遭到了较多的质疑和批评，很多学者开始修正这一标准模型或选择相关的替代模型进行研究使其能够更好地与实际观测情况一致。（S, s）库存模型由 Arrow 于 1951 年提出并不断发展，它更强调运输所花费的时间而非生产时间，因此更加适合分析贸易和零售领域的库存波动。加速库存模型是将未来预期收入与当前库存调整联系起来，由预期收入决定长期均衡库存水平，该模型既适用于产成品库存又适用于在产品和原材料库存。鉴于此处主要分析需求不确定性（用销售收入不确定性来衡量）对库存投资的影响，因此，本章选取加速库存模型作为分析的基础模型。

根据 Carpenter 等（1994）使用的库存投资方程，对在时期 t 的企业 i，假定：

$$\Delta \text{INV}_{i,t} = \lambda(\text{INV}_{i,t}^* - \text{INV}_{i,t-1}) - \alpha(S_{i,t} - E_{t-1}S_{i,t-1}) + \mu_{i,t} \qquad (10.1)$$

式中，$\Delta \text{INV}_{i,t}$ 代表企业 i 在时期 t 的库存投资；$\text{INV}_{i,t}^*$ 和 $\text{INV}_{i,t-1}$ 分别代表时期 t 期初的目标库存量和实际库存量；$S_{i,t}$ 和 $E_{t-1}S_{i,t-1}$ 分别代表时期 t 的实际收入和期初预期销售收入水平，式（10.1）右边第一项被称为预期的库存投资，第二项被称为未预期的库存投资，λ 和 α 代表调整速度；$\mu_{i,t}$ 代表随机误差项。库存一般分为产成品库存、在产品库存和原材料库存，目标库存量通常与预期销售收入相关。对产成品库存，随着预期销售价格上涨，断货的可能性也随之增加，进而导致企业持有更多的产成品库存；在产品和原材料作为重要的生产要素，其需求也随着实际销售收入和预期销售收入变化。因此，目标库存量 $\text{INV}_{i,t}^*$ 的模型可以表示如下：

$$\text{INV}_{i,t}^* = \gamma_i + \beta E_{t-1}S_{i,t} \qquad (10.2)$$

式中，γ_i 代表个体固定效应；β 代表待估计参数，将式（10.2）代入式（10.1），可得

$$\Delta \text{INV}_{i,t} = \lambda(\gamma_i + \beta E_{t-1}S_{i,t} - \text{INV}_{i,t-1}) - \alpha(S_{i,t} - E_{t-1}S_{i,t-1}) + \mu_{i,t} \qquad (10.3)$$

经整理可得

$$\Delta \text{INV}_{i,t} = \lambda\gamma_i - \lambda\text{INV}_{i,t-1} - (\lambda\beta + \alpha)(S_{i,t} - E_{t-1}S_{i,t-1}) + \lambda\beta S_{i,t} + \mu_{i,t} \qquad (10.4)$$

其中：$(S_{i,t} - E_{t-1}S_{i,t-1})$ 代表未预期的收入变化，由于其只代表未预期收入水平，并没有包含未预期收入分布的任何信息，根据 Bo（2001），此处将这一项替换为需求不确定性 $\sigma_{i,t}$，将式（10.4）改写为

$$\Delta \text{INV}_{i,t} = \rho_i - \lambda\text{INV}_{i,t-1} + \kappa\sigma_{i,t} + \theta S_{i,t} + \mu_{i,t} \qquad (10.5)$$

式中，$\rho_i = \lambda\gamma_i$，$\theta = \lambda\beta > 0$，$\lambda > 0$，$\sigma_{i,t}$ 代表需求不确定性，κ 代表待估计系数。

鉴于本章还要考虑投资者信心对库存投资波动的影响，因此，在式（10.5）中引入投资者信心 CONFI_t 这一变量，取对数以后模型表示如下：

$$\Delta \text{INV}_{i,t} = \rho_i - \lambda\text{INV}_{i,t-1} + \kappa\sigma_{i,t} + \theta S_{i,t} + \delta\ln\text{CONFI}_t + \mu_{i,t} \qquad (10.6)$$

10.3　实　证　分　析

10.3.1　数据说明与变量处理

对企业投资相关数据，本章选取上证 A 股和深圳主板 A 股中非 ST 制造业上市公司财务数据，数据主要来源于国泰安 CSMAR 数据库，制造业企业家信心指

数和最终控制人的股东性质来源于 Wind 数据库。本章考察的样本区间为 2006 年 3 季度至 2014 年 3 季度。剔除控制变量缺失的数据，最终获得 581 家企业的 19 173 个观测值，表 10-1 给出了所有变量的定义和计算方法的详细说明。

表 10-1　制造业企业库存投资及其影响因素变量

变量名称	变量定义
$\Delta INV_{i,t}$	代表企业库存投资，利用企业库存增量/期初总资产表示
$INV_{i,t}$	代表企业库存，利用库存存量/期初总资产表示
$\sigma_{i,t}$	代表需求不确定性，利用企业营业收入增长率的三年移动标准差表示
$S_{i,t}$	代表企业销售收入，利用企业营业收入/期初总资产表示
$\ln CONFI_t$	代表投资者信心，利用取对数后的制造业企业家信心指数表示
$Recession_t$	代表经济景气情况的虚拟变量，经济上升期为 0，经济下滑期为 1
$Nature_i$	代表企业股东性质，最终控制人为国有性质则为 1，最终控制人若为非国有性质则为 0

10.3.2　模型估计结果与分析

通常情况下，企业销售收入增加会促使企业加大库存投资，赚取更多利润；反之，库存投资增加也会导致企业销售收入提高，两者在一定程度上相互影响。在估计模型（10.6）时可能会存在估计上的内生性问题，因此，本章选取面板数据模型的工具变量——广义矩估计（IV-GMM）方法来克服这一问题，估计结果见表 10-2。

表 10-2　我国制造业企业库存投资影响因素模型的估计结果

变量	全样本	经济上升期	经济下滑期	国有企业	非国有企业
$\sigma_{i,t}$	0.0265[*] (1.66)	0.0004[*] (1.89)	−0.0002[**] (−2.01)	0.0002[*] (1.93)	0.0513[*] (1.89)
$\ln CONFI_t$	0.0512[***] (5.92)	0.0512[***] (6.47)	0.0808[***] (3.02)	0.0655[***] (6.07)	0.0302[**] (2.33)
$S_{i,t}$	0.0715[***] (2.82)	0.0277[*] (1.75)	0.1782[***] (7.17)	0.0588[***] (2.96)	0.0302[*] (1.71)
$INV_{i,t-1}$	−0.1640[***] (−3.22)	−0.3244[***] (−3.03)	−0.0765[*] (−1.69)	−0.1102[***] (−3.36)	−0.1958[***] (−3.04)
观测值	19 173	5 810	13 363	11 649	7 524
R^2	0.4649	0.1395	0.8187	0.3020	0.3019
内生性检验	11.573[***] [0.0000]	11.607[***] [0.0007]	5.040[**] [0.0248]	31.957[***] [0.0000]	17.015[***] [0.0000]

续表

变量	全样本	经济上升期	经济下滑期	国有企业	非国有企业
Kleibergen-Paap rk LM 统计量	100.649*** [0.0000]	121.844*** [0.0000]	50.943*** [0.0000]	63.786*** [0.0000]	41.511*** [0.0000]
Kleibergen-Paap Wald rk F 统计量	11.877 {9.08}	38.852 {11.29}	12.270 {11.39}	38.728 {19.93}	14.601 {11.12}
Hansen J 统计量	2.824 [0.2437]	9.674 [0.1391]	5.424 [0.6084]	0.533 [0.4655]	8.696 [0.1218]

***、**、*分别表示 1%、5%和 10%的显著性水平，（）内数值表示系数的 Z 统计量，[]内数值表示相应统计量的 p 值，{}内数值表示 Stock-Yogo 检验 10%水平上的临界值

从表 10-2 的第 2 列全样本区间估计结果可以看出，在 10%的显著性水平下，需求不确定性 $\sigma_{i,t}$ 对制造业企业库存投资具有显著正向影响，说明制造业企业对未来需求波动情况持有谨慎态度，避免断货动机很强。由于生产需要花费时间，调整成本很高，企业不能立即回应外部需求冲击，企业需要增加库存投资以应对销售的非预期增加，避免未来出现未预期的高市场需求时发生断货造成销售机会的损失。在 1%的显著性水平下，投资者信心 $\ln CONFI_t$ 对制造业企业库存投资也具有显著正向作用，说明投资者信心的增强将会增加库存投资。投资者对未来成长能力越是充满信心，就会越积极地补充库存，增强未来获利能力，这符合一般看法。销售收入 $S_{i,t}$ 和期初的库存量 $INV_{i,t-1}$ 的估计系数符号也符合预期。

通过对模型进行内生性检验，在 1%的显著性水平下拒绝了模型不存在内生性的原假设，说明模型中存在内生变量，需要进一步对工具变量合理性进行检验。本章假定误差项是异方差分布的，采用 Kleibergen-Paap rk LM 统计量来检验模型识别不足问题，即检验工具变量与内生变量之间的相关性是否足够强。原假设是工具变量识别不足，如果拒绝原假设，则表明工具变量是合理的。采用 Kleibergen-Paap Wald rk F 统计量来检验工具变量是否存在弱识别问题，原假设是工具变量是弱识别的，如果拒绝原假设则说明工具变量合理。采用 Hansen J 统计量来检验模型是否存在过度识别问题，原假设是工具变量有效，即工具变量与干扰项不相关。全样本区间模型估计结果显示，模型的拟合优度 R^2 较高，为 0.4649。从 Kleibergen-Paap rk LM 统计量来看，模型不存在识别不足问题，Kleibergen-Paap Wald rk F 统计量大于 Stock-Yogo 检验 10%显著性水平上的临界值，因此拒绝工具变量弱识别的原假设，Hansen 检验没有拒绝工具变量有效的原假设，上述三个统计量说明工具变量较为合理，模型拟合效果较好。

（1）经济周期的非对称影响

不同的经济周期中，企业库存投资的表现不同。在经济繁荣时期，经济发展态势良好，市场需求旺盛，各种原材料、在产品等生产要素投入需求量大，产品价格和生产要素价格呈上升趋势，企业投资者对未来市场需求和盈利前景充满信

心,不仅加大产成品库存投资以避免未来需求增加时出现产品断货现象,而且为了防止将来市场需求旺盛导致原材料需求增加,进而导致价格上涨和成本上升,投资者也会提前储备原材料、在产品等作为库存生产要素。在经济衰退时期,市场需求萎缩,对产成品、在产品、原材料等需求均发生下降,企业对未来经济发展态势信心不足、预期不高,持有过多库存会增加储存成本和生产成本,"去库存"现象明显,库存投资下降。在样本期间内,我国实际 GDP 在 2006~2008 年呈现上升趋势,而在 2009~2014 年则呈现下降趋势,因此,本章将样本区间区分为宏观经济上升期(2006 年 3 季度至 2008 年 4 季度)和宏观经济下滑期(2009 年 1 季度至 2014 年 3 季度)两个不同的经济周期,检验不同经济周期内需求不确定性和投资者信心对制造业企业库存投资的作用机制。

从表 10-2 的第 3 列和第 4 列可以看出,在宏观经济上升期,需求不确定性对制造业企业库存投资具有显著正向影响,而在宏观经济下滑期,需求不确定性则对库存投资具有显著负向影响;投资者信心对制造业企业库存投资具有正向作用,但经济上升期的回归系数要低于经济下滑期。两个模型在内生性检验基础上通过识别不足、弱识别和过度识别检验可知工具变量的选择是合理的,模型估计效果较好。

2006~2008 年,我国经济正处于高速发展阶段,市场需求持续扩张,因原材料价格上涨预期、出口形势良好、企业盈利前景看好等,制造业企业增加了大量产成品、在产品和原材料库存投资支出。经济上升时期需求的不确定性对企业来说意味着未来存在着更好的投资机会和盈利机会,为了提高投资收益,企业往往会选择积极主动"补库存",随时根据国内经济发展形势和产业发展态势来调整自身的战略运营规划。而在经济下滑时期,全球性金融危机和欧洲主权债务危机的相继爆发使得我国实体经济陷入严重困境,经济复苏不确定性很大,国内外市场需求持续疲软,制造业产能过剩充分暴露出来,随着房地产业逐渐进入长期调整阶段,制造业也慢慢进入"严冬",市场需求不确定性加大。制造业产品价格持续下滑,工业生产者价格指数连续出现负增长,企业盈利能力大幅下降甚至部分企业出现亏损现象,企业所面临的融资约束问题严重,投资环境恶劣,这一时期的需求不确定性对企业而言意味着风险很大,企业对未来的经济走势和市场发展前景充满担忧,在投资上大都持有观望态度,往往采取主动"去库存",库存投资出现大幅下降。

而投资者信心这一因素,直接决定了投资者的行为方式。在经济上升时期,投资者信心增加对库存投资的促进作用要低于在经济下滑期投资者信心下降对库存投资的降低作用。全球性金融危机对各国经济造成了不同程度的冲击,在探讨其成因和影响时,投资者信心这一因素开始受到高度重视。全球性金融危机爆发以后,国内外经济环境充满不确定性,经济复苏迟缓,市场前景不明,企业投资者对市场环境不乐观，缺乏信心，往往会采取更加谨慎的态度，投资活动不断下降，制造业企业长期处于"去库存"周期。经济刺激政策并没有带来微观企业信心的持续上升，政策效应衰减以后企业投资者仍然信心不足，预期不高，观望和等待情绪浓厚，企业"补库存"动力不足，库存投资下降与负面预期相互作用放大了库存调整的紧缩效应，导致经济出现螺旋式下行。如果经济下滑的趋势不断加快，投资者信心可能会进入自我强化的循环，扩大对经济的负面冲击。因此，在经济下滑期微观投资者信心这一因素在影响库存投资波动中显得格外重要。

（2）企业股东性质的非对称影响

企业股东性质在投融资环境、政府干预程度等方面都影响着企业的投资行为，国有企业具有较强的政治关联，使其在生产要素、信贷支持、税收等方面相对非国有企业而言占据有利地位，在投资行为上也表现不同。

从表 10-2 的第 5 列和第 6 列可以看出，需求不确定性对国有企业与非国有企业的库存投资均具有显著的正向影响，但非国有企业的估计系数要大于国有企业的估计系数；投资者信心对国有企业与非国有企业的库存投资也具有显著的正向作用，但国有企业的估计系数大于非国有企业的估计系数。两个模型通过识别不足、弱识别和过度识别检验可知工具变量的选择是合理的，模型估计效果较好。在我国，需求不确定性对国有企业库存投资的促进作用要低于非国有企业，主要是因为我国国有企业市场化程度低，一些国有企业对市场并不敏感，当面对较高的需求不确定性时，它们可能不愿意冒险或者承担风险，从而可能会导致国有企业的投资增加不多甚至减少；而对非国有企业而言，往往以利润最大化为目标，它们往往对市场变化更加敏感，密切关注市场动态和未来发展动向，面对未来不确定的市场需求，其冒险盈利的意识较强，面对将来可能出现的需求增加，非国有企业会主动调整库存来适应市场环境的变化，防止将来错过销售机会，降低盈利性。因此，需求不确定性的增加对非国有企业库存投资的促进作用远大于国有企业。

从估计结果可见，国有企业与非国有企业的投资者对未来经济形势和市场环境的预期越高，信心越足，库存投资就越多，并且投资者信心提升对国有企业和非国有企业库存投资的促进作用也具有显著非对称性。

10.3.3　稳健性检验

为了考察上述结果的可靠性，本章在全样本估计模型中引入 $Recession_t$ 和 $Nature_i$ 两个虚拟变量，分别与需求不确定性 $\sigma_{i,t}$ 和投资者信心 $\ln CONFI_t$ 相乘来考察不同经济周期和不同股东性质企业的需求不确定性与投资者信心对制造业企业库存投资的非对称传递情况。估计结果见表 10-3 和表 10-4。从表 10-3 第 2 列可以看出，$Recession_t$ 和 $\sigma_{i,t}$ 的交叉乘积项在 10% 的显著性水平下显著为负，这说明在经济下滑期（即 $Recession_t$ 取 1），需求不确定性 $\sigma_{i,t}$ 对库存投资具有负向影响，而在经济上升期（即 $Recession_t$ 取 0），需求不确定性 $\sigma_{i,t}$ 对库存投资则具有正向影响。从表 10-3 第 3 列可以看出，$Recession_t$ 和 $\ln CONFI_t$ 的交叉乘积项在 10% 的显著性水平下显著为正，这说明在经济下滑期投资者信心 $\ln CONFI_t$ 对库存投资的正向影响要高于经济上升期。表 10-3 第 4 列将两个交叉乘积项同时放入方程中，在 1% 的显著性水平下两者仍然显著。从表 10-4 第 2 列可以看出，$Nature_i$ 与 $\sigma_{i,t}$ 的交叉乘积项在 10% 的显著性水平下显著为负，这说明在国有企业（即 $Nature_i$ 取 1）中，需求不确定性 $\sigma_{i,t}$ 对库存投资的正向影响要小于在非国有企业（即 $Nature_i$ 取 0）中需求不确定性 $\sigma_{i,t}$ 对库存投资的影响。从表 10-4 第 3 列可以看出，$Nature_i$ 与 $\ln CONFI_t$ 的交叉乘积项在 10% 的显著性水平下显著为正，说明国有企业投资者信心 $\ln CONFI_t$ 对库存投资的正向影响要高于非国有企业。表 10-4 第 4 列将两个交叉乘积项同时放入方程中，在 10% 的显著性水平下两者仍然显著。从表 10-3 和表 10-4 可见，模型拟合优度 R^2 较高，并且在内生性检验基础上通过识别不足、弱识别和过度识别检验可知工具变量的选择是合理的，模型估计效果较好。研究结论并未发生实质性改变，结果具有较高稳健性。

表 10-3 不同经济周期的需求不确定性与投资者信心对制造业企业库存投资影响的估计结果

变量	引入 $\sigma_{i,t} \times Recession_t$	引入 $\ln CONFI \times Recession_t$	引入 $\sigma_{i,t} \times Recession_t$ 和 $\ln CONFI \times Recession_t$
$\sigma_{i,t}$	0.0079* (1.73)	0.0133* (1.83)	0.0092** (1.98)
$\ln CONFI_t$	0.0545*** (6.56)	0.0530*** (8.21)	0.0488*** (5.81)
$S_{i,t}$	0.0388*** (2.74)	0.0770*** (4.88)	0.0817*** (5.87)
$INV_{i,t-1}$	−0.1561*** (−4.13)	−0.0537* (−1.93)	−0.1356*** (−3.65)
$\sigma_{i,t} \times Recession_t$	−0.0081* (−1.71)		−0.0204*** (−2.83)
$\ln CONFI \times Recession_t$		0.0007* (1.69)	0.0020*** (2.57)
观测值	19173	19173	19173
R^2	0.2773	0.4802	0.5045
内生性检验	11.693*** [0.0000]	29.968*** [0.0000]	20.018*** [0.0000]

续表

变量	引入 $\sigma_{i,t}\times$Recession$_t$	引入 lnCONFI$\times$Recession$_t$	引入 $\sigma_{i,t}\times$Recession$_t$ 和 lnCONFI$\times$Recession$_t$
Kleibergen-Paap rk LM 统计量	157.340*** [0.0000]	124.8*** [0.0000]	138.598*** [0.0000]
Kleibergen-Paap Wald rk F 统计量	11.666 {11.51}	12.890 {11.29}	12.235 {11.52}
Hansen J 统计量	20.179 [0.1246]	9.758 [0.1352]	16.630 [0.1193]

***、**、*分别表示 1%、5%和10%的显著性水平，（）内数值表示系数的 Z 统计量，[]内数值表示相应统计量的 p 值，{}内数值表示 Stock-Yogo 检验 10%水平上的临界值

表 10-4　不同股东性质企业的需求不确定性与投资者信心对企业库存投资影响的估计结果

变量	引入 $\sigma_{i,t}\times$Nature$_i$	引入 lnCONFI$\times$Nature$_i$	引入 $\sigma_{i,t}\times$Nature$_i$ 和 lnCONFI$\times$Nature$_i$
$\sigma_{i,t}$	0.0393*** (2.64)	0.0272* (1.74)	0.0395*** (2.71)
lnCONFI$_t$	0.0502*** (6.60)	0.0370*** (3.36)	0.0351*** (3.18)
$S_{i,t}$	0.0605*** (4.13)	0.0750*** (3.79)	0.0632*** (4.57)
INV$_{i,t-1}$	−0.1644*** (−4.71)	−0.1630*** (−3.3)	−0.1557*** (−4.46)
$\sigma_{i,t}\times$Nature$_i$	−0.0277* (−1.71)		−0.0287* (−1.81)
lnCONFI$\times$Nature$_i$		0.0256* (1.68)	0.0252* (1.70)
观测值	19 173	19 173	19 173
R^2	0.4095	0.4819	0.4241
内生性检验	18.863*** [0.0000]	29.089*** [0.0000]	16.911*** [0.0000]
Kleibergen-Paap rk LM 统计量	170.779*** [0.0000]	96.413*** [0.0000]	175.915*** [0.0000]
Kleibergen-Paap Wald rk F 统计量	15.877 {11.51}	12.032 {11.12}	12.293 {11.52}
Hansen J 统计量	15.826 [0.1047]	4.208 [0.5199]	19.584 [0.1061]

***、**、*分别表示 1%、5%和10%的显著性水平，（）内数值表示系数的 Z 统计量，[]内数值表示相应统计量的 p 值，{}内数值表示 Stock-Yogo 检验 10%水平上的临界值

10.4　本 章 小 结

本章基于加速库存模型，利用 2006 年 3 季度至 2014 年 3 季度我国制造业上市公司数据，考察了需求不确定性与投资者信心对库存投资的影响，结果表明，需求不确定性与投资者信心对制造业库存投资具有非对称影响，需求不确定性在不同经济周期对库存投资具有反向作用，在经济下滑期，投资者信心下降对库存投资的降低作用要高于在经济上升期投资者信心提升对库存投资的促进作用。需求不确定性的增加对非国有企业库存投资的促进作用远大于国有企业，而投资者信心提升对国有企业库存投资的促进作用高于非国有企业。

第四篇　产能过剩的宏观经济效应

第四篇　产能过剩的宏观经济效应

第11章 产能约束下的工业制成品出口与国内需求

改革开放特别是加入世界贸易组织以来，我国对外出口贸易快速发展，大力推进加工贸易发展使得我国迅速成为世界制造业工厂。全球经济一体化为中国经济快速增长提供了难得的机遇，也为中国的出口贸易提供了广阔的市场，出口市场份额逐年攀升，2009年超越德国成为世界第一出口大国，其中，工业制成品的出口份额高达90%以上，我国也为此确立了出口导向型的经济增长方式。然而近年来我国对外贸易也面临着出口量下滑、出口结构不合理和贸易摩擦加剧等诸多问题，特别是全球性金融危机的爆发和不断蔓延使得世界经济增长陷入停滞，全球贸易形势极其严峻，长期以来主要通过外贸拉动增长的中国经济遭受重创，出口大幅下滑，需求不断萎缩。为此，国家出台了一揽子计划来刺激经济增长，最终实现了对消费的促进和对需求的拉动，也使得我国固定资产投资达到2000年以来的最高增速。而与此同时，全球缓慢的去杠杆过程使得外部需求持续处于疲弱状态，短期内难以恢复至危机前的情形，即使未来全球经济复苏，但由于国内外贸红利、成本红利逐渐消失，欧美等发达国家或地区居民消费模式改变、加速推动制造业回归及贸易保护主义重新抬头，我国出口导向型的发展战略也难以为继，也使得这种外需推动型经济增长方式受到更多质疑，扩大内需的呼声再次响起。诸多外销企业在国际市场上遭受销售挫折，转攻国内市场成为它们消化庞大出口产能的"救生稻草"，它们期望能够借助国内市场渡过难关。那么，这些是否都意味着内需将会替代外需，换句话说，企业发展战略需要将优质资源调配到内需市场，是否会导致对外出口贸易发展受到制约？在当前经济刺激政策效应逐渐减弱、国内外需求均呈现增长乏力及企业产能和流动性受到约束的经济背景下，又当如何来定位国内需求与对外出口之间的关系？在长期复杂多变的国内外经济环境下，两者之间的关系是否一成不变？回答这些问题对理清国内需求与出口之间的关系、理解现阶段实施扩大内需战略稳定出口、促进对外贸易平衡发展等具有重要的现实意义。

本章剩余部分结构安排如下：第一部分是文献综述，第二部分是研究方法介绍与工业制成品出口模型设定，第三部分是实证分析，利用平滑转换回归（STR）模型考察国内需求与工业制成品出口之间的关系；第四部分是本章小结。

11.1　文　献　综　述

国外学者对国内需求与出口之间关系的实证研究较为丰富，很多研究通过对英国经济进行考察发现国内需求对出口具有负向影响，Ball 等（1966）考察了英国制造业出口情况，指出在其他条件不变的情况下，国内需求水平较高时，用于出口的资源数量或者可以用于出口的产品数量将会比国内需求水平较低时更少。即使国内外需求具有同样的盈利水平，国内需求压力的增加也会导致用于出口的资源之间出现激烈竞争。Cooper 等（1970）主要研究国内需求压力变化对企业短期出口的影响，通过计量方法分析行业数据发现，国内需求与出口短期波动之间存在负向关系，而通过企业调查数据发现，整体上企业认为出口并不受国内需求水平的显著影响。其认为出现这一矛盾的原因主要在于受访者关于出口与国内需求关系的想法与实际不同，计量经济分析的结果更为可靠。然而，Zilberfarb（1980）指出，这些研究中并没有考虑到价格变量，他在以色列出口方程中加入了价格变量和国内需求变量，指出国内需求对出口具有直接负向效应及通过相对价格变化的间接效应。随后学者在研究国内需求与出口之间关系时考虑到了经济周期的影响，Rao 等（1990）通过考察经济衰退时期国内市场的负面性与企业加强出口的倾向性之间的关系发现，受经济衰退负面影响的企业比未受经济衰退负面影响的企业更有可能加强出口，并且出口加强程度与经济衰退时期企业所遭受的负面影响程度呈正相关。部分学者还对国内需求与出口之间关系的非对称性进行研究，Esteves 和 Rua（2015）将国内需求压力引入出口方程中，考察了葡萄牙国内需求发展与短期出口动态之间的关系，指出两者之间呈负相关，国内需求的下降将会导致国外市场收入增加，并且这种关系具有非对称性，国内需求下降时要比国内需求增加时两者之间关系表现得更强和更显著。Belke 等（2014）将国内需求与产能约束条件放入欧洲六个国家的出口方程中，运用非线性平滑转换回归模型发现，国内需求与短期出口密切相关，指出在西班牙、葡萄牙和意大利，如果产能利用率偏离平均水平较明显，即经济处于极端阶段时，国内需求与出口之间具有强烈的替代关系。而当产能利用率位于平均水平时，国内需求与出口之间则表现为互补关系。在爱尔兰和希腊，国内需求与出口之间关系具有非对称性，在经济周期低谷时，两者之间具有轻微的替代关系，而在正常时期和经济繁荣期，两者之间则具有互补关系。在法国，国内需求与出口之间的非线性关系较弱，多表现为互补关系。他们证实了样本中大部分国家的国内需求与出口之间的非线性关系取决于产能约束。国内学者对国内需求与出口之间的关系也进行了部分实证研究，邓慧慧（2012）结合新古典和新贸易理论研究范式，考察了国内需求对制成品出口的影响，指出制造业中大部分产业的国内需求对出口具有显著正向影响，超过半数的产业内需对出口的影响已经超过劳动力禀赋的影响，并且贸易自由化会放大国内需求对出口的影响。陈启斐和楚明钦（2013）利用城市面板数据考察了扩大内需、工资上涨对我国出口贸易产生的影响，指出国内需求的提高会促进出口贸易的扩张，并且从分区域角度来看，扩大国内需求对东、中、西部地区的出口贸易均具有显著的正向作用，但对中部地区的作用最强。

还有一部分学者从国际贸易学理论角度出发来解释国内需求与出口之间的关系，Linder（1961）的需求偏好相似理论指出，一个国家的出口潜力来自国内需求，某种商品的国内需求增长才会使得企业生产该种产品，并且不断扩大生产规模造成产量增加过度，超过了国内需求增长的速度，最终形成出口潜力。Krugman（1980）提出的本土市场效应（home market effect）理论认为，如果两个国家需求偏好差异显著，每个国家将专业化生产其拥有较大国内市场需求的产业，即一国内需市场的稳定和扩大所带来的规模生产和生产率改进能够促进出口，每个国家将成为其专业化生产的商品的净出口国，这有别于传统比较优势理论所认为的"国内消费市场规模较大的国家将成为净进口国"的观点。后来许多学者为了证明本地市场效应的普遍存在性，从不同角度放松或者改变了 Krugman 模型的基本假定。Davis（1998）指出，当差异性产品与同质产品具有相同的交通成本时，本地市场效应将会消失。Feenstra 等（1998）指出本地市场效应的存在性取决于产品形式和企业流动性情况。企业为了避免运输成本通常会选址在较大市场，因此，古诺-纳什产品中的交通成本使得贸易形式表现为本地市场效应。然而，由于同质产品中的运输成本限制了企业的流动性，当计价产品中加入运输成本时，本地市场效应将会消失。国内部分学者也将本土市场效应作为出口的重要决定因素之一，并进行实证检验。江小涓（2007）在研究中国出口商品结构的决定因素和变化趋势时，发现了本土市场需求的扩张对出口具有促进作用。林发勤和唐宜红（2010）指出在控制了加工贸易原材料和零部件进口及传统比较优势后，国内消费对我国制造业的出口起到了积极的促进作用，说明了我国制造业部分确实存在本地市场效应。邱斌和尹威（2010）利用面板数据模型发现，我国制造业整体存在着本土市场效应，即本土市场规模的扩大能够促进出口增长，而且本土市场规模扩张能够有效地促进一般贸易出口，而对加工贸易出口影响不大。一般贸易中，具有较高开放度和空间集聚程度及较高劳动力成本和科研水平的制造业行业，其本土市场效应对其出口的促进作用更加显著，反之则本土市场效应较低。祁飞和李慧中（2012）基于"母市场效应"理论，对我国制造业各部门对外贸易"母市场效应"的存在性进行检验，指出纸制品和印刷品制造业、机械设备制造业、木制品业等8 个行业存在"母市场效应"，扩大内需对出口具有明显的促进作用，而橡胶和塑料，纺织、服装和皮革，食品、饮料和烟草，炼油和核燃料制造四个部门没有"母市场效应"，甚至出现逆"母市场效应"。

上述文献为深入探讨国内需求对工业制造业出口的影响效应提供了一定的逻辑思考和理论借鉴，但实证研究以构建线性模型为主，采用回归分析、Granger因果关系、协整方程等方法考察国内需求与出口之间的关系，而现实中国内需求对出口的影响可能并非成线性关系，简单地使用线性模型极易忽略不同经济环境下出现的不同结果，无法真实反映两者之间的关系。另外，很多文献在考察国内需求与出口之间关系时很少考虑到产能约束问题，这也会在一定程度上影响结论的可靠性。鉴于此，本章将采用 STR 模型来探讨国内需求对出口的动态非线性效应，并且考察此效应是否与经济环境有关，也在一定程度上体现产能约束效应。

11.2　研究方法与模型设定

与国内相关研究所采用的线性方法不同，本章采用 STR 模型来考察国内需求对工业制成品出口的非线性影响。一般标准的 STR 模型具体表述如下：

$$y_t = \boldsymbol{\varphi}' \boldsymbol{z}_t + (\boldsymbol{\theta}' \boldsymbol{z}_t) G(\gamma, c, s_t) + u_t \quad t = 1, 2, \cdots, T \quad u_t \sim \mathrm{idd}(0, \sigma^2) \tag{11.1}$$

式中，y_t 是被解释变量，$\boldsymbol{z}_t = (\boldsymbol{w}_t^{\mathrm{T}}, \boldsymbol{x}_t^{\mathrm{T}})$，$u_t$ 是模型误差项，$\boldsymbol{w}_t = (1, y_{t-1}, \cdots, y_{t-p})^{\mathrm{T}}$ 与 $\boldsymbol{x}_t = (x_1, \cdots, x_{kt})^{\mathrm{T}}$ 是前定变量和外生变量，$\boldsymbol{\varphi} = (\varphi_0, \varphi_1, \cdots, \varphi_m)^{\mathrm{T}}$ 与 $\boldsymbol{\theta} = (\theta_0, \boldsymbol{\theta}_1^{\mathrm{T}})^{\mathrm{T}} = (\theta_0, \theta_1, \cdots, \theta_m)^{\mathrm{T}}$ 是 $(m+1) \times 1$ 阶矩阵向量，分别代表线性和非线性的参数向量，$m = p + k$。转换函数 $G(\gamma, c, s_t)$ 是值域为[0, 1]的有界、连续函数，当 $G = 0$ 时，模型的非线性部分消失，STR 模型退化为线性模型。γ 为平滑参数，反映了由"0"状态过渡到"1"状态的转换速度或调整的平滑性，γ 数值越大，表明两种机制转换的速度越快，γ 数值越小，则表明两种机制转换的速度越慢。当 $\gamma \to 0$ 时，STR 模型就退化成典型的线性回归模型，即两者之间不存在任何非线性特征。c 为位置参数，即不同状态下的门槛值，决定了模型非线性变化发生的位置，s_t 为转换变量，既可以是一个滞后的内生变量，也可以是一个外生变量。转换函数 $G(\gamma, c, s_t)$ 的具体形式如下：

$$G(\gamma, c, s_t) = \{1 + \exp[-\gamma \prod_{k=1}^{K} (s_t - c_k)]\}^{-1}, \quad \gamma > 0 \tag{11.2}$$

按照转换变量的不同形式，可将 STR 模型分为 LSTR 族模型和 ESTR 族模型两大类，若 $K = 1$，转换函数 $G(\gamma, c, s_t)$ 有如下形式：

$$G(\gamma, c, s_t) = \{1 + \exp[-\gamma(s_t - c)]\}^{-1}, \quad \gamma > 0 \tag{11.3}$$

此类 STR 模型被称为 LSTR 模型，即 Logistic 型 STR 模型。此类模型中的转换函数 $G(\gamma, c, s_t)$ 是转换变量 s_t 的单调上升函数，而约束 $\gamma > 0$ 是一个识别性约束条件。式（11.3）所表达的 Logistic 型 STR 模型可以被称为 LSTR1 型 STR 模型。若 $K = 2$，转换函数 $G(\gamma, c, s_t)$ 有如下形式：

$$G(\gamma, c, s_t) = \{1 + \exp[-\gamma(s_t - c_1)(s_t - c_2)]\}^{-1}, \quad \gamma > 0, \quad c_1 \leq c_2 \tag{11.4}$$

不同于 LSTR1 型 STR 模型，式（11.4）所表达的 Logistic 型 STR 模型被称为 LSTR2 型 STR 模型。其转换函数具有两个不同的状态门槛值，且关于 $(c_1 + c_2)/2$ 点对称，而非 LSTR1 型 STR 模型中的 c 点。当 $s_t \to \pm\infty$ 时，有 $G(\gamma, c, s_t) \to 1$；对任意 $s_t \in [c_1, c_2]$，当 $\gamma \to \infty$ 时，有 $G(\gamma, c, s_t) \to 0$，而当 $s_t \leqslant c_1$ 或者 $s_t \geqslant c_2$，有 $G(\gamma, c, s_t) \to 1$。

若转换函数 $G(\gamma, c, s_t)$ 为如下形式：

$$G(\gamma, c, s_t) = 1 + \exp[-\gamma(s_t - c)^2], \quad \gamma > 0 \tag{11.5}$$

此类 STR 模型即为 ESTR 族模型，即 Exponential 型（指数型）STR 模型，此模型以 c 点为转换变量的转折点。

在实证研究国内需求与工业制成品出口之间的关系时，如果仅仅考察这两个变量之间的关系可能会出现"伪回归"现象，但如果变量数目过多也会造成 STR 模型无法估计，因此需要在众多影响我国工业制成品出口的因素中选取合适的控制变量。根据宏观经济学开放经济中出口的决定因素可知，国外收入和实际汇率是决定本国出口的重要因素，因此在本章的实证模型中除包括国内需求因素以外，还将这两个控制变量包含其中，结合 STR 模型基本思路建立如下模型：

$$
\begin{aligned}
\mathrm{dgongex}_t = {} & a_0 + \sum_{i=1}^{\theta} \beta_i \mathrm{dgongex}_{t-i} + \sum_{k=0}^{p} a_{1k} \times \mathrm{dgd}_{t-k} + \sum_{j=0}^{q} a_{2j} \times \mathrm{dfd}_{t-j} + \sum_{m=0}^{n} a_{3m} \times \mathrm{dreer}_{t-m} \\
& + \left(b_0 + \sum_{i=1}^{\theta} \lambda_i \mathrm{dgongex}_{t-i} + \sum_{k=0}^{p} b_{1k} \times \mathrm{dgd}_{t-k} + \sum_{j=0}^{q} b_{2j} \times \mathrm{dfd}_{t-j} + \sum_{m=0}^{n} b_{3m} \times \mathrm{dreer}_{t-m} \right) \\
& \times G(s_t, \gamma, c) + \varepsilon_t
\end{aligned}
$$

$$\tag{11.6}$$

式中，dgongex 为工业制成品出口变量的一阶差分；dgd 为国内需求变量的一阶差分；dfd 为国外需求变量的一阶差分；dreer 为人民币实际有效汇率指数的一阶差分；θ、p、q、n 为滞后阶数；a_0 和 b_0 分别为线性部分和非线性部分的常数项；ε_t 为随机误差项；β_i、a_{1k}、a_{2j}、a_{3m}、λ_i、b_{1k}、b_{2j}、b_{3m} 均为待估计参数。这样，工业制成品出口增长率可以分解为线性部分

$$\left(a_0 + \sum_{i=1}^{\theta} \beta_i \mathrm{dgongex}_{t-i} + \sum_{k=0}^{p} a_{1k} \times \mathrm{dgd}_{t-k} + \sum_{j=0}^{q} a_{2j} \times \mathrm{dfd}_{t-j} + \sum_{m=0}^{n} a_{3m} \times \mathrm{dreer}_{t-m} \right)$$ 和非

线性部分 $\left[\left(b_0 + \sum_{i=1}^{\theta} \lambda_i \mathrm{dgongex}_{t-i} + \sum_{k=0}^{p} b_{1k} \times \mathrm{dgd}_{t-k} + \sum_{j=0}^{q} b_{2j} \times \mathrm{dfd}_{t-j} + \sum_{m=0}^{n} b_{3m} \times \mathrm{dreer}_{t-m} \right) \times \right.$

$\left. G(s_t, \gamma, c) \right]$。STR 模型的这种设定不仅能够反映我国工业制成品出口与其影响因素之间的线性关系，还可以进一步描述变量之间可能存在的非线性特征。

11.3 实 证 分 析

11.3.1 数据说明与检验

（1）数据选择

本章实证分析所涉及的变量包括工业制成品出口额（GONGEX）、国内需求（GD）、国外收入（FD）、汇率（REER）和产能利用水平（CU），选取的样本区间为 2000 年第 1 季度至 2014 年第 3 季度，数据处理具体如下：

1）工业制成品出口额（GONGEX）。2000 年第 1 季度至 2014 年第 3 季度的名义工业制成品出口额数据由每个季度内相应月度名义工业制成品出口数据加总获得，以美元标记的工业制成品出口总额按照人民币兑美元的加权平均汇率换算成人民币计价。为了消除价格因素的影响，本章利用以 2000 年 1 季度为 100 的消费者价格指数将名义季度工业制成品出口额转化为实际值。其中，季度定基消费者价格指数计算如下：首先利用月度环比消费者价格指数和月度同比消费者价格指数将月度消费者价格指数转换成以 2000 年 1 月为基期的定基指数，然后采用简单算术平均方法将月度 CPI 转换为季度定基 CPI。由于转换后的实际季度工业制成品出口额序列呈现出较强的季节性变动，本章采用 X-12 方法对其进行季节调整，然后进行取对数处理，用相应小写字母 gongex 表示。

2）国内需求（GD）。本章采用固定资产投资完成额与社会消费品零售总额之和作为国内需求的代理变量，2000 年第 1 季度至 2014 年第 3 季度的名义社会消费品零售总额数据由每个季度内相应月度名义社会消费品零售总额数据加总获得，季度的名义固定资产投资完成额由各个季度名义固定资产投资完成额的累计值换算得到。两者汇总后得到的季度名义国内需求通过以 2000 年 1 季度为 100 的消费者价格指数转换为实际国内需求，利用 X-12 方法对季节性变动较强的实际国内需求进行季节调整并取对数，用相应小写字母 gd 表示。

3）国外收入（FD）。本章利用 2013 年前三季度公布的我国前十大贸易伙伴国内生产总值的加权平均值作为国外收入的替代变量，其中，东盟包括印度尼西亚、马来西亚、菲律宾、新加坡、泰国、文莱、越南、老挝、缅甸和柬埔寨。由于文莱、老挝、缅甸和柬埔寨四个国家 GDP 数据缺失，并且相对于东盟整体而言 GDP 所占比重不大，这里东盟 GDP 数据中并未包含这四个国家的 GDP 数据。权数采用我国向各国家（地区）出口的额度占我国向前十大贸易伙伴出口总额的比重，所有国家（地区）的 GDP 数据先转换为美元，再按照人民币兑美元的加权平均汇率转换为人民币计价。利用以 2000 年 1 季度为 100 的消费者价格指数将以人民币计价的名义国外收入转换为实际国外收入，并进行季节调整和取对数处理，用相应小写字母 fd 来表示。

4）汇率（REER）。采用 2010 年＝100 的人民币实际有效汇率指数作为汇率变动的替代变量，REER 上升表示人民币升值，REER 下降则表示人民币贬值。季度的实际有效汇率指数是由月度的实际有效汇率指数进行简单算术平均获得，并将其转换为以 2000 年第 1 季度为 100 的实际有效汇率指数，对其进行季节调整和取对数处理，用相应小写字母 reer 表示。

5）产能利用水平（CU），这是本章所选取的外生变量。目前我国尚未公布工业季度产能利用率，因此，本章采用中国人民银行发布的 5000 户工业企业设备能力利用水平景气扩散指数来替代工业产能利用水平，扩散指数越大，表示产能利用水平越高，扩散指数越小，则代表产能利用水平越低，产能过剩问题严重。

月度出口额、月度固定资产投资累计完成额、月度社会消费品零售总额、月度人民币实际有效汇率指数、月度环比和月度同比消费者价格指数、各个国家和地区的季度 GDP 数据及季度的 5000 户工业企业设备能力利用水平景气扩散指数均来自 Wind 金融数据库，人民币兑美元的加权平均汇率和用来将各个国家（地区）GDP 数据转换为美元的季度名义平均汇率均来自中经网统计数据库 OECD 月度库。

（2）相关检验

1）平稳性检验。为了准确客观地对变量之间关系进行分析，首先需要对数据进行平稳性检验。本章分别利用 ADF 检验和 PP 检验法来考察序列的平稳性，检验结果见表 11-1。

表 11-1　序列单位根检验结果

变量	检验形式 (c, t, k)	ADF 统计量	p 值	检验形式 (c, t, b)	PP 统计量	p 值	结论
gongex	$(c, 0, 0)$	−2.4613	0.1301	$(c, 0, 2)$	−2.1533	0.2253	不平稳
dgongex	$(0, 0, 0)$	−4.1679	0.0001	$(0, 0, 2)$	−4.1216	0.0001	平稳
gd	$(c, 0, 1)$	−0.7568	0.8234	$(c, 0, 21)$	−0.9029	0.7805	不平稳
dgd	$(0, 0, 0)$	−4.6292	0.0000	$(0, 0, 4)$	−4.9199	0.0000	平稳
fd	$(c, 0, 1)$	0.3751	0.9802	$(c, 0, 4)$	0.4364	0.9829	不平稳
dfd	$(0, 0, 0)$	−4.5693	0.0000		−4.6611	0.0000	平稳
reer	$(c, 0, 1)$	−0.2663	0.9230	$(c, 0, 0)$	0.3228	0.9776	不平稳
dreer	$(0, 0, 0)$	−4.9899	0.0000	$(0, 0, 2)$	−4.9663	0.0000	平稳
CU	$(c, 0, 0)$	−2.9889	0.0418	$(c, 0, 1)$	−2.9873	0.0420	平稳

注：(c, t, k) 为 ADF 单位根检验形式，其中，c 表示截距项，t 表示趋势项，k 表示 ADF 单位根检验中根据 SIC 选取的滞后项。(c, t, b) 为 PP 单位根检验形式，其中，c 表示截距项，t 表示趋势项，b 表示 Newey-west 带宽

从表 11-1 的检验结果可以看出，gongex、gd、fd、reer 的原始序列均不平稳，其一阶差分序列均平稳，即这些变量均服从一阶单整过程Ⅰ（1）。为了进行后续分析，本章进一步对这些变量进行协整检验，检验结果见表 11-2。结果表明，这些变量在 5%的显著性水平下存在一个协整关系，因此，这些变量在长期具有稳定的变动趋势。

表 11-2　Johansen 协整检验结果

不受限制的协整秩检验（迹）				
原假设	特征值	迹统计量	显著水平为 5%时的临界值	p 值
无***	0.4370	56.3433	47.8561	0.0065
至多一个协整向量	0.2369	24.1756	29.7971	0.1931
至多两个协整向量	0.1209	9.0365	15.4947	0.3620
至多三个协整向量	0.0320	1.8227	3.8417	0.1770
不受限制的协整秩检验（最大特征根）				
原假设	特征值	Max-λ 统计量	显著水平为 5%时的临界值	p 值
无**	0.4370	32.1677	27.5843	0.0120
至多一个协整向量	0.2369	15.1391	21.1316	0.2793
至多两个协整向量	0.1209	7.2137	14.2646	0.4642
至多三个协整向量	0.0320	1.8227	3.8415	0.1770

***、**分别表示在 1%、5%的显著性水平下拒绝原假设

2）滞后阶数确定。分析工业制成品出口与国内需求、国外收入与实际汇率之间是否存在显著的非线性转换关系，需要对其非线性关系进行检验，首先需要确定 STR 模型的线性部分，由于本章产能利用水平作为外生变量，并未将产能利用率引入模型线性部分。遵循 Terasvirta 的检验方法，本章基于 VAR 框架确定 STR 模型中线性 AR 部分的具体结构。首先设定被解释变量的最高滞后阶数为 8 阶，分别使用工业制成品出口变量 dgongex 对其 1～8 阶滞后项及解释变量进行回归，依据 AIC 和 SC 最小化，确定最优滞后阶数，然后通过 dgongex 对所选出的最优滞后项和解释变量的滞后项进行回归组合得到解释变量的最优滞后阶数。经检验发现，模型(11.6)中被解释变量 dgongex 与解释变量 dgd、dfd、dreer 的最优滞后阶数均为 1 阶。

3）非线性检验及其模型选择。非线性检验是基于转换函数的近似识别来进行的，利用泰勒展开式对转换函数在 $\gamma=0$ 处进行三阶泰勒展开，得到如下辅助回归方程：

$$\hat{\upsilon}_t = \boldsymbol{\beta}_0' z_t + \boldsymbol{\beta}_1' z_t s_t + \boldsymbol{\beta}_2' z_t s_t^2 + \boldsymbol{\beta}_3' z_t s_t^3 + \eta_t \qquad (11.7)$$

式中，$\hat{\upsilon}_t$ 是线性回归方程 $y_t = \boldsymbol{\alpha}' z_t + \upsilon_t$ 的最小二乘估计残差，$\boldsymbol{\alpha} = (\alpha_0, \alpha_1, \cdots, \alpha_m)^T$ 及

$\boldsymbol{\beta}_i = (\beta_{i0}, \beta_{i1}, \cdots, \beta_{im})^{\mathrm{T}}$ 是系数向量，$i = 0, 1, 2, 3$，本章中的 z_t 是被解释变量与各解释变量的 1 阶滞后项。给定 s_t 的具体形式，估计辅助回归模型（11.7），得到残差平方和，结合线性回归模型的残差（$\hat{v}_t$）平方和，计算 F 统计量，F 统计量伴随概率 p 值越小，说明非线性特征越明显。因此，需要在检验显著性条件下尽量选择具有较小 p 值的转换变量。转换变量选定以后，需要采用相关检验来确定转换函数的具体形式，即对辅助回归模型（11.7）中的系数 $\boldsymbol{\beta}_j$（$j = 1, 2, 3$），按照如下顺序依次进行检验：

$$H_{04} : \boldsymbol{\beta}_3 = 0 \quad H_{03} : \boldsymbol{\beta}_2 = 0 \,|\, \boldsymbol{\beta}_3 = 0 \quad H_{02} : \boldsymbol{\beta}_1 = 0 \,|\, \boldsymbol{\beta}_2 = \boldsymbol{\beta}_3 = 0 \qquad (11.8)$$

通过 F 统计量伴随概率 p 值确定检验结果，若接受 H_{04} 且拒绝 H_{03}，则选择 ESTR 模型；若接受 H_{04}、H_{03} 却拒绝 H_{02}，则选择 LSTR 模型，在实际应用中，一般根据 H_{03} 的 F 统计量伴随概率 p 值确定转换函数的具体形式，若 H_{03} 的 F 统计量伴随概率 p 值最小，则选择 ESTR 或 LSTR2 模型，否则选择 LSTR1 模型。

11.3.2　实证结果与分析

（1）估计结果

本章将工业制成品出口变量的滞后 1 期序列及其他解释变量和产能利用水平的当期与滞后 1 期序列逐一作为转换变量，估计辅助回归模型（11.7），分别计算 F 统计量的值及伴随概率，最终选定当期的产能利用水平序列作为转换变量，模型关于最优转换变量及模型形式选择的检验结果见表 11-3。

表 11-3　线性假设检验及转换变量和模型形式选择结果

转换变量	F	F_4	F_3	F_2	模型形式
dgongex（$t-1$）	1.2649×10^{-2}	1.9619×10^{-1}	8.0444×10^{-3}	2.2314×10^{-1}	LSTR2
CU（t）*	1.0858×10^{-2}	1.1333×10^{-1}	2.3959×10^{-1}	7.8520×10^{-3}	LSTR1
CU（$t-1$）	3.1055×10^{-1}	4.0886×10^{-1}	2.8746×10^{-1}	3.1605×10^{-1}	Linear
dgd（t）	2.4668×10^{-2}	9.5589×10^{-2}	2.4205×10^{-1}	3.7795×10^{-2}	LSTR1
dgd（$t-1$）	5.1210×10^{-2}	4.0023×10^{-1}	4.4227×10^{-1}	5.3046×10^{-1}	Linear
dfd（t）	3.2062×10^{-2}	7.7096×10^{-1}	3.4325×10^{-2}	1.9575×10^{-2}	LSTR1
dfd（$t-1$）	3.6939×10^{-2}	9.3734×10^{-1}	8.1866×10^{-2}	3.3434×10^{-1}	Linear
dreer（t）	3.9110×10^{-2}	3.3908×10^{-2}	2.3913×10^{-1}	2.6490×10^{-1}	LSTR1
dreer（$t-1$）	1.1400×10^{-2}	6.9005×10^{-1}	2.4546×10^{-1}	2.3538×10^{-4}	LSTR1
时间趋势	4.9977×10^{-2}	2.3221×10^{-1}	2.2331×10^{-1}	3.6587×10^{-2}	LSTR1

注：F、F_4、F_3 和 F_2 分别表示 H_0、H_{03} 和 H_{02} 假设下的 F 统计量，其对应的每一列数字为 F 统计量的伴随概率 p 值

*表示依据 STR 模型内生原则和现实经济意义选择的最优转换变量及转换函数的形式

从表 11-3 可以看出，除了 CU（$t-1$）、dgd（$t-1$）和 dfd（$t-1$）以外，以 dgongex（$t-1$）、CU（t）、dgd（t）、dfd（t）、dreer（t）、dreer（$t-1$）和 Trend 为转换变量均拒绝了变量之间存在线性关系的原假设，且当 CU（t）作为转换变量时，其伴随概率值显著小于其他变量值。更进一步地，F_2 值的伴随概率值远小于 F_3 和 F_4 的伴随概率值，因此，应选择 CU（t）作为转换变量，并且确定转换函数的类型为 LSTR1 模型，即转换函数的形式为

$$G(\gamma, c, s_t) = 1 / \{1 + \exp[-\gamma(s-c)]\}, \quad \gamma > 0 \tag{11.9}$$

综合上述对 STR 模型建模的分析判断过程，本章将模型（11.6）最终简化为如下估计模型：

$$\begin{aligned}
\text{dgongex}_t = &\, a_0 + \beta_1 \text{dgongex}_{t-1} + a_{10} \times \text{dgd}_t + a_{11} \times \text{dgd}_{t-1} + a_{20} \times \text{dfd}_t + a_{21} \times \text{dfd}_{t-1} \\
&+ a_{30} \times \text{dreer}_t + a_{31} \times \text{dreer}_{t-1} + [b_0 + \lambda_1 \text{dgongex}_{t-1} + b_{10} \times \text{dgd}_t + b_{11} \times \text{dgd}_{t-1} \\
&+ b_{20} \times \text{dfd}_t + b_{21} \times \text{dfd}_{t-1} + b_{30} \times \text{dreer}_t + b_{31} \times \text{dreer}_{t-1}] \times G[\gamma, c; \text{CU}(t)] + \varepsilon_t
\end{aligned} \tag{11.10}$$

$$G[\gamma, c; \text{CU}(t)] = (1 + \exp\{-\gamma[\text{CU}(t) - c]\})^{-1}$$

根据表 11-3 的转移函数选择形式的检验结果，本章采用 STR 模型的 LSTR1 形式进行模型估计和解释，采用二维格点搜索法来估计初始值，得到的结果如下：c 为[0.3555, 0.4550]，γ 为[0.50, 10.00]，分别从最小值到最大值等间距取 30 个值，构造了 900 对组合，针对每一组合的 c 和 γ，计算出残差平方和（residual of sum squares，SSR），取残差平方和最小时所对应的 c 和 γ 值为初始值，搜索结果是 c、γ 和 SSR 分别为 0.3795、5.9660 和 0.0523。然后使用 Newton-Raphson 迭代方法，最大化条件似然函数，进而得到模型参数的估计值，逐步剔除模型中的不显著变量，对模型进行优化，进而得到模型的最终估计结果，见表 11-4。

表 11-4　国内需求对工业制成品出口非线性影响的 LSTR1 模型估计结果

变量		初始值	估计值	标准差	t 值	p 值
线性部分	常数项	0.0463	0.0445*	0.0233	1.9096	0.0627
	dgongex（$t-1$）	1.1402	1.1661***	0.3094	3.7685	0.0005
	dgd（t）	−0.5124	−0.5183**	0.2286	−2.2678	0.0283
	dreer（t）	−3.5963	−3.5360**	1.3996	−2.5264	0.0152
	dfd（t）	−0.2886	−0.2876	0.2280	−1.2616	0.2138
	dfd（$t-1$）	0.4475	0.4462*	0.2282	1.9556	0.0569
非线性部分	常数项	−0.0355	−0.0333	0.0287	−1.1589	0.2528
	dgongex（$t-1$）	−1.0750	−1.0996***	0.3390	−3.2435	0.0023
	dgd（t）	0.7184	0.7176**	0.3169	2.2641	0.0286

续表

变量		初始值	估计值	标准差	t 值	p 值
非线性部分	dgd（$t-1$）	0.4840	0.4804**	0.1983	2.4219	0.0196
	dreer（t）	2.6604	2.5963*	1.4743	1.7611	0.0852
	γ	5.9660	5.4751	4.4896	1.2195	0.2292
	c	0.3795	0.3787***	0.0053	71.8349	0.0000

AIC = −6.5165；SC = −6.0505；HQ = −6.3354；R^2 = 0.6348；调整后的 R^2 = 0.6412；SSR = 0.0523

该模型主要的主要诊断变量如下：

ARCH-LM = 8.0753（p = 0.4262）；F_{LM} = 1.2086（p = 0.3188）；J-B 统计量 = 1.0221（p = 0.5999）

括号内为相应的伴随概率值，检验结果表明，该模型在 1% 的显著性水平下，通过了异方差 ARCH-LM 检验和正态性检验，另外，通过对模型残差进行序列相关检验发现，在 1% 的显著性水平下均无法拒绝残差不存在序列相关的原假设（表 11-5），符合 STR 模型建模要求，调整后的 R^2 为 0.6412，说明模型能够很好地刻画我国内需增长对工业制成品出口的非线性影响，模型设定较为合理。

表 11-5　残差自相关检验

滞后阶数	1	2	3	4	5	6	7	8
F 统计量	4.7286	3.0546	1.8628	1.4942	0.9556	0.8460	0.8995	0.7513
p 值	0.0353	0.0583	0.1523	0.2244	0.4584	0.5442	0.5196	0.6469

（2）实证分析

从表 11-4 的估计结果可以看出，平滑转换系数 γ = 5.9660，表明从一种机制向另一种机制转换的速度相对较快。当转换变量 CU（t）小于门槛值 c（0.3795）时，转换函数值趋向于零，模型的非线性部分消失，LSTR 模型退化为线性模型，当转换变量 CU（t）大于门槛值 c 时，工业制成品出口对国内需求的反应呈现明显的非对称特征。这一点也可以从图 11-1（转换函数曲线图）得到有力的佐证，2000 年 1 季度至 2002 年 1 季度，由于转换变量 CU（t）小于门槛值 0.3795，LSTR 模型退化为传统线性模型，说明在此时期国内需求波动与工业制成品出口波动之间呈现出明显的线性依赖关系。然而，在 2002 年 2 季度至 2008 年 4 季度，转换变量 CU（t）大于门槛值 0.3795，使得转换函数趋向于 1，模型表现出明显的非线性特征，由此可见，国内需求波动对工业制成品出口波动具有非对称性效应。在 2009 年 1 季度至 2 季度，转换变量 CU（t）再次出现小于门槛值 0.3795 的状态，使得模型短暂退化为线性模型。在 2009 年 3 季度至 2014 年 3 季度，转换变量 CU（t）又恢复到了大于门槛值 0.3795 的状态，模型再次表现为非线性模型。

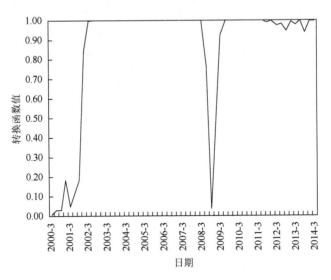

图 11-1　转换函数曲线图

从表 11-4 的系数估计结果可以看出，当产能利用水平 CU（t）低于门槛值 c 时，转换函数 $G[\gamma,c;CU(t)]$ 取值将趋于 0，此时模型处于低机制状态，LSTR 模型表现为线性模型，国内需求波动对工业制成品出口波动的影响为负，即 –0.5183，说明国内需求与工业制成品出口之间存在替代关系；而当产能利用水平 CU（t）高于门槛值 c 时，转换函数 $G[\gamma,c;CU(t)]$ 取值将趋于 1，此时模型处于高机制状态，模型表现出明显的非线性特征，国内需求波动对工业制成品出口波动的影响为正，即 0.1993（–0.5183 + 0.7176），说明国内需求与工业制成品出口之间存在互补关系；当产能利用率 CU（t）在门槛值 0.3795 附近时，国内需求波动对工业制成品出口波动的影响在两个机制之间平滑转换。

本章的实证分析结果与 Belke 等（2014）的研究结果相近，即在经济增长趋缓、产能利用水平较低时期，国内需求与工业制成品出口之间的替代关系表现较为明显。在转换变量 CU（t）低于门槛值 c 的 2000 年 1 季度至 2002 年 1 季度及 2009 年 1 季度至 2 季度，我国分别受到 1998 年爆发的亚洲金融危机和 2008 年爆发的全球性金融危机的影响。1998 年，在亚洲金融危机的影响下，中国宏观经济运行出现了严重衰退的趋势，经济增长率由 1996 年以前高于 10% 跌至 1998 年的 7.8%，出口发生大幅下降，我国第一次全面出现市场经济条件下的产能过剩，大多数工业行业生产能力偏高，产品供过于求。我国政府为此出台了一系列扩大内需的经济政策，加大基础设施建设的投资力度并拓宽投资领域，利用减税和扩大公共基础设施建设等财政政策刺激投资需求和消费需求，利用增加货币供给和降息降准等货币政策刺激社会投资和消费需求，仅 1998 年中国人民银行下调存款准备金 5 个百分点，从 13%降至 8%，连续三次降息，国内经济形势好转使得部分出口企业将目光转向国内市场，以分散风险。同样，2008 年下半年，美国次贷危机引发的全球性金融危机不断蔓延和深化，世界经济大幅减速，中国实体经济遭受重创，2008 年第四季度经济增长率跌至 6.8%。发达国家经济衰退导致其财富缩水，居民消费支出和企业投资下降，进口减少，导致我国制造业产品出口增速出现大幅下滑，进而导致了整个制造业生产的萎缩和设备闲置，大多数行业产能利用率下降，产品供过于求，经济结构矛盾突出。为了应对全球性经济危机所带来的负面影响，国家出台了一揽子计划来促进国内投资需求和消费需求增长，再加上欧美市场萎缩和西方贸易保护主义加剧，部分出口外向型企业开始转变经营思路，向国内市场转移，选择了出口转内销的道路，尽管在出口转内销的过程中可能面临诸多问题，但企业现有的产能约束和融资约束使得它们不得不重新配置资源，从国外市场转回国内市场，以消化大量的过剩产能。由此可以看出，在国内外经济形势低迷、产能过剩严重时期，我国工业制成品出口与国内需求之间表现出一定程度的替代关系。

　　而在转换变量 CU（t）高于门槛值 c 的其他时期，我国国内需求波动对工业制成品出口波动则具有显著的正向影响，两者之间呈现出明显的互补关系，这与瑞典经济学家 Linder（1961）的偏好相似理论观点类似，即国内需求对一国制成品的出口贸易具有重要的促进作用，也在一定程度上印证了经济形势较好、产能利用水平较高时期我国制造业出口存在着较为明显的"本土市场效应"的结论。随着 2003 年我国进入新一轮经济增长周期，经济高速发展，工业化、城镇化进程逐步加快，基础设施建设和房地产市场快速扩张等给我国国内市场带来了旺盛的投资需求和消费需求。与此同时，国内市场需求强劲的增长促使企业生产规模不断扩大和技术水平日益上升，生产效率提高和规模经济效应增强，产品质量不断提高，行业内成本降低和市场扩张的优势逐渐明显，增强了我国工业制成品出口竞争能力，工业制成品出口需求非常旺盛，其出口额占出口总额的比重逐年上升，2003～2007 年我国工业制成品出口增速均达到 20%以上，2004 年达到最高点，约为 37%[①]。因此，当转换变量高于门槛值时，即产能利用水平较高时，国内需求增加能够促使工业制成品出口增加。现阶段，在国家前期一系列稳增长、调结构、促改革等措施的政策效应下，国内需求虽有所回暖，但依旧增长乏力，特别是实体经济领域的投资维持低迷态势，规模经济效应不断减弱，劳动力、融资、土地等生产要素成本持续上升，我国出口企业的传统竞争优势逐渐丧失，以往出口

---

① 数据来源于国家统计局 2004～2008 年《中国统计年鉴》，经整理计算得到。

产品中具有优势的劳动密集型制造业也在逐步向东南亚国家转移。与此同时，发达国家大力推动制造业回归也使其对我国相关产业制造业投资降温，2014 年前 11 个月，我国制造业实际利用外资有较大幅度的下降，而我国的外贸出口中约有一半由外商投资企业创造，内需持续疲软对工业制成品出口形成了较大的制约作用。

　　另外，从表 11-4 的估计结果还可以看出，工业制成品出口还要受其自身滞后一期显著的正向影响，说明工业制成品出口本身具有一定的惯性。另外，国外收入对工业制成品出口也具有显著的正向影响，说明国外经济发展水平的高低对我国外贸出口具有重要的促进作用。对我国而言，外部需求的高低直接影响我国对外贸易的发展状况。实际有效汇率对工业制成品出口则具有显著的负向影响，汇率升高将会导致本国产品的价格上涨，削弱其在国际市场上的竞争力，对工业制成品的出口起到抑制作用。全球性金融危机爆发以后，包括美国、欧盟等发达国家或组织推出的量化宽松政策造成了人民币大幅升值，也在一定程度上减缓了我国外贸出口的增长速度。

11.4　本 章 小 结

　　本章基于 2000 年 1 季度至 2014 年 3 季度的样本数据，利用非线性平滑转换回归（STR）模型考察了产能约束作用下我国国内需求对工业制成品出口的影响机制及动态特征。实证分析结果发现，国内需求波动对工业制成品出口具有非线性效应且机制转换特征可以用逻辑斯谛转换函数来描述，这说明国内需求波动对工业制成品出口的冲击是不对称的。当我国经济增长趋缓、工业产能利用水平低于门槛值时，国内需求波动对工业制成品出口的影响为负，两者之间表现为明显的替代关系；而当经济形势向好、工业产能利用水平高于门槛值时，国内需求波动对工业制成品出口的影响为正，两者之间则表现为互补关系；当工业产能利用水平处于门槛值附近时，国内需求波动对工业制成品出口的影响将在两个机制之间平滑转换。

　　由于国内需求与工业制成品出口之间的短期非线性关系依赖于产能约束水平，影响机制较为复杂，在处理内需与外需之间关系时，政府应根据经济发展形势和工业产能利用状况，适时调整宏观调控政策的侧重点。

　　首先，在经济形势比较严峻、产能过剩问题较为严重的情况下，往往伴随着国内外经济形势短期内难以复苏，国家各项宏观经济政策在短期刺激国内需求增加的同时也吸引部分出口企业开始转向国内市场，尽管这些企业具有足够的产品生产经验，但对国内市场的渠道、价格、销售、竞争、管理等情况都了解甚少，对外贸易经验对国内市场销售缺乏借鉴意义,容易产生决策失误,进一步恶化企业经营状况。特别是随着国内经济刺激政策效应减弱之后,国内需求增长疲软,外贸企业将会面临内销市场竞争激烈、障碍重重等问题。为此,政府应该搭建具有规模、组织化的服务平台,发布同行业产品特色、研发成果、设备技术、生产能力、信誉等级等信息,加强市场监管,保护市场竞争环境,为出口转内销企业开拓国内市场提供各方面支持,引导内外贸企业不断完善经营方式、开展形式多样的合作及将部分出口生产能力及其产品转向国内市场。

其次,在经济发展态势良好、产能利用水平较高时,应重视国内市场需求对工业制成品出口的带动作用。以扩大内需作为工作重点,因为内需的增加不仅能够促使国内经济快速发展,还能够发挥本地市场效应,促进对外出口增加。加大基础设施建设领域投资力度、提高居民收入水平并调整收入分配结构、完善社会保障制度和医疗保险制度等,促进企业投资需求和居民消费需求。另外,应不断强化国内市场竞争,提高国内产业的竞争力,为扩大出口创造条件。重视产业发展趋势,以培育相关产业的国内需求市场和出口市场为目标,通过产业内部规模经济效应提升发展空间和产业的国际竞争力。在经济全球化深入发展的大背景下大力发展开放型经济,加快实现外需和内需协调拉动的经济增长模式,双轮驱动促进经济发展平稳运行。

最后,在发达国家"再工业化"和其他新兴经济体具有较低要素成本优势的双重压力下,我国应改变以往工业制成品出口产品中绝大部分附加值普遍较低、自有品牌较少等状况,加快转变对外经济发展方式,通过内需的扩大适当控制对外贸易依存度,改变以往经济增长过度依赖外需扩张的状况,适当降低外国技术依存度,积极提升自主创新能力,采取有效措施加速形成以技术、品牌、质量、服务为核心的出口竞争新优势,提高出口产品的质量档次和附加值,促进企业技术改进和效率提升,进而推动产业结构调整和升级。

第 12 章　工业企业生产、销售与产成品库存的非线性效应

库存周期对应于经济的短周期运行，库存投资在 GDP 中所占份额虽然很小，但其波动对 GDP 波动的贡献却非常大，剧烈的库存调整会加剧经济和价格波动，降低生产和进口速度，从而导致周期转换时的产出波动强于真实需求波动，成为经济波动的放大器，恶化经济形势。库存理论通常将库存变动归因于企业调整生产成本或者降低中间产品订货成本的行为，并将其与企业生产和销售情况紧密联系起来。2008 年下半年，全球性金融危机爆发导致国际市场需求持续萎缩，我国实体经济大幅下滑，出口增速逐月下降甚至出现负增长，大批外向型加工企业因出口严重受阻相继停产、半停产甚至倒闭，国内大部分工业企业在大规模产能扩张后遭遇需求下滑，产能过剩问题十分突出，企业经济效益大幅下降，产品滞销、库存积压现象凸显，企业形成巨大的库存风险，背上沉重的亏损包袱，为了降低损失，企业需要快速削减过高的库存水平，"去库存化"成为缓解需求不足和产能过剩矛盾的有效途径，而且经济弱势复苏的现实及企业正在经历的去产能过程，都决定了企业去库存周期不会很快结束。与此同时，受总需求疲弱及企业对经济形势、大宗商品价格和通胀波动预期的影响，企业库存调整呈现出"补库存"与"去库存"交替的"短频化"特征，反复剧烈的库存调整导致我国工业企业利润与工业增加值增速大幅下滑，经济硬着陆现象明显。由此可见，在当前国内外经济形势复杂多变的情况下，微观企业主体的短期库存调整行为非常值得关注。传统研究对库存调整的内在机理及库存周期的阶段划分和特征涉及较少，本章认为合理划分库存周期所处的不同阶段，进行企业库存调整行为的差异化研究，充分认识库存周期不同阶段之间的转换特征和经济关联对稳定企业库存波动对实体经济的冲击具有重要的现实意义。

本章其余部分结构安排如下：第一部分是文献综述，第二部分介绍了 MS-VAR 模型的相关内容，并对变量选择及数据检验情况进行说明，第三部分是实证分析，主要研究了我国工业企业产成品库存与生产、销售之间的非线性关系，第四部分是本章小结。

12.1　文　献　综　述

第二次世界大战后，随着库存统计频率的提高和对库存统计研究的重视，经

济学家开始逐步形成系统库存理论来研究库存问题，对库存波动与经济周期之间的关系尤为重视。国外学者研究库存对经济周期波动的影响主要体现在两个方面，一是在宏观经济层面，部分学者指出库存投资能够产生经济周期波动，库存对经济周期具有重要贡献（Metzler，1941；Sensier，2003）。库存波动与产出之间具有高度的相关性（Ramey，1989），但并未就两者之间关系达成统一，Dimelis（2001）指出，库存周期具有很强的顺周期性。Fitzgerald（1997）指出，对微观的行业数据而言，库存投资表现为顺周期性，而对总量水平而言，库存投资则表现为逆周期性。Liu（2005）表明库存在非常高频率周期中（每个周期为 2～3 个季度）表现为强逆周期性，而在相对低频率的周期（如 8～40 个季度）中表现为顺周期性。还有学者指出库存变动并不是产出波动的原因，库存的动态变化不仅会放大还会传播周期波动，使得 GDP 的波动显著变大（McCarthy and Zakrajsek，2007；Wang and Wen，2009）。而 Khan 和 Thomas（2007）则认为，尽管销售与库存投资之间具有正向关联，但是库存积累对周期性的 GDP 变动具有很小的影响。在均衡处，顺周期的库存投资从最终产品的生产中分散了资源，抑制了最终销售的周期性变化，进而导致 GDP 波动基本没有发生改变。Wen（2008）认为，库存能够对经济起到稳定作用，而不是加剧经济波动。二是在微观经济层面，国外学者将当前库存与未来预期收入联系起来，指出销售收入与库存在长期存在正相关关系，因此将会导致库存随着销售收入和产业周期而增长和萎缩。Liu（2005）以具体产业作为研究对象，指出库存水平与过剩产能、产业周期均密切相关。Liu 等（2013）研究表明，行业产能利用增加与销售收入增长在不同区制均呈现显著的正向关系，而库存变动与销售收入则呈逆周期关系。

国内学者对库存与经济周期之间关系也进行了较多研究，大多认为短期库存投资可能出现逆周期性，但从长期看库存投资表现为顺周期的特点（易纲和吴任昊，2000；俞静等，2005；庄雯和彭艳艳，2005）。而古明清和操志霞（2003）利用动态建模法说明由于我国微观机制滞后，库存投资与经济波动之间并不存在长期均衡关系。也有部分学者从微观层面来研究库存与宏观经济运行之间的关系，并将库存区分为产成品库存与原材料库存，指出企业的库存调整与宏观经济走势之间具有显著相关性，原材料库存呈现顺周期性（纪敏和王月，2009），而产成品库存与经济周期之间的关系则出现分歧，张涛等（2010）指出，产成品库存呈顺周期特点，陈之荣和赵定涛（2010）则指出，制造业企业产成品库存指数领先于宏观经济一个月，且呈现反向性。许志伟等（2012）通过构建具有产成品和原材料两种存货的动态宏观模型，考察了不同冲击作用下两者的周期性，指出最终产成品存货投资只有在需求冲击下才表现为逆周期性，其他冲击下表现为顺周期性；而原材料存货投资则在需求和存货成本冲击下呈现顺周期性，在供给冲击下呈现逆周期性。

综上可以看出，有关库存波动与经济周期之间关系的研究结果不尽相同，即使在同一个国家的不同发展时期，其内在依存关系也有可能不同。但不可否认的是，上述文献大多是在线性假设前提下进行的研究，已经出现研究结论相悖的情况，而且近年来我国经济条件不断发生变化，库存与经济周期之间可能并非呈现持续的线性关系，仍然简单地使用线性模型极易忽略不同经济环境下的不同结果，影响结论的可靠性。另外，库存调整首先是企业主体的行为，从微观层面来考察库存波动与经济周期波动之间的关系更具有参考价值，而且鲜有学者对我国库存投资的阶段转换特征和微观的周期性特征等进行研究，而这对政府部门根据微观企业发展形势引导企业库存调整、促进经济平稳运行非常重要。因此，本章拟采用非线性模型对微观企业产成品库存投资的周期性特征进行深入研究。

12.2　研究方法与数据处理

12.2.1　模型介绍

Hamilton 最早提出非线性马尔可夫区制转移模型，用于分析经济变量间由于存在不可观测的状态转换而呈现出状态前后不同的数量关系，Krolzig 在此基础上将其扩展为 VAR 形式，即将马尔可夫区制转移模型与 VAR 模型结合起来，产生了非线性的马尔可夫区制转移向量自回归（MS-VAR）模型，不仅考虑了宏观经济变量的内生性问题，还可以从时间序列本身提取有关区制转换的信息，模型的参数被假定可以随着经济系统的区制转换而变化，更加符合现实经济特征。

VAR 模型通常用来刻画多变量之间的动态相关关系，k 维的 VAR（p）模型的数学表达式表示如下：

$$y_t = v + A_1 y_{t-1} + A_2 y_{t-2} + \cdots + A_p y_{t-p} + u_t, t = 1, 2, \cdots, T \tag{12.1}$$

式中，y_t 为 k 维内生变量向量；$A_i (i = 1, 2, \cdots, p)$ 为系数向量；u_t 为 k 维扰动项向量，满足 $u_t \sim \text{IID}(0, \Sigma)$。

MS-VAR 模型是在上述模型中引入参数的区制转移性质，对向量 y_t，其潜在数据生成过程的参数依赖于不可观测的区制变量 s_t，$s_t \in \{1, 2, \cdots, M\}$，$s_t$ 遵循 M 状态的一阶马尔可夫链过程，其转换概率可表示为

$$p_{ij} = \Pr(s_{t+1} = j \mid s_t = i), \quad \sum_{j=1}^{M} p_{ij} = 1 \ \forall i, j \in \{1, 2, \cdots, M\} \tag{12.2}$$

状态变量 s_t 与前一期状态有关且不可观测，因此，Hamilton（1989）指出应借助于最大期望（expectation maximization，EM）算法通过极大似然估计技术来求解模型参数。

Krolzig 指出 MS-VAR 模型有两种形式分别用来模拟变量在区制状态发生改变后所具有的不同动态调整过程。当区制变化后出现瞬间跳跃性变化时，马尔可夫区制转移向量自回归模型可以表示为如下的均值调整模式：

$$y_t - \mu(s_t) = A_1(s_t)[y_{t-1} - \mu(s_{t-1})] + A_2(s_t)[y_{t-2} - \mu(s_{t-2})] + \cdots$$
$$+ A_p(s_t)[y_{t-p} - \mu(s_{t-p})] + u_t, \qquad t = 1, 2, \cdots, T \quad (12.3)$$

其中，$u_t \sim \text{NID}(0, \Sigma(s_t))$，$\mu(s_t)$，$A_1(s_t), A_2(s_t), \cdots, A_p(s_t)$，$\Sigma(s_t)$ 是用来描述参数 μ，$A_1, A_2, \cdots, A_p$ 和 Σ 对已实现的区制 s_t 依赖的变参数函数。

另外，假设模型从一种状态转换至另一种状态时，均值平滑地接近一个新水平，MS-VAR 模型可以表示为如下截距调整模式：

$$y_t = v(s_t) + A_1(s_t)y_{t-1} + A_2(s_t)y_{t-2} + \cdots + A_p(s_t)y_{t-p} + u_t \quad (12.4)$$

在引入区制转移过程中，MS-VAR 模型可能均值是状态依赖的，也可能截距项是状态依赖的，误差项可能是同方差或者异方差。因此，根据参数是否状态依赖，出现了表 12-1 中的多种 MS-VAR 模型。

表 12-1　MS-VAR 模型分类

项目		MSM		MSI	
		μ 可变	μ 不变	v 可变	v 不变
A_j 不变	Σ 不变	MSM-VAR	Linear MVAR	MSI-VAR	Linear VAR
	Σ 可变	MSMH-VAR	MSH-MVAR	MSIH-VAR	MSH-VAR
A_j 不变	Σ 不变	MSMA-VAR	MSA-MVAR	MSIA-VAR	MSA-VAR
	Σ 可变	MSMAH-VAR	MSAH-MVAR	MSIAH-VAR	MSAH-VAR

注：M 表示均值形式的 MS-VAR 模型中变量的均值随状态改变；I 表示截距形式的 MS-VAR 模型中截距项随状态改变；A 表示 MS-VAR 模型变量系数随状态改变；H 表示 MS-VAR 模型中的协方差矩阵随状态改变

12.2.2　变量选择与数据检验

（1）变量选取

从微观层面来讲，企业出于各种动机持有产成品库存，产成品库存波动与企业市场销售和生产情况密切相关，因此，本章重点从这两个方面出发来分析企业产成品库存波动的周期性特征情况。目前度量工业产成品库存的指标较少，中国物流与采购联合会发布的月度制造业采购经理人指数（purchasing managers' index，PMI）包括原材料库存指数和产成品库存指数，用以反映我国制造业库存变动情况。但数据期是从 2005 年开始，不足以反映长期以来我国库存波动与经济周期之间的关系。因此，本章采用中国人民银行发布的 5000 户工业企业景气产成品库存水平扩散指数①作为我国工业产成品库存投资的代理变量，扩散指数上升表示产成品库存投资增加，数据区间为 1996 年 1 季度至 2013 年 1 季度。分别利用 5000 户工业企业景气产成品销售情况和设备能力利用水平扩散指数来反映我国工业企业的市场需求变动和产能利用变动情况，即微观角度上的经济周期变动。为消除季节因素的影响，所有数据均经过 X12 季节调整，数据均来源于 Wind 金融数据库。

（2）变量趋势变动情况

图 12-1 给出了 1996 年 1 季度至 2013 年 1 季度我国工业企业产成品库存、产能利用及销售收入的变动趋势。从中可以看出，在 2000 年以前，工业企业产成品库存与销售收入和产能利用的走势大体方向一致，在 2000 年之后，产成品库存呈现小幅震荡下跌趋势，而销售收入和产能利用则表现出震荡上升态势，特别是 2009 年前后，全球性金融危机仍在蔓延和深化，这种反向变动关系非常明显，在 2011 年以后，产成品库存与销售收入和产能利用又呈现大体一致的走势。这种趋势上相关关系的变化，从直观上为我国微观企业产成品库存投资与经济周期之间存在非线性关系的结论提供了支持，因此，本章考虑采用马尔可夫区制转移模型。

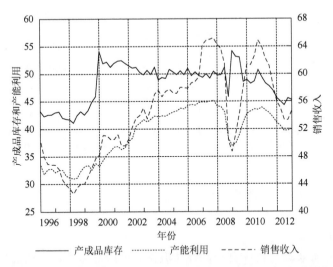

图 12-1　工业企业产成品库存、产能利用及销售收入的变动趋势

---

① 5000 户工业企业景气调查包括月度工业企业主要财务指标统计及季度工业景气状况问卷调查。调查企业以国有大中型工业生产企业为主，还包括一些具有相当经济规模、具有代表性的集体工业生产企业及企业集团。1993 年后增加了部分合资、外资及股份制工业生产企业。调查企业涉及 27 个行业，样本企业结构与中国工业的企业结构基本适应，调查结果大体上能反映中国工业的景气状况。由于中国人民银行并未对外公布原材料库存水平扩散指数，本章没有考察工业企业原材料库存变动情况。

（3）数据检验

由于时间序列往往会表现出非平稳性，对非平稳数据直接进行回归可能会出现"伪回归"现象，本章首先采用 ADF 检验方法对数据的平稳性进行检验，滞后项的确定采用 AIC。检验结果见表 12-2，可以看出，工业企业产成品库存（$inves_t$）、产能利用（CU_t）及销售收入（$sale_t$）的原序列都是非平稳的，而在 1% 的显著性水平下均为一阶单整的 I（1）序列，具有相同的单整阶数，因此，进一步考察变量间是否具有协整关系。表 12-3 的 Johansen 协整检验结果表明，工业企业产成品库存、产能利用及销售收入之间在 5% 的显著性水平下存在一个显著的协整关系。

表 12-2　变量单位根检验结果

变量	检验形式	ADF 统计量	p 值	变量	检验形式	ADF 统计量	p 值
$inves_t$	$(c, 0, 1)$	−1.9037	0.3288	$\Delta inves_t$	$(c, 0, 0)$	−11.7171	0.0000***
$sale_t$	$(c, 0, 1)$	−2.1387	0.2306	$\Delta sale_t$	$(c, 0, 0)$	−5.4363	0.0000***
CU_t	$(c, 0, 0)$	−1.9442	0.3105	ΔCU_t	$(c, 0, 0)$	−5.5791	0.0000***

注：其中检验形式（c，t，k）中的 c 表示常数项，t 表示时间趋势，k 表示滞后阶数，Δ 表示差分算子
***表示在 1% 的显著性水平下显著

表 12-3　变量 $inves_t$、$sale_t$ 与 CU_t 之间的协整关系检验结果

协整关系数量假设	特征值	迹统计量	5%临界值	概率
无**	0.2282	32.4897	29.7971	0.0239
至多有 1 个	0.1674	15.1314	15.4947	0.0567
至多有 2 个	0.0417	2.8573	3.8415	0.0910

**表示 5%的显著性水平下拒绝原假设

12.3　实证分析

本章采用 Krolzig 的 OX-MSVAR 包在 Givewin 平台对模型进行估计。

MS-VAR 模型的区制数选择可以根据实际经济状况而定，从图 12-1 可以看出，我国工业产成品库存与产能利用和销售收入之间的关系在不同经济发展阶段呈现不同方向，而且工业企业产成品库存、产能利用和销售收入都有可能出现非线性的情况，产成品库存有去库存和补库存两种状态，产能利用有上升和下降两种状况，销售收入也有增加和减少两种状态，因此，线性模型可能无法准确刻画工业企业产成品库存与产能利用和销售收入之间的关系，为了具体分

析不同经济状态下变量之间的动态关系，本章采用两区制的 MS（2）-VAR 模型来刻画产成品库存投资与经济周期之间的非对称关系。利用 Eviews6.0 软件确定 VAR 模型的最优滞后阶数为 2 阶。根据 AIC、HQ、SC 及对数似然值综合判断，本章最终将模型确定为 MSIAH（2）-VAR（2）模型，各个参数的估计结果见表 12-4。

表 12-4　模型 MSIAH（2）-VAR（2）的参数估计结果

项目		$inves_t$		CU_t		$sale_t$	
		系数	t 值	系数	t 值	系数	t 值
区制 1	C	21.3236***	3.9294	20.6926***	3.3620	39.9981***	4.1616
	$inves_{t-1}$	−0.2325	−1.0887	−0.7648***	−3.3174	−2.1188***	−5.7735
	$inves_{t-2}$	0.5511**	2.0802	0.0696	0.2329	0.7482	1.5911
	$sale_{t-1}$	1.0447***	4.4242	0.9585***	4.2006	2.9795***	8.1209
	$sale_{t-2}$	−0.9716***	−4.7482	−0.6505***	−3.1094	−1.7787***	−5.3164
	CU_{t-1}	−0.2474	−1.0617	0.8002***	3.0380	0.2084	0.5047
	CU_{t-2}	0.4024*	1.7515	0.0569	0.2187	0.1008	0.2467
标准差（区制 1）		0.6337		0.7210		1.1287	
区制 2	C	71.5379***	12.1602	−6.5572	−1.7407	2.3404	0.2471
	$inves_{t-1}$	−0.1289	−1.5042	0.0846	1.5420	0.0991	0.7193
	$inves_{t-2}$	−0.0181	−0.2687	0.0952**	2.2029	−0.0822	−0.7555
	$sale_{t-1}$	0.0272	0.2549	0.0964	1.4088	1.1015***	6.4085
	$sale_{t-2}$	−0.0802	−0.7013	−0.1471**	−2.0120	−0.3022*	−1.6518
	CU_{t-1}	−0.8810***	−3.7450	1.0097***	6.7001	0.1079	0.2856
	CU_{t-2}	0.6283***	2.7249	0.0052	0.0352	0.1028	0.2781
标准差（区制 2）		0.7996		0.5121		1.2837	
Chi（27）=[0.0000]** 　Chi（29）=[0.0000]** 　DAVIES=[0.0000]**							
LR = 151.9193							

*、**、***分别表示系数在 10%、5% 和 1% 的显著性水平下显著，C 为常数项

从表 12-4 可以看出，该模型的 LR 线性统计量为 151.9193，在 1% 的显著性水平下拒绝了模型是线性的原假设，表明模型存在显著的非线性特征，而且对比线性的 VAR（2）模型和 MSIAH（2）-VAR（2）模型可以发现，后者的对数似然估计值更大，AIC、HQ 和 SC 更小，因此，MSIAH（2）-VAR（2）模型的设计优于线性 VAR（2）模型（表 12-5）。

表 12-5 线性模型与非线性模型比较结果

项目	VAR（2）模型	MSIAH（2）-VAR（2）模型
对数似然估计值	−301.0397	−225.0800
AIC	9.7922	8.3904
HQ	10.1438	9.1196
SC	10.6807	10.2332

　　进一步地，从模型的平滑概率图可以更加清楚地看到工业企业产成品库存、产能利用与销售收入在不同区制状态下的转换情况。图 12-2 给出了区制转移模型在产能利用和销售收入上升与下降状态下的区制平滑概率，可以发现，在本章所研究的样本区间内，我国工业企业产能利用和销售收入在绝大多数时间都处于上升阶段，从 2000 年摆脱亚洲金融危机影响开始，我国工业企业的生产经营开始转好，直到 2008 年全球性金融危机发生前及危机发生后国家经济刺激政策效应明显的时间段，我国经济运行基本处于相对平稳的增长态势，工业企业经济效益也处于增长状态，产能利用处于较高水平。从具体时间上来看主要包括 2000 年 1 季度至 2008 年 3 季度及 2009 年 1 季度至 2010 年 4 季度，对应区制 2。区制 1 的平滑概率表明在 1996 年 3 季度至 1999 年 4 季度、2008 年 4 季度及 2011 年 1 季度至 2013 年 1 季度我国工业企业销售收入与产能利用均处于下降阶段，主要与这些

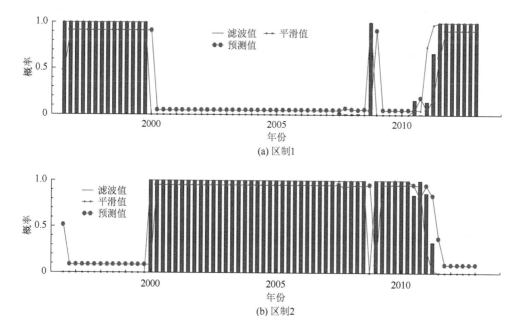

图 12-2　区制转换概率图

时间段内我国受金融危机影响，宏观经济不景气的状况相关，工业企业经济效益较差，产能利用水平较低。图 12-2 表明模型给出的经济系统的两种状态与现实基本相符。

表 12-6 给出了区制转移概率 p_{ij} 的估计结果及各个区制的样本个数、区制出现的频率及平均持续期，其中，在同一区制的持续期 $D(s_i) = 1/(1 - p_{ij})$。从表 12-6 可以看出，两种区制的稳定性都很高，经济系统维持在区制 1 的概率为 0.9148，频率为 0.3596，平均可持续 11.74 个季度，经济系统由区制 1 转移到区制 2 的概率为 0.0852；经济系统维持在区制 2 的概率为 0.9521，具有相当高的稳定性，我国经济处于这一阶段的频率最高，达到 0.6402，平均可持续 20.89 个季度，由区制 2 转移到区制 1 的概率为 0.0479。可见，两种区制之间的转移概率存在明显的非对称性。

表 12-6　区制转换概率及样本所在状态统计

项目	区制 1	区制 2	样本数	频率	平均持续期（季度）	样本划分
区制 1	0.9148	0.0852	23.8	0.3596	11.74	1996:3-1999:4[1.0000];2008:4-2008:4[1.0000]; 2011:1-2013:1[0.9679]
区制 2	0.0479	0.9521	43.2	0.6402	20.89	2000:1-2008:3[0.9998];2009:1-2010:4[0.9874]

注：中括号内的数值表示不同时间跨度内的区制转换概率

为了具体考察产成品库存投资与经济周期之间的具体关系，本章利用同期相关系数来描述变量间的相关性。从工业企业进行产成品库存投资的动机来看，生产中的波动使得理性厂商往往会利用产成品库存来规避风险，当生产成本较高时，厂商会减少生产，并用产成品库存来弥补当前需求，进而使得当期库存下降，当预期未来生产成本上升时，厂商则会通过多生产来增加当前库存进而避免未来生产波动，这种持有库存的动机被称为平滑生产成本动机。在这种动机下，当市场需求较高时，企业倾向于减少库存来增加销售量，如果需求冲击持续时间较长，当期的高需求使得企业预期未来的需求也会增加，为了规避供不应求的风险，企业往往倾向于加大产成品库存的持有量避免将来发生断货现象，即企业进行产成品库存投资的避免断货动机超过了平滑生产动机。产成品库存投资的最终变化情况取决于两种动机的综合影响。

从表 12-7 可以看出，在区制 1 中，代表经济周期的工业企业产能利用和销售收入与产成品库存投资之间均呈现正向关系，即在产能利用水平下降和销售收入减少时，企业的产成品库存投资也随之发生下降，即工业产成品库存投资具有明显的顺周期特征。

表 12-7　不同区制下的同期相关系数

项目	$inves_t$		$sale_t$		CU_t	
	区制 1	区制 2	区制 1	区制 2	区制 1	区制 2
$inves_t$	1.0000	1.0000	0.7246	−0.1995	0.4595	−0.3691
$sale_t$	0.4595	−0.1995	1.0000	1.0000	0.7554	0.5722
CU_t	0.7246	−0.3691	0.7554	0.5772	1.0000	1.0000

1996 年 3 季度至 1999 年 4 季度，受亚洲金融危机及国内经济结构调整的影响，中国宏观经济运行出现了严重衰退的趋势，经济增长率由 1996 年以前高于 10%跌至 1999 年的 7.8%，并开始了长达数年的通货紧缩。大多数工业行业生产能力偏高，产品供过于求，工业企业效益大幅下降，工业企业销售收入增幅明显放慢，产品产销率持续下降，生产能力大量闲置，设备能力利用率严重下降，产成品库存积压日趋严重。为此，从 1996 年末开始，我国工业进入产能收缩阶段，库存投资持续下降且幅度不断增大，呈现出库存去化现象。2008 年下半年，由美国次贷危机引发的金融危机席卷全球，导致世界经济增速明显放慢，欧美进口增速出现跳水式直线下滑，我国经济增速也出现快速回落，工业出口大幅下滑，固定资产投资增速下降，传统行业与新兴行业产能过剩问题非常严重，我国工业企业订单大量减少、需求普遍下滑，设备能力利用率大幅下降，产品销售收入及经营效益显著下降。2008 年 4 季度，我国 GDP 增速仅为 6.8%，工业企业信心严重受损，预期普遍悲观，主动去库存的意愿非常强烈，纷纷通过减产或者停产方式调整产成品库存，去库存的幅度非常大，进而加大了宏观经济下行压力。本轮金融危机影响范围广泛，持续时间较长，国内外市场持续低迷，经济复苏充满不确定性，虽然国家不断出台经济刺激政策来拉动经济增长，经济出现短暂回升，但由于缺乏中长期回升的基础，消费需求和出口需求这两大最终需求仍然不足，经济结构调整和经济增长率的调整压力依然很大，而且这次经济增长调整更加复杂，处于经济增长速度换挡期、经济结构调整阵痛期和前期政策消化期的"三期"叠加阶段，不仅要受中长期周期的影响，还要受发展阶段的影响，自 2011 年下半年以来，我国经济增长速度逐步放缓，到 2012 年上半年这一趋势更加明显，工业企业生产持续放缓，实现利润同比减少，企业经营状况普遍较差，工业企业经济效益仅稍好于金融危机最为严重时期时的工业企业经济效益，2011 年和 2012 年工业企业处于持续去库存过程中，去库存压力仍然较大。2012 年，世界经济复苏依然艰难曲折，在国内经济调整、内需有效需求不足及国外需求持续低迷萎缩的共同影响下，我国实体经济下行压力加大，许多工业企业长期高投资形成的产能、产量，在没有最终市场需求支撑的情况下，只能转为闲置产品，形成较高的产成品库存，企业生产经营困难加重，甚至出现了部分行业全行业亏损现象，1～11 月，

规模以上工业增加值同比增速为 10%左右，相比 2010 年的 15.7%、2011 年的 13.9%，增速持续回落。工业企业的预期逐渐开始调整，对未来经济发展前景大多持有悲观且谨慎态度，即使期间有明显的政策放松预期，但企业去库存的意愿十分强烈，直至 2013 年初，工业企业去库存过程仍未结束。

在区制 2 中，代表经济周期的企业产能利用和销售收入均与产成品库存投资之间呈现负向关系，即在产能利用上升和销售收入增加时，工业企业产成品库存却发生下降，即产成品库存投资具有明显的逆周期特征，这与许志伟等（2012）的结论一致。

进入 21 世纪以来，全球经济开始飞速发展，我国也逐步摆脱亚洲金融危机的影响进入新一轮经济增长阶段，特别是 2001 年加入世界贸易组织使得中国进入全方位开放阶段，出口快速回升并呈现高速发展，2000～2008 年我国外贸发展经历了超常规高速增长阶段，出口年均增长 24.8%，工业制成品超越初级产品成为我国对外贸易出口的主力军，拉动经济高速增长。与此同时，我国工业化、城市化进程明显加速，基础设施建设不断加快，房地产市场作为这一时期主要支柱性产业更是发展迅猛，都造成了这一阶段对钢铁、水泥、建材等原材料类产品需求大幅上涨，工业企业经济效益呈现良好发展态势，2000 年前 11 个月，工业企业产品实现销售收入同比增长 21.3%，2003 年前 10 个月工业企业产品销售收入超过去年全年水平，同比增长 27.7%，2007 年前 11 个月工业企业产品实现销售收入同比增长 27.6%，2008 年前 8 个月工业企业产品实现销售收入同比增长 29%[①]。在高额市场需求的推动下，工业企业积极扩大投资规模，产能大幅度扩张，产能利用水平整体呈现上升趋势。由于短期内改变固定生产要素（如厂房、设备等）的调整成本很高，企业往往会利用产成品库存来填补市场需求，即企业持有产成品库存用于平滑生产的动机依然成立，进而导致产成品库存呈现下降趋势。另外，这一时期我国经济处于持续上行阶段，旺盛的市场需求使得企业对未来销售前景乐观，为了避免断货错失将来的销售机会，工业企业也会倾向于囤积产成品库存，主动补库存现象明显。从本章的实证结果可以看出，在这一阶段影响产成品库存的两种动机中，工业企业平滑生产动机占据主导地位，因此，工业企业销售收入和产能利用的增加都降低了企业持有的产成品库存水平。2009 年，在国家一揽子计划的积极作用下，我国经济遏制了急剧下滑的不利势头，呈现企稳回升的良好态势，工业企业产成品库存大幅收缩。2010 年，在国内刺激政策和世界经济同步反弹等多重力量的作用下，我国宏观经济延续了 2009 年的反弹趋势，工业生产平稳增长，企业经济效益大幅提高，出现被动去库存现象，产成品库存呈现下降趋势。

---

① 数据来源于国家统计局网站。

12.4 本 章 小 结

本章基于 1996 年 1 季度至 2013 年 1 季度我国工业企业数据,利用 MS-VAR 模型从微观角度考察了经济周期与产成品库存投资之间的非线性关系,得出如下结论。

1) 我国工业企业产能利用与销售收入均存在着显著的两区制特征,从转移概率上可以看出,我国工业企业产能利用与销售收入在上升期的持续期较长,为 20.89 个季度,在该阶段的频率也较大,达到 64.02%,在下降期的持续期为 11.74 个季度,频率为 35.96%,上升期和下降期两个区制互相转换的概率较小,两种区制之间的转移概率存在明显的非对称性。

2) 产成品库存投资的经济周期特征呈现非对称性,体现在工业企业产能利用和销售收入对产成品库存的影响方向和作用程度上。在产能利用与销售收入上升时期,产成品库存与两者之间均呈现负向关系,即产成品库存投资具有明显的逆周期特征,企业持有库存的生产平滑动机占据主导地位;而在产能利用与销售收入下降时期,产成品库存与两者之间均呈现正向关系,即产成品库存投资具有明显的顺周期特征,工业企业对未来经济发展前景的悲观预期起了主导作用。

政府部门应密切关注工业企业的市场需求变动,前瞻性地判断工业企业产能利用与销售收入走势,鉴于产成品库存与两者之间的高度相关性,结合相关部门公布的产成品库存指数来前瞻性地判断工业企业产成品库存变动情况,区分不同经济发展阶段企业产能利用和销售收入情况,有针对性地应对库存调整,防止库存大幅变动给经济的平稳运行造成剧烈冲击。特别是在当前经济形势错综复杂、经济下行压力依然较大的背景下,工业企业面临较为严重的产能过剩问题,销售收入增速持续下降,企业生产经营困难,经济效益普遍较差,仍然处在库存周期的去库存阶段,加上企业对未来经济前景预期悲观和需求持续下滑,企业更是加大了去库存的力度。为此,我们要更加密切关注企业的去库存行为,去库存是经济周期的收缩性调整行为,会进一步推动价格下降、恶化供求关系,进而导致企业销售收入、经济效益加速下降,工业企业大规模地去库存行为将会致使工业增速回落,经济大幅下滑。政府部门应制定积极的宏观经济政策促进市场有效需求增加,采取有效措施化解产能过剩,淘汰大量低效率的落后产能,提高工业企业投资效率和产能利用率,增加企业经济效益,促使企业加大库存投资,促进实体经济回升。另外,政府部门应保持宏观经济政策的持续性和透明性,积极引导企业形成合理、正面的经济预期,尽早结束工业企业大面积去库存过程,也防止出现去库存与补库存短期频繁交替、剧烈库存调整加剧经济波动的现象,打破经济下滑的惯性,拉动经济反弹。

第五篇　产能过剩的化解对策

第13章 经济新常态下我国工业去产能的现状及挑战

在经历了前期经济高速扩张及经济刺激政策所导致的产能大规模扩张后，中国当前正面临着内外需不振、大量产能无法消化的局面，产能过剩问题已经严重阻碍了国内产业结构调整和经济良性发展，成为当下中国经济亟待解决的关键问题，也是中国实体经济能否实现复苏所面临的最大风险。在产能扩张阶段，过剩行业生产的大量产品被旺盛的出口需求和国内强劲的房地产投资需求吸纳，产能过剩问题被暂时缓解。而当前世界经济持续低迷和全球贸易形势极其严峻，全球去杠杆化过程将使外部需求短期内仍然保持疲弱的状态，即使全球经济出现复苏，但由于欧美等发达国家居民消费模式的改变、加速"再工业化"和强力推动工业制造业回归及贸易保护主义重新抬头和我国生产要素低成本优势逐渐消失，我国外贸出口也很难回到金融危机前的高速增长状态，依靠外需来吸纳过剩产能的空间越来越小。与此同时，随着房地产投资需求趋于稳定，国内市场消化过剩产能的作用也大大削弱，国内经济下行压力和全行业超高投资率所形成的产能过剩相互强化，产能严重过剩越来越成为我国经济运行中的突出矛盾和诸多问题的根源。

目前通过提升需求以解决产能过剩的余地较小，迫切需要政府完善产业的出清和重组机制，短期内中国无可避免地将要展开新一轮的去产能周期，进入产能收缩阶段，从供给端去产能成为解决产能过剩问题的主要手段。根据2012年工业和信息化部所公布的统计结果，在中国24个行业中，有22个行业存在着严重的产能过剩，绝大部分行业落后产能问题严重。2013年工业和信息化部先后公布了19个工业行业淘汰落后产能企业名单和目标任务，淘汰落后产能大幕拉起。在2013年12月13日闭幕的中央经济工作会议中，调整产业结构成为2014年经济工作的重点，"去产能化"也成为最值得市场关注的结构性机会。在2014年政府工作报告中，李克强总理对三个行业化解产能过剩给出了明确的量化任务，即淘汰钢铁2700万吨、水泥4200万吨、平板玻璃3500万标准箱等落后产能，确保"十二五"淘汰任务提前一年完成①，这也意味着去产能进入关键时刻。

---

① http://politics.people.com.cn/n/2014/0305/c1024-24539275.html，李克强总理作政府工作报告（文字实录），2019年9月7日。

13.1　现阶段工业产能过剩的形势分析

现阶段我国经济正处于"三期"叠加关键时期，经济运行和复苏充满复杂性与不确定性，同时国际市场总需求格局不断变化，依赖投资和出口拉动经济的增长模式难以为继，工业产能过剩问题非常突出，具体表现为以下三个方面。

（1）产能利用率持续偏低

参照欧美等国家的评价标准，国内一般把产能利用率作为产能是否过剩的评价指标，产能利用低是产能过剩行业最直观的特点。鉴于当前我国官方并没有发布工业企业的产能利用水平，本章利用中国人民银行发布的 5000 户工业企业设备能力利用水平景气扩散指数来考察工业企业产能利用趋势，从图 13-1 可以看出，我国工业企业整体的产能利用率在金融危机以来持续降低，产能过剩问题严重。本轮产能过剩范围广、数量大、持续时间较长，尽管近年来宏观调控措施层层加码，但化解产能过剩的进展十分有限。2015 年 1 季度，5000 户工业企业设备能力利用水平景气扩散指数继续下降至 39，较 2014 年 4 季度回落 1.4，产能过剩形势依然严峻。

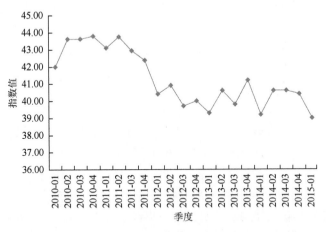

图 13-1　5000 户工业企业设备能力利用水平景气扩散指数

当前我国产能过剩行业主要集中在钢铁、电解铝、水泥等重工业领域，2013 年，水泥、粗钢、电解铝、平板玻璃的产能利用率分别为 75.7%、72%、71%、73.5%；2015 年，水泥、粗钢、电解铝、平板玻璃的设备利用率大都更低，分别达到 67%、66.99%、78%、68%，我国工业制造业产能严重过剩已经成为不争的事实。从表 13-1 也可以看出，金融危机以来周期性产能过剩与体制性产能过剩叠加使得诸多行业产能过剩问题充分暴露出来,产能过剩也呈现出长期化、绝对化演变趋势,产能利用率更是长期持续维持在较低水平。

表 13-1　2009~2015 年我国部分行业产能利用率(单位:%)

行业	2009 年	2010 年	2011 年	2012 年	2013 年	2014 年	2015 年
粗钢	81.12	82	79.24	72	72	70	66.99
水泥	67.1	70.6	73	73.7	75.7	<70	67
电解铝	61.2	59.6	58.6	74.07	71	69.7	78
平板玻璃	69.2	71.4	77.6	73.1	73.5	61.2	68

资料来源:由 Wind 金融数据库、国家统计局和部分行业协会发布的数据整理得到

(2)PPI 持续为负

PPI 是工业企业产品出厂价格变动趋势和变动程度的指数,PPI 为负意味着经济形势尤其是上游需求不旺,关键行业产能过剩仍然严重。从图 13-2 可见,2012 年 3 月至 2015 年 8 月,我国全部工业 PPI 已经连续为负,2015 年 1~8 月,PPI 下降幅度逐渐增大,从 4.32%增加到 5.92%,凸显了我国制造业产能过剩压力较大,工业品市场供需形势不容乐观。1999 年,我国全面提速重工业比例,随后工业化、城镇化进程不断加快,房地产开发和城市基础设施建设大力发展,钢铁、有色、建材、船舶等重工业产业的投资规模快速扩张,生产能力剧增。随着上述行业产能的集中释放及诸多行业需求峰值的来临,重工业领域的产能过剩问题更加突出,反映在生产领域、工业生产价格走势上则出现了重工业领域的 PPI 大幅下降,2015 年 1~8 月,PPI 下降幅度从 5.63%增加到 7.69%,下降幅度超过了全部工业 PPI 下降幅度(图 13-2)。

(3)行业盈利持续下降

产能过剩主要表现为市场上供给远大于需求,导致产品销售价格下降,进而使得企业盈利空间严重被压缩,进入 2015 年以来,除了 4~5 月我国规模以上工业企业利润出现上涨以外,其他月份均出现不同程度的下降,8 月企业利润同比下降 8.8%,降幅比 7 月扩大 5.9 个百分点,是 2012 年以来的最大降幅(表 13-2)。从行业角度来看,利润下降较为严重的行业主要集中在钢铁、水泥等产能过剩行业。2015 年 1 季度,钢铁行业实现利润同比下降 36%,水泥行业实现利润同比下降 67.6%,平板玻璃行业实现利润同比下降 26.6%,这些行业利润持续下滑主要归因于产能过剩,市场供需矛盾加剧、产品价格大幅下滑进而导致企业利润普遍较低。煤炭行业面临同样的问题,下游需求持续疲软,产能过剩形势十分严峻,煤炭价格持续走低,导致煤炭行业利润大幅下滑,2013 年,煤炭全行业利润同比

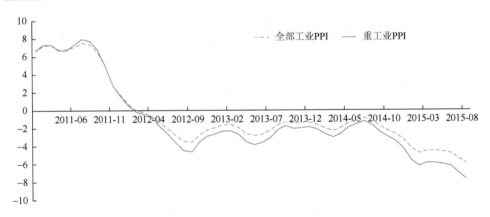

图 13-2　我国全部工业与重工业 PPI 变动趋势

图中起始时间为 2011 年 1 月

下降 38.8%，2014 年前 11 个月煤炭行业利润同比下降 44.4%，2015 年上半年煤炭行业利润总额同比下降 66.8%，产能过剩问题已经成为困扰煤炭行业的最大难题。

表 13-2　2015 年 1～8 月规模以上工业企业利润同比增速（单位：%）

时期	1～2 月	3 月	4 月	5 月	6 月	7 月	8 月
增速	−4.2	−0.4	2.6	0.6	−0.3	−2.9	−8.8

资料来源：国家统计局

13.2　我国工业去产能的典型化事实

　　旧常态下的大规模投资刺激导致我国工业产能严重过剩，新常态下工业去产能已势在必行。在去产能方面，我国政府近年来出台了一系列宏观调控措施来淘汰钢铁、水泥、有色金属、石化等工业行业的落后生产能力，工业和信息化部还向各省区市人民政府下达了淘汰落后产能的具体目标任务，并公布了炼铁、炼钢、焦炭、铁合金、电石、电解铝等工业行业淘汰落后和过剩产能企业的名单，将淘汰落后产能的目标任务分解落实到企业。按照传统的经济周期理论，当总需求持续下降时，工业产能严重过剩将会导致企业盈利能力水平下降和库存大幅攀升，市场机制会发挥作用，企业迫于生存压力会选择退出市场，完成去产能。然而，政府几番调控下来，这种企图通过减产量、去产能来化解产能过剩的政策效果并不显著，产能过剩问题反而愈演愈烈，新增产能大于淘汰落后产能、过剩产能屡治屡增、越限越多的情况比比皆是。根据中国钢铁工业协会公布的调研数据，2006～2012 年我国累计减少的粗钢产能为 7600 万吨，但在这期间国内累计新增的粗钢产量产能达到 4.4 亿吨，相比已淘汰产能，新增的产能是已淘汰产能的近六倍[①]。水泥行业也同样存在越淘汰越多的问题，根据中国水泥协会数据，在很多地区停窑限产的基础上，2012 年中国水泥熟料产量为 12.79 亿吨，熟料实际产能富裕 37.6%，实际水泥产能富裕 32.3%，已超出 20% 的合理范围[②]。

13.2.1　钢铁行业去产能现状

　　钢铁行业是我国工业发展的重要基础，也是产能过剩最严重的领域之一。2003 年以来随着我国进入新一轮经济增长周期，经济开始高速发展，工业化、城市化进程迅速加快，出口市场也逐渐呈现繁荣局面，国内需求旺盛刺激我国钢铁行业的产能大规模扩张，且其增速远高于钢铁行业的需求增速。可以说2000～2008 年是我国冶金工业史上的黄金 8 年，钢铁行业价格飞涨，企业利润高速增加，整个行业发展进入了一个快速发展的阶段，2003 年，钢铁行业固定资产投资增速达 87.2%，随后数年内粗钢产量增速维持在 20% 以上，2007 年一度接近 30%，这一期间国家陆续出台多项宏观调控政策抑制钢铁行业投资过快增长，包括淘汰钢铁落后产能的政策，但钢铁行业的投资热情不减。众所周知，钢铁行业通常是地方经济的支柱性产业，钢铁企业开工生产不仅能够给当地带来巨大的地区生产总值，还能在增加税收和就业岗位方面等做出重大贡献，因此，在政绩考核和政治晋升机制下，地方政府官员主动化解产能过剩的动机不强。地方政府更是在土地、税收、资源等方面给企业提供各种优惠政策，大大降低了企业的投资成本，扭曲了企业的投资行为，导致钢铁企业在巨大利益驱动下纷纷扩大了企业的投资总量，一味追求规模越大越好，越能占领市场获得更多利润。国内钢铁产能过剩与淘汰落后产能一直如影随形，并且新增加的粗钢产能远比已淘汰的落后产能规模大，长期以来的钢铁行业去产能政策收效甚微。

　　2008 年出现全球性金融危机以来，世界经济增速大幅下滑，需求萎缩，导致我国工业制成品出口大幅下降，钢铁行业也进入了需求低增长、产品低价格的转折期，2008 年我国钢铁行业出口首次出现负增长，钢铁行业长期以来的产能过剩问题也更加凸显出来。事实上，钢铁行业产能过剩已经是全球性现象，

[①] http://www.chinairn.com/news/20131212/102325211.html，2014 年中国钢铁需求预测报告，2013 年 12 月 12 日。

[②] http://www.chinairn.com/news/20131112/101917569.html，水泥产能越淘汰越多　地方利益催生恶性竞争，2013 年 11 月 12 日。

截至 2013 年 6 月，在全球钢铁业 3.34 亿吨的过剩产能中，中国约有 2 亿吨过剩产能，因此通过出口消化过剩产能的空间已经很小。加之国内房地产市场持续低迷，商品房在建工程逐渐减少，钢铁需求量大幅减少，继续依赖大规模基建投资拉动经济增长的可能性很小，而因为担忧经济过快减速而采取的阶段性托底政策难以匹配过去长期繁荣时期所积累的过剩产能，从需求端化解产能过剩的对策已经难以奏效，大量中小钢铁企业被迫大幅减产，停产倒闭现象频发，钢铁行业更是陷入前所未有的危机当中，尽管在国家一揽子计划作用下，钢铁业再度掀起投资高潮，但这种刺激政策拉动钢铁消费持续时间并不长，再加上钢铁消费中部分是新建和改建钢厂的内部循环消费，产能过剩问题难以真正缓解，粗钢产量增速也呈现逐年下降趋势，2010～2012 年增速分别达到 9.26%、8.9%和 3.1%[①]，2012 年底我国钢铁行业产能已经达到 10 亿吨左右，产量为 7.2 亿吨，产能利用率为 72%，远低于合理水平，我国钢铁产能从供给端去产能来化解钢铁行业供需矛盾已经刻不容缓。然而，当前一些地方政府仍然采用财政手段对困难企业补贴，对"僵尸企业"输血扶持，延缓落后产能的淘汰速度，进一步增加了化解产能过剩的难度。面对国家淘汰落后产能的政策，钢铁企业之间形成典型的"囚徒困境"，都希望竞争对手能够削减产能，期望能在市场转好以后占领更多的市场份额，因此，钢铁行业去产能步伐缓慢。

13.2.2　煤炭行业去产能现状

2012 年以来，煤炭行业的产能过剩问题逐渐引起了市场的广泛关注，其所带来的后果是煤炭价格持续低迷，煤碳企业亏损严重甚至面临破产，亏损面和停工率不断扩大，煤炭行业发展面临的形势十分严峻。

产能过剩背后是煤炭行业的疯狂投资，长期以来，煤炭一直是我国的主要能源和重要原料，在能源消费结构中占很大比重，电力、冶金、化工和建材等行业的煤炭消费总量占煤炭总消费量的 70%左右。前些年，受基础设施建设和房地产市场快速发展及电力、建材、钢铁和传统煤化工等下游行业产能规模快速扩张的影响，煤炭行业需求持续强劲增长和煤价不断上扬，煤炭企业盈利能力普遍较强，投资热情高涨，煤炭行业固定资产投资保持快速增长势头，并吸引多个行业进入该领域进行投资，大量资金涌入煤矿建设，2002～2011 年，煤炭开采及洗选业固定资产投资同比增速始终保持在 23%以上，并在 2011 年达到顶峰，这些投资有很大一部分转化为规模更加庞大的煤炭产能。煤炭行业"黄

---

① http://district.ce.cn/zg/201301/18/t20130118_24042408.shtml，2012 年我国粗钢产量达到 7.17 亿吨，2013 年 1 月 18 日。

金十年"的辉煌使得市场主体失去了明智的判断力,大量新建煤矿一直在筹建中。巨额投资导致 2014 年底我国煤炭行业实际有效产能达到 47 亿吨左右,在建产能高达 10 亿吨左右,但产量仅有 42 亿吨左右,过剩产能达 5 亿吨左右,产能的释放与国内煤炭消费需求量萎缩严重不匹配,整个行业产能过剩问题相当严重。从 2009 年开始,我国从传统的煤炭净出口国转为净进口国,全年净进口 1.03 亿吨,煤炭进口量从 2009 年的 1.26 亿吨一路攀升至 2013 年的 3.3 亿吨,五年增长了 162%,煤炭大量进口增加了国内供给,使得本来就受到产能严重拖累和需求挤压的国内煤炭市场遭受更大压力,煤炭产能大量集中释放所带来的供大于求使得煤炭行业陷入严重困境,国内煤炭价格从 2011 年第四季度开始进入下行通道,在 2012 年 5 月更是出现断崖式下跌。煤炭行业面临需求严重不足、价格加速下滑等问题,行业频频发出价格触底甚至倒挂的声音。

　　为此,国家陆续出台相关政策严控煤矿违法违规建设生产,对煤炭行业投资进行大力调整,引导安全基础条件差且难以改造的煤矿退出煤炭生产领域,积极淘汰落后产能和去过剩产能,但政策实际效果并不理想,煤炭行业的下行态势并没有阻挡煤炭企业产能扩张的步伐。煤炭行业也出现了一边化解产能过剩,一边企业在积极生产的去产能窘境,每年一两亿吨淘汰落后产能的节奏相对于庞大的过剩产能而言显得杯水车薪。很多企业和煤矿陷入生产与不生产的选择当中,由于生产和不生产都会产生固定成本,且生产相对于不生产而言损失更小,抱着能卖多少是多少的心理,企业大多会选择继续生产。此外,很多企业为了保住产能过剩、市场需求有限情况下的市场份额,也往往不愿意减产。特别是煤炭行业占比较大的民营企业通常由于产能规模小,生产经营更加灵活,在亏损时选择减产或停产,随着行业效益的短期企稳,则选择恢复释放产能,而规模大的煤炭企业则涉及债务、人员安置等问题,要想使煤炭行业的企业主动退出市场并不容易,去产能过程异常缓慢。与此同时,部分地方政府对国家去产能政策的落实并不到位,国家对煤炭行业出台相关政策是从煤炭行业整体角度出发,考虑到行业产品价格下降、亏损严重,去产能能够促进煤炭供需总量平衡。而地方政府更多是从自身经济发展、财政税收收入和本地就业等方面考虑,采取税费减免、降低生产要素价格包括金融资源等手段来促进当地企业正常生产运营,因此,去产能必将经历较长时间。

13.2.3　我国工业去产能困境形成的博弈分析

　　由上述典型化事实可以看出,地方政府和企业个体行为看似合理的叠加演变成了产能过剩行业整体的困境，也映射出去产能的两大阻碍，一是地方政府不愿意，二是企业不愿意。

（1）中央与地方政府之间的去产能博弈

中央政府出台的各类宏观调控政策通过地方政府执行，地方政府则可以通过与中央政府的博弈来达到自己的目的。产能过剩行业大多是地方政府重点招商引资且产品同质化程度高的重化工业，是地方经济的支柱，能够给当地产值、就业和税收等起到较强的拉动作用。在当前我国官员政绩考核制度和官员晋升机制尚未完全改革的背景下，即使现在已经出现产能严重供大于求、工业产品价格大幅下降的局面，我国地方政府也很难真正下决心去产能，从而出现与中央政府化解产能对策相博弈的行为，使得产能过剩行业现状难以扭转。

当前中央政府认为我国工业产能过剩问题严重，因此选择去产能对策来化解产能过剩问题。借鉴孙秋鹏（2011）的投资宏观调控博弈分析，假定地方政府对中央政策有执行和不执行两种选择，而中央政府对地方政府不执行去产能的政策也可以采取处罚和不处罚两种策略。如果地方政府不执行中央的去产能政策不受到中央政府的处罚，则地方政府可以获得的收益为 k，如果受到中央政府相应的处罚，则收益为 $k-m$，其中，m 为中央政府对地方政府不执行去产能政策给予的处罚，如果地方政府执行中央的去产能政策将会得到中央的奖励收益为 $k-f+p$，其中，f 为地方政府执行中央的去产能政策所花费的成本，p 为中央政府在化解能过剩过程中对地方政府积极执行去产能政策所给予的奖励或转移支付。中央在地方政府执行去产能政策以后获得的收益为 E，如果地方政府不执行去产能政策，中央采取处罚的措施支出的检查和执行成本为 C，中央政府处罚地方政府后的收益则为 $E-C+m$，中央政府不处罚地方政府则获得的收益为 $E-N$，其中，N 为地方政府不执行中央政府的去产能政策且中央政府不处罚情况下，地方政府执行了中央政府去产能政策相比较中央政府收益的净减少额。

从表 13-3 中可以看出，地方政府如果执行中央去产能的政策，将会导致该地区的经济发展水平下降，地区财政收入和就业人数也会减少，地方政府官员将在以地区生产总值为核心的政绩考核机制中处于不利境地，如果不执行中央的去产能政策被中央政府查处将会面临处罚。因此，地方政府将会在两种策略间进行权衡，如果 $f>m$，并且 $f>p$，即执行去产能政策所带来的损失大于由此所带来的惩罚成本和政府转移支付，地方政府鉴于自身利益考虑将会采取不执行的策略，如果 $C-m>N$，即中央政府检查和执行处罚的成本大于收益，则中央政府将会采取不处罚的策略，最终中央政府和地方政府则会分别选择不执行和不处罚。在中央政府积极出台各类调控措施化解产能过剩的过程中，地方政府通常会观察中央政府的行为和态度，如果中央政府对地方政府去产能政策执行不力并没有采取较大的处罚力度，同时中央政府检查各地去产能状况的成本较为高昂，地方政府通常就会选择不执行去产能的策略。这种博弈通常是动态的，随着中央政府的处罚力度和处罚收益的增加，地方政府也有可能会部分执行中央政府的去产能政策，因此，整体产能实际不减反增。

表 13-3　中央政府与地方政府的博弈模型

策略		地方政府的策略	
		执行	不执行
中央政府的策略	处罚	$E-C$, $k-f$	$E-C+m$, $k-m$
	不处罚	E, $k-f+p$	$E-N$, k

（2）企业之间的去产能博弈

产能过剩行业长期处于亏损状况，经济效益越来越差，加快产能过剩行业的企业退出、大幅度削减过剩产能才能带动产品价格回升和企业经济效益改善。亏损企业主动减产才能重新建立起新的供求平衡关系，整个行业才能尽早从产能过剩的困局中摆脱出来。然而，各个企业削减产能的意向并不强烈，即使当前市场需求不景气，企业也不愿意和不敢去产能，它们更担心自己去产能将会在将来经济企稳回升、总需求恢复过程中失去潜在的市场份额，损失经济效益，因此，追求利润最大化的企业只好继续开工生产，在亏损中煎熬。它们更希望行业内其他企业主动去产能，自己能够"搭便车"等待整个行业利好之后所带来的效益，为了在激烈的市场竞争中胜出，产能过剩行业中的企业都不愿意去产能，不得不采取等待的策略，从而陷入了"囚徒困境"的博弈中。

假设某产能过剩行业只有甲、乙两家企业，它们的目标函数都是相同的，并且它们都面临着去产能和等待两种选择。如果两家企业均从整个行业利益及自身可持续发展的角度选择去产能，使得行业减产以后恢复盈利，那么它们能够实现整体利益的最大化，并且每家企业都能够得到 10 个单位的利益。如果它们只顾短期利益，谁都不愿意损失当前的市场份额，继续忍受产能过剩所带来的各种负面效应，整个行业持续亏损，那么将会给每个企业带来–15 个单位的利益。如果企业甲选择去产能，而企业乙选择等待，那么企业乙会由企业甲去产能导致整个行业经济效益转好使得自身利益提高到 20 单位，而企业甲会在行业经济效益转好情况下失去市场份额，损失 18 个单位的利益，即得到–18 个单位的利益。反之，如果企业乙选择去产能，而企业甲选择等待，那么企业乙会得到–18 个单位的利益，而企业甲得到 20 个单位的利益。具体见表 13-4。

表 13-4　不同企业博弈的利益得失

策略		企业乙的策略	
		去产能	等待
企业甲的策略	去产能	（10，10）	（-18，20）
	等待	（20，-18）	（-15，-15）

由此可见，为了避免丧失市场份额，各个企业均会采取等待策略，削减过剩产能的动力大大不足。这一策略使得产能过剩行业中的企业要承受更大的生存压力，硬着头皮继续生产，整个行业的产能过剩问题日益加剧，去产能更是遥遥无期，不利于整个行业摆脱亏损局面，步入健康发展轨道。

13.3　供给侧结构性改革背景下工业去产能现状的深入剖析

当前我国产能过剩问题严重，企业经营存在一定困难，2015 年，我国钢铁、煤炭、水泥等行业开工不足，产能利用率进一步下滑至 67%、74%、67%，亏损面分别达到 50%、80%、40%，产业竞争力严重下降，实体经济面临有史以来的最大挑战。2015 年 12 月召开的中央经济工作会议上，去产能、去库存、去杠杆、降成本和补短板被确定为供给侧改革五大经济任务，去产能已经成为经济深化改革和转型升级绕不过去的坎。然而，去产能的过程并不简单，不仅需要对存量过剩产能进行淘汰，还要防止大量在建、拟建等新增产能扩张，削减产能的过程更是涉及人员安置、资产处置、债权债务、产业转型等问题，面临诸多障碍和挑战，情况非常复杂，因此也导致我国当前去产能进程较为缓慢。

在"三去一降一补"五大经济任务中，去产能位列首位，钢铁、煤炭则是去产能的重点，但这两大行业的去产能效果并不理想。数据显示，截至 2016 年 7 月底，钢铁、煤炭行业分别退出产能 2100 多万吨、9500 多万吨，去产能分别完成全年任务的 47% 和 38%，去产能工作进度较慢。地区间去产能进程也呈现出差异性，不少地区去产能进展迟缓甚至尚未实质性启动，部分地区则出现去产能决心动摇和往复现象。由此可见，产能退出过程面临诸多问题，工业去产能化任重而道远。

13.3.1　当前工业去产能现状的具体表现

随着政策的不断加码，我国去产能已经进入全面正式实施阶段，虽然取得一定成绩，但去产能仍然面临较大压力，已淘汰产能的增长速度远低于新增产能扩张速度，大量"僵尸企业"仍然存在无法出清问题，价格反复往往会放慢去产能的节奏，不同所有制企业在去产能过程中压力分化现象严重等，这些问题都反映了当前阶段我国工业去产能的现状。

（1）"僵尸企业"比重仍然较大

去产能最重要的手段就是处理好"僵尸企业"，中国人民大学国家发展与战略研究院发布的报告中指出，截至2015年我国工业部门中"僵尸企业"的数量约占工业企业总数的 7.51%，煤炭、钢铁、水泥等重点行业"僵尸企业"数目众多。这些"僵尸企业"分布行业众多，且存续时间长、涉及范围广，集中了大量职工，占用了大量土地、能源、信贷等资源，其厂房、设备等没有任何实质性生产经营行为，不产生任何经济效益，但"僵尸企业"自身退出的意愿并不强，往往寄希望于其他企业去产能能够带来市场价格反弹或者地方政府的持续救助，去产能意识不足。"僵尸企业"的存在不仅消耗了大量社会资源和政府资源，也严重阻碍了我国经济转型升级和产业结构调整。但这些企业却可以帮助地方政府保障本地就业和社会稳定。据统计，截至2016年7月，我国市场上的"僵尸企业"数量仍有19万家之多[①]。

（2）去产能效果初现，价格上升导致复产

去产能政策效果的初步显现使得部分产能过剩行业供求关系发生变化甚至逆转进而出现产品价格上涨现象，引发部分企业盲目复产，地方政府去产能的决心动摇，对去产能工作造成不可忽视的干扰性影响。近年来，作为产能大户的钢铁、煤炭等行业去产能效果显著，导致钢材、煤炭价格出现不同程度的回升，部分钢铁、煤炭企业扭亏为盈，经营绩效开始好转。图13-3给出了2013年以来我国钢铁市场钢材价格综合指数与粗钢产量当月同比的变化趋势，钢材价格连续多年下跌，钢材供大于求的矛盾十分突出，2015年钢材价格综合指数持续突破指数记录的最低点，在2015年12月底达到55.35的新低，与此同时可以看到我国粗钢产量也在不断下降，在2016年1~2月出现同比最低增速-5.7%。随着2015年底钢铁去产能政策的加强，钢铁价格止跌反弹，钢材价格综合指数开始回升，部分企业看到了盈利希望开始重新生产，2016年3月以来我国粗钢产量出现明显增加（图13-3）。煤炭行业存在类似问题，去产能使得2016年前8个月煤炭行业产量同比下降10%，各地煤炭价格开始出现明显回升，煤炭行业也面临着复产隐忧。价格和利润的回升使得钢铁、煤炭行业的产量和企业开工率提高，甚至部分企业停产和关停的设备出现了复产。

---

① http://finance.sina.com.cn/roll/2016-07-29/doc-ifxunyxy5880341.shtml，去产能举步维艰：19万家僵尸企业待出清，2016年7月29日。

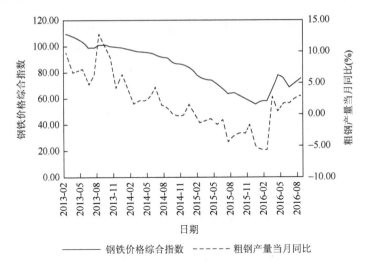

图 13-3 我国钢铁市场钢材价格综合指数与粗钢产量变动趋势

资料来源：Wind 金融数据库，经计算整理得到

（3）优先去民营企业产能，国有企业去产能不到位

国有企业盲目投资、产能规模快速扩张是我国工业产能过剩的重要原因，因此，国有企业成为去产能工作的重点对象。2015 年，全国粗钢产量为 8.04 亿吨，其中，年产量在 1000 万吨以上的钢铁企业中国有企业个数占比在 70%左右，国有企业产量为 4.47 亿吨，占全国总产量的 60%左右，2015 年年产量排名前 100 的钢铁企业中，国有企业个数占比在 60%，其中，国有企业产量占全国粗钢总产量的 80%。煤炭行业存在类似情况，我国煤炭企业众多，大型煤炭企业几乎均为国有企业，民营企业极少。当前我国有规模以上煤炭企业 6850 家，煤矿 1.08 万处，主要被大型煤炭国有企业和地方国有企业所有的 14 个大型煤炭基地产量占全国总产量的 92.3%左右[1]。国有企业的规模大、生产效率低及国有企业所肩负的社会责任都会导致地方政府在去国有企业产能的过程中面临更大压力，付出更高成本。这些国有企业涉及 GDP、财税收入、就业及当地的经济风险等，一旦倒闭涉及诸多问题特别是社会问题，因此，地方政府在部署去产能任务过程中存在优先去民营企业产能的偏好，国有企业去产能压力较小。表 13-5 给出了 2015 年全国去粗钢产能绝对规模与相对规模的情况，可以发现若去产能任务能够顺利完成，无论是从绝对规模来看还是从相对规模来看，国有企业的去产能压力都小于民营企业。可见大量过剩产能存在的国有企业难以有效去产能将会进一步延缓中央去产能政策的落实进程。

---

[1] http://business.sohu.com/20160904/n467580024.shtml，重磅干货：产能过剩行业，国企民企格局全梳理，2016 年 9 月 14 日。

表 13-5　2015 年不同所有制企业去粗钢产能规模测算

项目	2015 年产量/万吨	2015 年产能/万吨	去产能绝对规模/万吨	去产能相对规模/%	2015 年产能利用率/%
全国企业	80 388	120 000	—	—	66.99
国有企业	35 370.72	52 800	3 016	5.71	—
民营企业	45 017.28	67 200	5 673	8.44	—
国有企业占比	44%	44%	—	—	—
民营企业占比	56%	56%	—	—	—

资料来源：产量、产能和产能利用率数据均来自 Wind 金融数据库，民营企业粗钢产量占比来源于中商情报网（http://www.askci.com/news/chanye/20160413/164696939.shtml）；国有企业和民营企业去产能绝对规模来源于广发证券研究报告

13.3.2　当前工业去产能所面临的挑战

去产能工作绝非易事，不可能一蹴而就。过剩产能不愿退出的背后动机及去产能所引发的各种问题都是我国过剩产能出清中不得不面对的挑战，因此应给予正确认识。

（1）地方政府的政绩压力

在去产能的过程中，地方政府与中央政府之间的博弈在很大程度上决定了去产能的效果，中央政府的去产能政策通常会与地方政府产生利益冲突。在当前的政绩考核体制和财税体制下，去产能会拖累地方经济增速，减少财政收入，造成大面积失业现象，影响社会稳定，特别是很多产能过剩行业多是当地最大的支柱性产业，贡献了主要的地区生产总值和税收，吸纳了绝大多数工人，去产能将会对当地经济和就业带来沉重打击，因此，各地方政府很难下定决心去产能，多持有观望态度，期待能够享受到其他地区去产能所带来的经济利益，保住本地区的过剩产能，甚至通过财政补贴和信贷支持等手段对"僵尸企业"持续"输血"来维持其经营以期渡过难关，地方政府对中央去产能政策的配合力度严重不足。另外，去产能工作牵涉多方经济利益，在去产能工作中难免会引起各种利益冲突，地方政府需要花费大量的人财物来应对各种不可预料事件，难度之大可想而知，特别是去产能过程中所带来的工人失业问题及其所引起的社会问题非常复杂，地方政府畏难情绪严重。

（2）大量债务问题

产能过剩行业吸纳了大量的银行借款和其他形式的债务，并且债务规模巨大、债务结构复杂，去产能过程所带来的债务问题意味着商业银行不良贷款增加、债务违约和债务纠纷等情况出现，极易引发系统性的金融风险。2016 年的瑞银报告

指出，2015 年中国煤炭、钢铁、水泥、平板玻璃、铝和造船的总负债达到 10 万亿元，其中，8.7 万亿元为债务，剩余部分为应付账款，其中，钢铁和煤炭行业总计未偿付债务达到 7 万亿元，其中 4 万亿元为银行贷款，其余部分为债券和影子银行信贷[①]。去产能涉及产能过剩企业破产重组，存量债务处置、银行不良资产上升及上下游企业的债务问题等会充分暴露，严重亏损的企业一旦出现关停则意味着银行不良贷款及企业非贷款信贷违约现象增加，与产能过剩企业有密切往来的相关行业坏账也会大幅增加进而传导至信贷市场和银行间市场，如果处理不好这些债务纠纷将会产生连锁效应触发全局性金融风险，而仅仅依靠 1000 亿元的中央财政专项奖补资金来解决去产能过程中的债务问题显然远远不够。

（3）下岗员工安置问题

去产能过程中解决人员安置问题非常关键，效率低下的"僵尸企业"关停倒闭将会导致大量人员下岗失业，社会将面临大量职工转岗和安置的问题，如果此问题解决不好将会由失业风险引发社会风险。表 13-6 给出了钢铁、煤炭和电解铝行业去产能导致的分流人数测算结果，可以发现在 2015 年末产能和 2016～2018 年淘汰落后产能的基础上，可以估算出各行业去产能的大致比例，按照产能下降幅度等于就业人数下降幅度计算，根据各行业 2015 年从业人员数量可以估算出各行业 2016～2018 年需要解决的就业人数，再结合国家预计分流人数可估算出这三个行业 2016～2018 年需要分流的人数达到 100 万～200 万人。如果钢铁、煤炭、水泥、造船业、炼铝和平板玻璃等行业产能降低 30%，将会造成约 300 万人失业。可见，去产能所造成的直接性失业规模不可忽视。如果考虑与这些产能过剩行业相关联的上下游行业受此影响所造成的失业问题，那么去产能所造成的失业规模还会进一步扩大，并且这些产能过剩行业多为制造业，步入中年的工人重新转岗和接受再就业培训上岗的可能性较小，地方政府由此承担的财政压力和稳定社会压力巨大。

表 13-6　去产能导致的失业人员数估计结果

项目	现有产能（2015 年）	2016～2018 年淘汰产能	去产能比例	从业人员数（2015 年）	失业人员数	预计分流人数
钢铁行业	12 亿吨	1 亿～1.5 亿吨	8.3%～12.5%	362.7 万人	30 万～45 万人	50 万人
煤炭行业	57 亿吨	7 亿吨	12.28%	444 万人	54.53 万人	100 万人
电解铝行业	3720 万吨	1000 万吨	26.88%	53 万人	14.24 万人	17 万人

资料来源：http://news.hexun.com/2016-02-16/182273463.html

---

① http://finance.ifeng.com/a/20160616/14495711_0.shtml，瑞银：2015 年中国六大产能过剩行业总负债达 8.7 万亿元，2016 年 6 月 16 日。

13.4　本 章 小 结

　　本章考察了现阶段我国工业产能过剩及去产能的典型化事实，指出产能利用率持续偏低、PPI 持续为负和行业盈利持续下降是现阶段产能过剩的主要表现，然而当前通过减产量、去产能来化解产能过剩的政策效果并不显著，运用博弈模型发现中央政府与地方政府之间的博弈、不同企业之间博弈陷入"囚徒困境"等是去产能困境形成的主要因素。本章进一步深入剖析了供给侧结构性改革下我国工业去产能的现状，指出"僵尸企业"比重较大、部分产能过剩企业复产及国有企业去产能不到位是我国现阶段去产能工作中的具体表现，地方政府政绩考核压力、去产能所引发的债务问题和职工安置问题等则是去产能工作所面临的挑战。因此，政府应在去产能工作中加大处置"僵尸企业"力度、配合加快国有企业改革、积极推进经济体制改革，建立产能退出补偿机制，做好去产能所引发风险的防范工作等，确保去产能工作能够顺利有效地展开。

第 14 章　我国去产能的经济风险与经济效果

自 20 世纪 90 年代以来，国内学术界人士就开始对产能过剩相关问题进行研究。1998 年受亚洲金融危机的影响，中国经济运行出现了严重的下滑，中国第一次出现了全面的生产过剩。此后国内又出现了连续几年过度投资的现象，因而第二轮产能过剩于 2004 年开始显现。相关数据显示，2005 年国内企业产品库存逐渐增多，企业利润出现下滑，生产资料价格指数开始出现下降，在一定程度上表明国内多数行业产品正处于过剩的处境。但是第二轮产能过剩的影响力有限，持续时间也不长。2008 年全球性金融危机爆发之后，国内外产品需求水平显著降低，新建产能无法得到有效的化解，由此引发了国内第三轮产能过剩。虽然自产能过剩问题出现以来，国务院与各部委出台了有关化解产能过剩的一系列政策，开展了多次专项治理行动，但产能过剩问题一直没有得到根治。

当前从国际环境来看，世界经济正在经历着深度调整，国际经济结构发生着重大变革，金融危机的影响仍在继续。与此同时很多发展中国家面临出口下滑、投资需求减少的状况，部分国家的失业率甚至呈上升趋势。从国内环境来看，中国宏观经济正处于三期叠加的阶段，即增长速度进入换挡期，结构调整阵痛期及前期刺激政策消化期，经济形势整体而言依旧严峻。相关数据显示，2013 年上半年工业企业产能利用率不足 79%，与 2009 年四季度接近，仍处于 2008 年全球性金融危机以来的较低水平。其中，钢铁、电解铝、水泥、平板玻璃、船舶等行业产能过剩情况尤为突出，2012 年底的产能利用率分别为 72%、71.9%、73.7%、73.1%、75%。从数据上可以看出，当下国内工业行业中产能过剩问题仍然突出，化解过剩产能的任务依旧艰巨。

而针对国内产能过剩这一问题，有学者认为产能过剩实际上描述的是企业提供的生产能力和服务能力超出了均衡价格下的市场需求。在市场经济的条件下，适度的产能过剩其实有利于形成有效的竞争氛围，市场亦可自发地对过剩产能进行一定程度上的调整。回顾世界工业发展史可以发现，产能过剩是一种具有普遍性的经济现象，产能过剩是各国工业发展史上无法回避的阶段。国内产能过剩问题的出现，给中国经济带来了严重影响。在企业层面上造成企业的利润率明显下滑；在行业层面上降低了行业的运行效率，制约了整体产业的转型升级；在国家层面上使得投资效率显著降低，造成大量社会资源的浪费。因此，产能过剩的有效化解必将有助于缓解工业发展中的供需矛盾,有助于中国经济的转型,从而实现经济的健康发展。

　　然而,在产能过剩化解的过程中一方面必然会涉及企业和政府的种种利益从而触发形成多方博弈的现象,另一方面在化解产能过剩的过程中也可能会触发金融、就业、经济下滑等各种风险发生。有必要正确认识去产能的重要性及复杂性,从而有助于实现去产能这一复杂性工程。因此,本章将从去产能的短期、长期影响入手,具体分析去产能过程中短期所带来的各种风险与危害及"去产能化"在长期中可能带来的经济收益。

14.1　去产能的短期经济风险

14.1.1　去产能短期不利于就业和社会稳定

　　2012 年工业和信息化部指出要着力化解产能过剩矛盾,加强对钢铁、船舶、水泥、平板玻璃、电解铝、风电设备等产能过剩行业发展的预测,制订有针对性的工作方案和有效措施,消化一批产能、转移一批产能、整合一批产能、淘汰一批落后产能。在宏观层面上,指出了化解产能过剩的大方向。在工业和信息化部公布的 2014 年十五大行业首批淘汰落后和过剩产能企业名单中,涉及炼铁企业 44 家、炼钢企业 30 家、焦炭企业 44 家、铁合金企业 164 家、电石企业 40 家、电解铝企业 7 家、铜(含再生铜)冶炼企业 44 家、铅(含再生铅)冶炼企业 12 家、水泥(熟料及磨机)企业 381 家、平板玻璃企业 15 家、造纸企业 221 家、制革企业 27 家、印染企业 107 家、化纤企业 4 家、铅蓄电池(极板及组装)企业 39 家。这种单纯通过行政手段强制性地减少工业企业数量而非依靠市场自身调节能力的做法,将在短期内极大地影响落后和过剩产能企业中众多员工的就业。2011～2013 年,河北省淘汰落后产能企业 826 家,涉及职工 12 万人。在去产能的过程中,短期之内可能会导致部分企业员工的下岗失业,而能否制定出健全的企业退出机制、良好的社会保障体系实现下岗员工的再就业,维持社会稳定也成为政策制定者需要解决的难题。

14.1.2　去产能短期加剧金融风险

　　国内第三轮的产能过剩源于 2008 年全球性金融危机爆发之后。此轮产能过剩的主要原因在于世界经济增速大幅降低,国内实体经济也饱受重创,国内外需求水平严重降低。全球性金融危机之前,具有较强盈利能力、投资规模较大、能够极大程度地拉动当地经济与就业的钢铁、电解铝、石化等项目始终是金融机构竞相追逐的贷款对象。以钢铁行业为例,威向东(2007)指出,在 2006 年虽然钢铁生产量仍然处于高增长的状态,但是产品供需关系基本平衡。钢铁全行业实现利润为 1699.5 亿元,同比增长 30.6%,创历史最高水平。然而,金融机构追逐"大客户"的做法,在一定程度上将信贷领域的卖方市场转换为买方市场。金融机构提供持续性的廉价贷款,使得许多大型企业盲目地投资当时的热门领域,出现了很多低水平、重复性建设的项目。此后几年时间,随着大量产能的陆续投产及受国内外需求复苏缓慢的影响,曾经辉煌的行业却陷入了产能过剩的困境中,行业整体盈利能力急剧降低。至 2012 年我国炼钢、炼铁的产能利用率分别仅为 74.9%、73.1%,钢铁主营业务在 2012 年亏损 312 亿元,同比下降 965.34 亿元,行业整体负债率接近 70%。实际上,此类大型企业在生产建设前在地方政府的产业政策支持下,银行已经给予了大量的贷款。然而随着一轮还本付息潮的到来,很多财务状况不良的企业不得不采取新债还旧债的方式。对金融机构而言,在产能过剩的情形下,如果收回贷款或不新增贷款,企业运营可能出现问题,造成贷款的损失。如果继续贷款,不仅金融机构呆坏账有进一步扩大的可能性,而且企业或将一部分金额用于新建产能,使得宏观调控失效与行业产能过剩的问题进一步加剧。

当前,在国家去产能的背景下,短期来看一是企业落后产能的淘汰必将进一步降低企业的还贷能力,使金融机构的不良贷款数额继续增多。此外随着企业兼并重组的推进,压缩产能导致部分项目下马,也会给银行贷款项目带来一定的风险。再加上大多数产能过剩行业均具有高负债率,如果在去产能过程中政府治理的手段过猛或过快,可能引发系统性金融风险。二是随着近年来金融业的发展,影子银行、信托贷款等规模增长较快,部分企业甚至通过非合法途径取得民间融资,不加评估地仅以行政手段单纯地去产能无疑会加大区域性金融风险的发生概率。三是在去产能的过程中,银行系统采取"一刀切"的做法,对产能过剩行业中的所有企业实行"无差别紧缩贷款",容易造成行业中一些优秀企业或者具有极大发展潜力的企业无法获得相应的银行贷款,融资的困难性使得企业的资金压力陡增,给企业的正常经营与未来发展造成了巨大的负面效果。

14.1.3 去产能短期降低地方经济增速

在 2014 年工业和信息化部公布的首批工业行业过剩和过剩产能企业名单中,仅河北省就有 11 个行业的 190 家企业上榜,其中,河北省共有 20 家钢铁企业被要求淘汰落后产能 1207.5 万吨。河北省国民经济核算主要数据显示,2014 年河北省地区生产总值为 29 421.15 亿元,同比增长 6.5%,在同期全国各省市 GDP 增速中处于倒数第三位。第二产业产值为 15 012.85 亿元，同比增长 5%，并且第二产业占 GDP 的比重已经从 2013 年的 51.97%下降到 51%。可以预见的是，随着中央政府部门严控产能措施的陆续出台，如何实现经济平稳增长即在淘汰落后产能的同时完成中国经济的转型，避免国内经济出现"硬着陆"，是需要解决的一大难题。

国内产能过剩的问题大多集中于第二产业，如钢铁、电解铝、平板玻璃、水泥、船舶制造等。此类行业往往具有对地区经济增长贡献度较高、可以提供众多就业岗位、可以带动当地税收收入的特点。因此化解过剩产能的过程中，必须要考虑到产能削减对 GDP 与税收方面的冲击。重复建设所引发的直接后果就是投资效率的显著下滑，而投资效率的不断下滑也会在一定程度上成为经济增长的羁绊石。如果不能有效地破除相关利益链条，化解产能过剩的工作也就难以开展。

14.2 去产能的长期经济效果

14.2.1 去产能长期有利于产业结构调整

产业结构的优化升级是加快经济发展方式转变的重要途径，对实现经济社会全面协调可持续发展具有重要意义。大力发展战略性新兴产业，加快发展各类服务业，推行传统产业优化升级。国内产能过剩的出现，短期来看造成了资源配置效率的低下，社会资源的巨大浪费。但是从长远角度来看，产能过剩的出现，也为国家的产业结构调整提供了良好的契机。在一定程度上可以认为"去产能化"是经济结构调整的必经之路。

一方面，产能过剩的背景下，行业内企业之间兼并重组的速度得以快速提高。兼并重组不仅会使行业集中度明显提高，规模效应发挥更为明显，淘汰落后产能的步伐加快，而且兼并重组可以实现企业之间优质资源、技术等相关整合，有利于加快产品升级换代，提高产品技术含量和附加值；有利于发展先进产能，拓展产品品种，提高新产品的贡献率；有利于提高资源配置效率，提高行业整体竞争力。2014 年国务院颁布的《国务院关于进一步优化企业兼并重组市场环境的意见》中指出，兼并重组是企业加强资源整合、实现快速发展、提高竞争力的有效措施，是化解产能严重过剩矛盾、调整优化产业结构、提高发展质量效益的重要途径。据统计，2013 年钢铁行业中前 5 家钢铁企业粗钢产量合计为 19 777.27 万吨，占全国总产量的比重为 25.39%；粗钢产量前 10 家钢铁企业集团粗钢产量合计为 30 703.58 万吨，占全国总产量的比重为 39.41%。而《钢铁工业"十二五"发展规划》明确指出，大幅度减少钢铁企业数量，国内排名前 10 位的钢铁企业集团钢产量占全国总量的比例由 48.6% 提高到 60% 左右。在当前环境下，兼并重组实现行业集中度的提升具有巨大的发展潜力。

另一方面，在众多传统行业正陷入产能过剩的困境中时，如何摆脱地方政府对传统工业项目的过度依赖，更好地实现地方经济的持续性发展，这也是去产能化中需要思考的问题。而在此大环境下，中央政府为谋求经济的健康发展，缓解资源环境瓶颈制约，增强国际竞争优势，推动一批战略性新兴产业在相关产业政策的扶持下取得了蓬勃发展。2010 年 10 月，国务院颁布了《国务院关于加快培育和发展战略性新兴产业的决定》（简称《决定》），提出到 2015 年，战略性新兴产业形成健康发展、协调推进的基本格局，对产业结构升级的推动作用显著增强，增加值占国内生产总值的比重力争达到 8% 左右。到 2020 年，战略性新兴产业增加值占国内生产总值的比重力争达到 15% 左右，吸纳、带动就业能力显著提高。节能环保、新一代信息技术、生物、高端装备制造产业成为国民经济的支柱产业，新能源、新材料、新能源汽车产业成为国民经济的先导产业。战略性新兴产业的发展，有助于改善中国经济的产业结构，实现经济的转型发展。

14.2.2　去产能长期有利于经济持续性发展

当前，国内产能过剩问题呈现出涉及行业面广、过剩程度高、持续时间长等特点。具体来看，产能过剩的行业已经从钢铁、造船、平板玻璃、有色金属等传统行业延伸到风电、光伏、发光二极管（light emitting diode，LED）、碳纤维等战略性新兴产业；在各相关行业协会调查的 39 个行业中，有 21 个行业产能利用率低于 75%，其中，光伏等行业甚至不足 60%；国内本次产能过剩自 2008 年开始显现但一直没有得到有效解决，是 20 世纪 90 年代以来发生的第三轮产能过剩。当一个行业出现产能过剩问题时，不仅会造成该行业内企业整体利润水平的下滑，致使行业失业率增加，还会对行业所处的上下游企业的正常经营产生一定的影响。实际上产能过剩这一问题已经成为困扰中国经济发展多年的"心病"，因此工业领域及目前高新技术企业产能过剩问题如果能够得到有效解决，必将改善整个行业发展环境，极大地促进经济发展。

一是去产能的实施可以减少污染排放、淘汰落后产能进而实现经济的绿色增长。改革开放后国内经济高速发展的背后也付出了代价，即各地方政府以牺牲环境为长远代价换取短期经济数据的增长，此外地方政府在产业发展上过于重视短期利益缺乏长期、持续性的发展规划。2012 年，全国一般工业废物产生量为 32.9 亿吨，比上年增加 1.96%。工业废水排放量达到 221.6 亿吨，工业二氧化硫排放量达到 1911.7 万吨[①]。据推算，国内环境污染所造成的损失约占 GDP 的 10%。国内部分行业由于过度投资，形成了许多低水平的重复建设，更是加剧了对环境的破坏。其中，低水平建设的产能大多集中于各地区的小型钢铁企业，数量庞大的小型企业由于生产工艺落后、环保设备不足等，造成的环境污染更加严重。数据显示，2014 年我国 300 立方米及以下的高炉产能超过 1 亿吨，而 20 吨以下的小电炉及小转炉产能在 7000 万～8000 万吨。据统计，这批落后产能的单位能耗较大型设备高出 10%～15%，物料消耗高出 7%～10%，其二氧化硫的排放量为大型设备的 3 倍以上[②]。面对日益恶化的环境状况，政府部门也在制定与落实更加严格的技术、环保政策。例如，2013 年国务院发布了《大气污染防治行动计划》十条具体措施，指出加快重点行业脱硫、脱硝、除尘改造工程建设，严控"两高"行业新增产能，提高节能环保准入门槛，健全重点行业准入条件。相关政府部门通过技术、环保等约束条件淘汰落后产能与防止低水平重复建设的出现，一方面减少小型钢铁企业的数目，有助于避免恶性竞争的出现；另一方面，通过对工业流程的升级改造，降低污染物的排放，最终实现经济的绿色增长。此外，由产能过剩所导致的资源浪费情况也十分严重，我国各项资源从绝对数量上看来在世界各国中排名靠前，但是人均资源占有量大部分都低于世界平均水平。因此，低效率的工业生产与污染高排放的模式不可取，发展资源节约、环境友好的模式势在必行。

二是去产能可以促进产能过剩行业朝着健康方向发展。化解产能过剩的过程中，虽然短期内可能会导致就业形势恶化，金融机构呆坏账增加，宏观经济形势不稳定，但是从长远的角度来看，"去产能化"则有利于化解工业发展矛盾，实现社会经济的健康发展。其一是"去产能化"使行业就业环境得到充分的改善。当行业出现产能过剩时，行业吸纳新增就业的能力显著不足，甚至会出现裁员的情况，企业员工福利待遇的降低，不利于提高社会的消费需求，难以实现国内消费增长。只有当过剩产能得到逐步化解，行业基本处于好转趋势的情形下，供需失衡得到改善，产品价格呈现平稳回升，企业盈利水平提高，企业才会产生更强烈的投资意愿。与此同时，各行业也会提供更多的优质新增就业岗位进而扩大居民整体消费水平，提高消费在 GDP 中的比重，优化中国经济增长结构。其二是去产能的实施会降低由产能过剩所导致的潜在金融风险发生的概率。据统计，2013 年 1～3 季度 SW 普钢行业资产负债率为 65.56%，同比上升 0.97 个百分点[③]。其中，南京钢铁股份有限公司、山东钢铁集团有限公司、安阳钢铁集团有限责任公司、柳州钢铁股份有限公司、包头钢铁（集团）有限责任公司等 9 家上市公司的资产

---

① 环境数据来自环境保护部（现为生态环境部）网站。

② 详见 http://www.sohu.com/a/17321571_115625。

③ 详见 http:futures.hexun.com/2014-01-17/161512727.html。

负债率已超过 75%，存在着较高的财务风险。在光伏行业中，无锡尚德太阳能电力有限公司由于债务偿付出现危机宣布进入破产重组程序，而在此之前，该公司获得工行、农行、中行等在内的 9 家债权银行对其本外币授信余额折合人民币共计 71 亿元。因此，政府部门通过宏观调控和产业政策调整等手段化解过剩产能，有助于改善工业行业整体的还贷能力，避免由产能过剩影响的蔓延导致整个经济体系的崩盘。其三是政府部门通过建立公平竞争的环境，消除不合理优惠及补贴，理顺资源要素价格等措施来去产能，积极发挥市场调节作用，实现产能供给与需求的协调发展，实现行业发展中真正意义上的优胜劣汰。

14.2.3　去产能有利于减少贸易摩擦

　　实际上产能过剩会直接导致国际间贸易摩擦的增多。当国内市场需求日趋饱和时，国内企业更倾向于采取大量出口的做法来谋求自身产能的供需平衡，即通过在国际市场上寻找过剩产能的出路，将过剩产能转移到国际市场。统计数据显示，钢材出口数量由 2004 年的 1423 万吨增长为 2012 年的 5573 万吨。铝材出口数量由 2004 年的 43 万吨增长为 2012 年的 283 万吨。光伏贸易额 2001 年为 1.68 亿美元，到 2011 年时出口规模扩大到 279.46 亿美元，2012 年出口锐减但是也达到了 175 亿美元①。然而全球性金融危机爆发之后，一方面国际市场的需求增长速度较慢，复苏进程较为缓慢，过多的产能出口严重扰乱国际市场的供求平衡，破坏了整个行业的良性发展的基础。作为进口国的相关国家为了保护本国企业的制造业企业的发展，减轻产品进口对本国企业所造成的冲击，避免企业失业率的提高，更倾向于推行贸易保护主义的政策。另一方面，国内出口企业大多数为劳动密集型产业，且企业大多生产规模小、技术含量低，企业之间为了争夺需求有限的国际市场，更愿意采取低价竞争的策略，从而触发贸易争端的产生。当企业遭遇到"双反"调查后，企业不仅应诉"双反"调查的难度非常大，而且需要消耗相关人力、物力、财力等，单靠企业一己之力胜诉的可能性也较小，这对中国企业产品的顺利出口制造了巨大的挑战。

　　因此，"去产能化"的实施中，整个行业开始逐步淘汰过剩的落后产能，行业产品质量水平由中低端向中高端转型，实现出口产品的结构调整，避免了国内出口企业由恶性竞争所导致的国际市场份额的损失；另外，企业之间兼并重组的推进，可以形成具有一定规模水平的大型生产企业，从而极大程度地提高企业抵御政策、市场风险的能力。

---

① 数据来源于 2002～2013 年《中国统计年鉴》。

14.3　去产能对中国工业投资效率的效应分析

《国务院关于化解产能严重过剩矛盾的指导意见》（国发〔2013〕41 号）指出，我国部分产业供过于求矛盾日益凸显，传统制造业产能普遍过剩，特别是钢铁、水泥、电解铝等高消耗、高排放行业尤为突出。2012 年底，我国钢铁、水泥、电解铝、平板玻璃、船舶产能利用率分别仅为 72%、73.7%、71.9%、73.1%和 75%，明显低于国际通常水平。钢铁、电解铝、船舶等行业利润大幅下滑，企业普遍经营困难。值得关注的是，这些产能严重过剩行业仍有一批在建、拟建项目，产能过剩呈加剧之势。产能过剩如不及时采取措施加以化解，势必会加剧市场恶性竞争，价格下降，造成行业亏损面不断扩大、企业职工失业、银行不良资产增加、能源资源瓶颈加剧、生态环境恶化、抑制经济增速及增长质量和动力等。目前从供给端做减法和从需求端做加法是化解产能过剩的两种基本思路，但是从当前复杂的国内外经济形势来看，需求环境较差。首先从国际环境看，全球去杠杆化过程使得我国外部需求疲软，加之经济危机尚未完全复苏，我国的外贸出口增速持续下降；其次国内房地产市场不景气，房地产投资下降带来钢铁、水泥、平板玻璃、煤炭等行业的需求下降，经济增速放缓，依靠投资拉动的经济也要面临转型。

在严峻的产能过剩形势下，从需求端做加法的空间已经不大，并且鉴于产能过剩对宏观经济所造成的严重影响，从供给端做减法已刻不容缓。从供给端去产能的手段包括关停不符合产业政策规定的产能落后企业，加快兼并重组和资源整合力度，对部分产能过剩行业的所有新建、改建和扩建项目实行等量甚至减量的产能置换方案等，这一系列的措施短期内都会抑制工业固定资产投资。投资一直作为拉动我国经济增长的重要方式，在我国经济发展的过程中发挥了巨大作用。但是主要依靠投资拉动经济增长的粗放式增长模式造成资源大量浪费，投资效率较低（韩国高等，2011），而且高速投资所带来的产能过剩问题也逐渐成为制约我国经济长期健康发展的顽疾，产能利用率和投资效率双低的状况堪忧。而现有的关于产能过剩的研究大多集中在产能过剩的成因、测度、影响及去产能的路径，关于去产能经济效果的研究较少，并且多集中在定性研究的层面，缺乏实证研究。陈乐天（2013）认为去产能将抑制投资需求，去库存将抑制产出扩张，这种双重压力将拉低经济增速。华中炜和何珮（2013）指出从供给端清理重化工领域的过剩产能所带来的资本损失过于巨大，而且当前的社会状况也难以承受由生产线强制停运所引发的下岗失业问题。去产能所引发的紧缩不可避免，价格下行将使得实业实际债务负担加重，资产价值缩水，一些竞争力较弱的企业经济状况不断恶化。张茉楠（2013）指出去产能有利于投资效率和资源配置效率的提高，有利于 PPI 的长期看好。但短期看不良资产的处置和清理却让那些负债率较高的行业面临更大的价格风险。去杠杆和去产能的双重压力将导致 PPI 的低迷，实体部门需求萎缩的状况短期内恐难有根本性改观。考虑到从供给端去产能将会抑制固定资产投资增速，工业投资效率也会发生变动，基于目前投资效率和产能利用率双低的事实，本节主要从我国工业投资效率变动的角度来考察去产能的经济效果，重点考察当前国家大规模削减产能所引起的产能利用率波动对工业投资效率的影响，并结合我国实际经济运行状况来解释这种影响的作用机制，试图为国家积极去产能来化解产能过剩、提高资源配置效率提供参考性依据。

14.3.1　数据说明与模型设定

（1）变量选取与说明

本章选取 2004 年 1 季度至 2014 年 4 季度全国季度工业投资效率（ICOR）、产能利用率（KSZS）、投资结构（STRUC）、国有企业比重（GYQY）、工业固定资产投资额（INV）五个变量共同构建 VAR 模型进行分析，具体指标设置如下：

1）工业投资效率的测算。本章参考曹建海和江飞涛（2010）的研究，利用"边际资本-产出比率"（incremental capital-output ration，ICOR）来衡量工业投资效率。根据定义，资本的边际生产率是资本存量变动的边际产量（dy/dk）。因为资本存量的变动 dk 通常等于投资流量（I），所以在测算工业投资效率时，资本的边际生产率可以用工业增加值 y 的增量与投资的比率（dy/I）来表示。而"边际资本-产出比率"（ICOR）是资本的边际生产率的倒数，即：

$$ICOR = I/dy \qquad (14.1)$$

ICOR 值越大则说明单位投资带来的工业增加值越小，即工业投资效率越低；反之，ICOR 值越小则说明工业投资效率越高。本章利用工业固定资产投资完成额代替投资流量（I），计算 ICOR 的工业增加值和工业固定资产投资完成额数据均来源于中经网统计数据库。

在图 14-1 中实线代表边际资本-产出比率 ICOR，虚线代表由边际资本-产出比率 ICOR 值计算出的五年移动平均值。移动平均法是分析趋势变动分析的一种方法，本章利用 ICOR 的五年移动平均值来分析我国工业投资效率的变动。从图 14-1 可以看到，2008 年之前 ICOR 的五年移动平均值一般在 3 以下，处于较低水平，代表工业投资效率较高。我国加入 WTO 以后，经济开放水平得到迅速提高，市场容量从国内市场拓展到国际市场，我国丰富的劳动力为我国对外贸易发展打下了坚实的基础，伴随着对外开放水平的提高，我国的工业投资也迅速增加。在出口和投资的双重刺激下我国经济得到了迅速的发展，投资带来的大量产出被迅速消化，因此该阶段我国的工业投资效率处于较高水平。2008 年、

2009 年 ICOR 五年移动平均值显著提高代表工业投资效率的急剧下降，一方面是由于投资惯性的存在，经济危机前存在的投资的高速增长并没有随着经济危机的到来戛然而止；另一方面是经济危机造成的国际国内经济下滑使得资本过剩的问题得以凸显，因此这一阶段工业投资效率快速下降。2009 年经济危机之后工业投资效率有所回升，但是并没有回到金融危机以前的水平。2010 年以后 ICOR 五年移动平均值显著提高，工业投资效率开始大幅下降。该阶段的工业投资低效有多方面的原因，首先是我国经济长期依靠投资和出口拉动，经济危机后我国出口贸易不如从前，国际经济疲软使得出口下滑；其次是长期的高投资在带动经济发展的同时也存在结构不合理、重复建设及产能过剩等弊端；最后是我国内需疲软、经济增速放缓、国民消费能力低下，产出得不到及时的消化。多重原因共同导致等量投资并不能带来经济危机之前的产出，即工业投资效率下降。

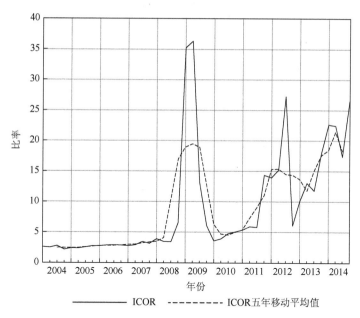

图 14-1　ICOR 和 ICOR 五年移动平均值的变动趋势

2）产能利用率（KSZS）。产能利用率是表示生产能力利用程度的指标，是判断产能利用水平高低和是否存在产能过剩的最直接的指标，也是本章的主要考察对象。但是我国当前并没有官方发布的产能利用率的数据，因此本章采用 5000 户工业企业设备能力利用水平景气扩散指数：设备能力利用水平[①]这一指标来近似衡量

---

① 设备能力利用水平：表明企业家对本企业设备能力利用水平判断的扩散指数。一般是指全部接受调查的企业家中，认为本企业设备能力利用水平为"超负荷"的占比减去认为"不足"的占比。

工业的产能利用状况。如果该指标数值较大说明工业产能利用水平较高,反之则说明产能利用水平较低。数据来源于 Wind 数据库。

3)投资结构(STRUC)。投资结构是否合理直接影响投资效率,投资结构的失衡会直接导致产业技术进步滞缓和投资效率低下(李凯,2012)。并且投资结构的变动直接反映产业结构的调整方向。借鉴前人的研究方法本章采用第二产业投资占固定资产投资量的比重代表投资结构(李凯,2012)。该比值增大代表投资结构朝着提高第二产业比重的方向调整,反之朝着降低第二产业比重的方向调整。计算投资结构所需要的第二产业固定资产投资完成额和全社会固定投资完成额等均来源于中经网统计数据库。

4)国有企业比重(GYQY)。相比于民营企业,国有及国有控股企业享有大量的政策、融资、信息等方面的优势,但是由于体制、存在委托代理、监督低效等问题的存在,国有及国有控股企业效率相对较低。杨华军和胡奕明(2007)指出相对于非国有企业,国有企业存在着更加明显的过度投资现象,从而造成投资效率低下,因此本章把国有企业比重作为影响工业投资效率的一个因素。本章借鉴胡乐明和王杰(2012)的研究方法,利用工业企业中国有及国有控股企业占规模以上工业企业个数的比重来衡量国有企业比重。数据来源于中经网统计数据库。

5)工业固定资产投资额(INV)。根据资本的边际产出递减理论,当其他要素投入量不变时等额地增加固定资产投资,产量的增加额开始上升,但超过某一点后,增加固定资产投资额带来的边际产量会下降。在工业投资中表现为等量工业固定资产投资所带来的产出下降,即工业投资效率下降。本章用工业固定资产投资完成额来衡量投资量。数据来源于中经网统计数据库,这里工业固定资产投资完成额剔除了价格变动的影响,利用以 2003 年为基期的固定资产投资价格指数对名义量进行平减并进行季节调整后得到。

(2)模型设定

VAR 模型是一种经典的非结构化模型,它把系统中每一个内生变量作为系统中所有的内生变量的滞后值的函数来构造模型,从而将单变量自回归模型推广到由多元时间序列变量组成的向量自回归模型。含有 n 个变量,滞后 p 期的 VAR 模型如下:

$$Y_t = \alpha + \sum_{i=1}^{p} \beta_i Y_{t-i} + \varepsilon_t \qquad (14.2)$$

式中,Y_t 是($n \times 1$)向量组成的同方差平稳的随机过程;β_i 是($n \times n$)的系数矩阵;Y_{t-i} 是 Y_t 向量的 i 阶滞后变量;ε_t 是误差项。同时 ε_t 与内生变量 Y_t 及各滞后期不相关。

本章中 Y_t = （ ICOR$_t$， KSZS$_t$， INV$_t$， STRUC$_t$， GYQY$_t$），β_i 是 5×5 系数矩阵，t 是时间。

14.3.2 实证分析

（1）变量检验

1）变量平稳性检验。VAR 模型建立的基础是变量序列平稳，即模型的每一个变量都应该是平稳的或者是存在协整关系的同阶单整序列，否则将会出现"伪回归"问题，各项统计检验将失去意义。在进行协整检验前首先要对变量进行平稳性检验，以确定序列的单整阶数。因此，必须对上述数据进行单位根检验以验证数据的平稳性。本章运用 ADF 方法对工业投资效率 ICOR、投资结构 STRUC、设备利用水平 KSZS、国有企业比重 GYQY、工业固定资产投资额 INV 五个序列进行单位根检验，当 ADF 检验的 p 值小于显著性水平时，拒绝序列为非平稳的原假设，即所检验的时间序列是平稳的。平稳性检验结果见表 14-1。

表 14-1 平稳性检验结果

变量	检验类型（c, t, d）	ADF 统计量	临界值（5%的显著性水平）	结论
ICOR	(c, 0, 0)	−2.5407	−2.9314	非平稳
KSZS	(c, 0, 0)	−1.9266	−1.9487	非平稳
INV	(c, 0, 1)	−0.2717	−2.9332	非平稳
STRUC	(c, 0, 4)	−0.1024	−1.9496	非平稳
GYQY	(c, 0, 4)	−2.0468	−2.9390	非平稳
ΔICOR	(0, 0, 0)	−6.4906	−1.9489	平稳
ΔKSZS	(0, 0, 0)	−6.4480	−1.9489	平稳
ΔINV	(0, 0, 0)	−11.1558	−1.9489	平稳
ΔSTRUC	(0, 0, 3)	−2.9157	−1.9496	平稳
ΔGYQY	(0, 0, 3)	−3.7354	−1.9496	平稳

注：Δ代表一阶差分，（c, t, d）代表检验方程中是否含有截距及时间趋势和滞后阶数；滞后阶数由 SIC 确定

通过检验得出以下结论：五个变量序列在 5%的显著性水平下都是非平稳的，而其一阶差分变量序列在 5%的显著性水平下都是平稳的，因此五个序列均为 I（1）序列。

2）变量的协整检验与模型滞后阶数的选择。变量的协整关系反映了变量的长期稳定的均衡关系，常用的协整检验方法包括 Engler-Granger 两步法和 Johansen 检验法。其中，Engler-Granger 两步法仅适合于两个时间序列协整关系的检验。而 Johansen 检验法可以对多变量进行检验，由于本章建立的是五维向量自回归模型，

此处选用该方法对 ICOR、KSZS、INV、STRUC、GYQY 这五个变量之间的协整关系进行检验，表 14-2 给出了具体的检验结果，表明变量间存在长期协整关系。

表 14-2　Johansen 协整检验结果

	假定的协整数量	特征值	检验统计值	显著性水平为5%的临界值	p 值
迹检验	最多零个*	0.700 346	100.291 2	69.818 89	0.000 0
	最多一个*	0.469 279	50.880 97	47.856 13	0.025 3
	最多两个	0.302 612	24.906 73	29.797 07	0.164 8
最大特征根检验	最多零个*	0.700 346	49.410 18	33.876 87	0.000 4
	最多一个	0.469 279	25.974 24	27.584 34	0.079 2

*表示协整关系个数

　　滞后阶数的确定是 VAR 模型构建过程中一个重要的问题。VAR 模型滞后阶数 p 太小会导致残差存在自相关，并导致参数估计的非一致性；但是 p 值越大需要的估计参数越多从而会降低模型的自由度，而适当的 p 值不仅能消除残差中的自相关，还能减少自由度的损失。本章根据 AIC 和 SC 取值最小的准则，在最大滞后阶数选择为 3、4、5 时根据 SC 确认的 VAR 滞后阶数阶数为 1；根据 AIC 确认的 VAR 滞后阶数则分别为 3、4、5。由于 SC 倾向于选择简洁模型，确立的滞后阶数通常较小；AIC 倾向于选择参数较多的模型，确立的滞后阶数通常较大，且本章的时间序列样本容量有限，在使用该准则时应当谨慎，因此此处折中取滞后阶数 2 作为方程的滞后阶数。并且在本节 "(3) 模型稳定性检验" 中表明该 VAR（2）方程不仅存在协整关系，而且在结构稳定性检验中所有特征多项式的根都在单位圆内，说明该模型结构稳定。

　　(2) 模型估计结果

　　VAR（2）模型的参数估计结果见表 14-3。

表 14-3　VAR（2）模型的参数估计结果

变量	ICOR 方程	KSZS 方程	INV 方程	STRUC 方程	GYQY 方程
ICOR (−1)	0.2642 (1.2079)	0.0104 (0.2561)	−107.0592 (−0.5190)	−0.0006 (−0.0157)	−0.0103 (−0.6307)
ICOR (−2)	−0.3187 (−1.6984)	0.0466 (1.1486)	−48.0786 (−0.2333)	0.0128 (0.3232)	−0.0023 (−0.1442)
KSZS (−1)	−3.4014 (−3.7804)	0.8818 (4.5368)	−209.2906 (−0.2938)	−0.2576 (−1.3556)	−0.0072 (−0.0922)
KSZS (−2)	1.03928 (1.0560)	0.0536 (0.2523)	15.0441 (0.0139)	0.5281 (2.5404)	−0.0484 (−0.5653)

续表

变量	ICOR 方程	KSZS 方程	INV 方程	STRUC 方程	GYQY 方程
INV（−1）	0.0001 （0.7851）	-4.55×10^{-5} （−1.4609）	0.4030 （2.5459）	-5.37×10^{-6} （−0.1764）	4.49×10^{-7} （0.0358）
INV（−2）	3.37×10^{-5} （0.2289）	1.98×10^{-5} （0.6213）	0.5152 （3.1846）	-4.51×10^{-6} （−0.1449）	5.65×10^{-6} （0.4404）
STRUC（−1）	−0.0832 （−0.1007）	0.0447 （0.2503）	−251.6180 （−0.2773）	0.4712 （2.7005）	0.1041 （1.4484）
STRUC（−2）	0.5481 （0.6270）	−0.3510 （−1.8590）	−489.3075 （−0.5098）	−0.3823 （−2.0708）	0.0075 （0.0979）
GYQY（−1）	0.5383 （0.2257）	−0.3331 （−0.6465）	641.3520 （0.2448）	−0.5234 （−1.0389）	0.8430 （4.0588）
GYQY（−2）	−0.6575 （−0.2895）	0.2550 （0.5196）	−1315.145 （−0.5272）	0.2815 （0.5867）	0.0916 （0.4629）
C	87.5054 （1.9592）	16.3351 （1.6929）	53211.96 （1.0848）	29.1252 （3.0872）	−2.2469 （−0.5778）

注：小括号里的数值代表 t 值

　　VAR 模型是一种非理论性模型，其变量系数的意义难以解释，很多参数的符号和显著性并不能通过检验，因此这里并不对系数的意义进行分析。

（3）模型稳定性检验

　　通过计算模型的 AR 特征多项式如图 14-2 所示，所有的特征多项式的根的倒数都位于单位圆之内，这说明所建立的模型是稳定的，即一个变量变动引起的其他变量的变动随着时间的推移会逐渐消失。

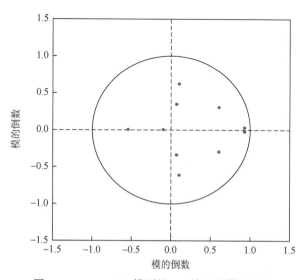

图 14-2　VAR（2）模型的 AR 特征根模的倒数

（4）脉冲响应分析

脉冲响应函数是衡量随机扰动项一个标准差的冲击对其他变量当前和未来取值的影响轨迹，可以直观地刻画出变量之间的动态交互效应。为了检验产能利用率及其他变量的变动对工业投资效率的影响，本章使用 Eviews7.2 得到工业投资效率对各个变量冲击的响应轨迹。图 14-3～图 14-6 分别是 ICOR 对一单位的 KSZS、STRUC、GYQY、INV 的脉冲响应图，横坐标代表追溯期数，设为 16 期；纵坐标代表因变量对自变量的响应大小。实线为计算值，虚线为响应函数计算值加减两倍标准差的置信带。

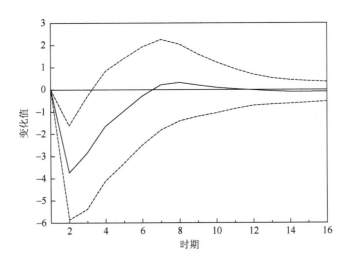

图 14-3　工业投资效率对设备利用水平冲击的脉冲响应

图 14-3 给出工业投资效率 ICOR 对产能利用率 KSZS 一个标准差冲击的响应状况。脉冲响应函数曲线在滞后 6 期均呈现负响应，在第 12 期后逐渐趋于零水平线。由 ICOR 定义可知，其值越大代表投资效率越低，脉冲响应函数为负，即去产能所带来的产能利用率提高能够提高整个工业行业的投资效率。其传导机制可从去产能对产能过剩行业本身和其他非过剩行业的影响这两个路径进行解释。

一是对产能过剩行业，当产能严重过剩时企业投资形成的资产不能得到充分利用时将会产生大量的设备闲置，因此，单位投资带来的投资产出必然较低，造成投资效率低下。而去产能使得产品大量库存、市场低迷的状况得以改善，产品的利润率上升，产品市场恢复景气，产品积压状况减少、企业开工增加。同样的投资带来的产出也会增加，投资效率大幅提高。二是对非产能过剩的工业行业或者非工业行业而言，产能过剩行业的去产能对这些行业的企业存在很多正的外部性。首先，去产能长期会提高本企业的投资效率，带来行业经济效益上升和就业的增加，使得国民收入水平提高，从而刺激消费和投资，带动其他行业的需求；其次，去产能长期能够降低银行的不良贷款率、减少银行的呆坏账，促进金融行业健康发展，为其他行业的投资提供了充足的资金；最后，产能过剩行业去产能带来的行业景气的好转会带动上下游行业的发展。这些正的外部性会使得整个工业行业的投资环境好转，促进非产能过剩行业的健康发展，从而提高其行业的固定资产投资效率。

去产能不仅能够带来产能过剩行业投资效率的提高，也能带来非产能过剩行业投资效率的提高，因此从总体来看去产能可以提高工业投资效率。

图 14-4 给出工业投资效率 ICOR 对国有企业比重 GYQY 一个标准差冲击的响应状况。脉冲响应函数曲线在滞后 1～5 期均呈现正向响应，在第 5 期后逐渐回归到零水平线的位置。即国有及国有控股企业占规模以上工业企业比重的提高会抑制工业投资效率。国有企业承担了如解决就业、配合国家发展战略等政策性任务，可能会带来生产效率与创新效率的损失。

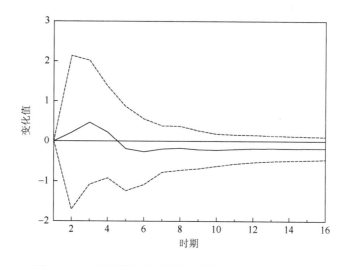

图 14-4　工业投资效率对国有企业比重冲击的脉冲响应

图 14-5 给出工业投资效率 ICOR 对工业固定资产投资额 INV 一个标准差冲击的响应状况。脉冲响应函数曲线始终呈正响应，在第 3 期左右达到最大，随后逐渐减小。即工业固定资产投资过多将会抑制工业投资效率。根据资本边际产出递减理论，工业固定资产投资持续增加带来的产出增加经历一个先增加后减少的过程，产能过剩行业的持续投资会使得行业的生产曲线进入边际产出下降的部分，进而表现为工业投资效率下降。

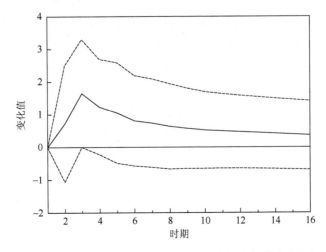

图 14-5　工业投资效率对固定资产投资结构冲击的脉冲响应

图 14-6 给出工业投资效率 ICOR 对固定资产投资结构 STRUC 一个标准差冲击的响应状况。脉冲响应函数曲线经历了一个短暂的时滞后从第 2 期开始呈现正响应，这种响应在第 5 期达到最大值后到第 9 期后逐渐消失。即固定资产投资结构朝第二产业的调整经过一个短期的时滞最终会降低工业投资效率。

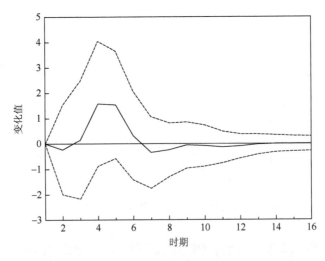

图 14-6　工业投资效率对固定资产投资结构冲击的脉冲响应

工业投资效率对投资结构冲击的脉冲响应函数曲线先是接近水平后呈现正响应意味着投资结构朝着增加第二产业比重方向的调整对工业投资效率的抑制过程会经历一段时滞期，之所以会经历这种变化是因为投资结构的调整对工业投资效率的影响是一个过程。首先，投资从资金到形成生产能力到投入生产要经历一段时间，因此投资结构的变化对工业投资效率的影响不是立竿见影的，而是要经历一个短暂的时滞；其次，大量的第二产业固定资产会加重现存的第二产业投资比重偏大的现状，挤出第三产业和第一产业投资，长期会导致整个国民经济的结构更加扭曲，使得资源配置效率进一步降低，在加重产能过剩的同时降低整个经济系统的投资效率，最终降低工业投资效率。因此长期中为了提高工业投资效率，投资结构应该朝着降低第二产业比重的方向调整，适当降低工业投资占比，这也符合当前我国经济结构调整中鼓励和引导第三产业快速发展的政策方向。

（5）方差分解

为了确定 KSZS、STRUC、INV、GYQY 四个变量在工业投资效率变动中的作用大小，此处对建立的 VAR（2）模型进行方差分解，得到的各变量方差分解结果见表 14-4。

表 14-4 方差分解结果

时期	ICOR	KSZS	GYQY	INV	STRUC
1	100	0.000 0	0.000 00	0.000 00	0.000 0
2	73.835 28	25.062 28	0.084 994	0.918 853	0.099 100
3	61.696 95	32.961 93	0.401 085	4.825 491	0.114 553
4	57.167 98	32.737 76	0.423 402	6.274 342	3.396 517
5	54.130 42	32.004 96	0.443 637	7.287 401	6.133 581
6	53.569 42	31.716 33	0.524 607	8.003 445	6.186 187
20	51.130 60	30.480 56	1.069 278	11.173 22	6.146 354

从表 14-4 可以看到，产能利用率 KSZS 变动对工业投资效率 ICOR 的变动的贡献在第四期达到最大，也就是说设备利用水平对工业投资效率大约存在一年的滞后效应，产能利用水平对工业投资效率变动的影响是长期的。总体来看，对工业投资效率变动贡献率最大的就是产能利用率，其次是工业固定资产投资额和投资结构，国有企业比重对工业投资效率的贡献相对较小。

14.4 本 章 小 结

本章主要对当前化解产能过剩的主要对策即去产能政策的短期经济风险和长期经济效果进行阐述，并且以去产能政策能够带来产能利用率提高为前提，运用我国 2004 年 1 季度至 2014 年 4 季度的样本数据，通过建立 VAR 模型考察了工业投资效率与产能利用率、投资结构、国有企业比重及工业固定资产投资额之间的动态关系，着重探讨产能利用率变动对工业投资效率的影响，是去产能政策长期经济效果的创新性检验。实证结果表明，去产能所带来的产能利用率冲击对我国工业投资效率具有正向作用，一方面去产能能够促使产能过剩行业本身经营状况改善，另一方面去产能对非过剩工业行业具有正外部性，两种渠道共同作用提高工业投资效率。

当前我国经济正处于经济增长速度换档期、结构调整阵痛期、前期刺激政策消化期的"三期"叠加阶段，潜在经济增长率已经下降，很多产业的需求高峰已经过去，国际经济环境依旧错综复杂，经济处于危机后的深度转型调整阶段，从供给端去产能已经成为化解产能过剩的必然手段。

1）去产能的根本途径在于继续深化经济体制改革力度，正确处理政府和市场的关系，加快推动政府职能转变，改变地方政府官员的政绩考核制度，应降低GDP、工业增加值、固定资产投资、财政收入等指标的权重，提高生态环境、资源节约、能源效率、淘汰落后产能等指标的权重。减少地方政府对经济的不当干预，推进简政放权、深化政府投资体制改革，在现阶段经济结构调整与转型升级过程中，政府应扮演好裁判者的"角色"，放松管制，变事前审批为事中监管和事后监管，增强市场活力，防止政府过多干预微观主体经济活动造成过度投资和产能过剩现象。

2）应更加强调对行政手段、经济手段及法律手段等的综合运用，发挥市场在资源配置中的决定性作用，通过优胜劣汰机制，让技术先进、有竞争力的新企业进得来，同时让技术落后、缺乏竞争力的企业无利可图，顺利退出市场。而政府强制性规定的行政手段在很大程度上弥补了市场自发调节的不足之处，防止部分企业在市场出现转机之时死灰复燃，再度投产。提高能源消耗、污染物排放标准，运用差别电价和惩罚性电价、水价等差别价格政策，加大执法处罚力度，倒逼落后产能淘汰。

3）加大处置"僵尸企业"力度。去产能是供给侧结构性改革的主线，而淘汰"僵尸企业"则是去产能的主要抓手。在我国，"僵尸企业"比例高是去产能工作中较为棘手的问题，大量"僵尸企业"的问题不解决，不仅去产能工作难以顺利展开，产业结构也难以顺利实现转型升级。在"僵尸企业"的处理过程中，应尽量避免企业直接破产倒闭，鼓励优质企业对"僵尸企业"进行兼并重组，尽量减少失业风险和金融信贷风险等冲击。地方政府应在去产能中准确判断不符合环保、安全等标准及没有生存价值的"僵尸企业"并果断进行关闭。针对部分受"僵尸企业"关停倒闭影响较大且财政紧张地区，有必要由中央和地方共同出资设立专项奖补资金来解决这一过程中所面临的各种债务、职工安置等关键问题，促使"僵尸企业"顺利退出。

4）去产能应配合加快国有企业改革。产能过剩的行业中国有企业占比较高，如果不对国有企业的生产能力进行调整，去产能工作将很难取得实质性进展。国有企业去产能的关键还在于国有企业改革，应鼓励民间资本进入部分行业与国有企业形成竞争格局，激发经济活力；推进混合所有制改革，在部分低效困难企业引入民间资本并允许其控股，积极鼓励高效民营企业对低效国有企业的兼并重组，改善国有企业产品生产技术和生产质量，促进产业转型来提升国有企业运营效率；强化市场在资源配置中的决定性作用，促进国有企业与民营企业之间的公平竞争。考虑到国有企业在当地经济中的重要作用，关停倒闭或破产重组可能会对当地财政和经济造成剧烈冲击，中央政府可对部分产能过剩的重灾区加大财税支持，增加不良资产处置和失业人员安置等专项补贴等，帮助度过国有企业改革和转型的艰难期。

5）去产能要建立有序的退出机制。在淘汰落后产能等去产能过程中，会有大批企业关闭破产，甚至在未来很多年去产能的行业将陷入持续亏损境地，对产能过剩的企业和工人都非常不利，因此，从国家层面需要建立一种行之有效的产能退出机制。为避免大批产能退出引发社会动荡，应建立产能退出补偿机制，用于退出企业失业人员的职工赔偿、职业培训、创业指导、创业培训，扶持下岗失业人员以创业带动就业。同时，应加强社会保障制度建设，加大财政投入和转移支付的力度，积极拓宽社保基金的筹资渠道，扩大社会保障体系的覆盖范围，确保职工失业以后的生活，从而有助于消除企业退出的后顾之忧，削弱地方政府阻碍企业退出市场的动力。

6）应做好去产能过程中的风险防范工作，产能过剩行业对银行依赖程度较高，去产能将会大幅增加银行不良资产，可能引发金融风险。资产证券化可以实现对银行不良资产的批量处置，由市场化运作资产管理公司收购并集中运作，是隔离去产能所引发的金融风险、降低去产能所带来的债务处理成本的有效手段；另外，在当前我国可转债市场发展较为成熟的情况下，鼓励银行对部分主营业务有前景的企业债务实行债转股等方法来处理去产能中的债务问题也不失为一种防范金融风险的方案。

从长期来看，去产能能够遏制产能过剩矛盾进一步加剧，引导要素向投资效率更高的行业流动，提高资源配置效率和投资效率，使得原来的过剩行业经营状况好转，有能力进行创新投资和技术创新，总体上促进经济发展的质量和效益。因此，去产能政策不能因为一时的经济短期指标的回落而大幅放松，坚定去产能的步伐尤为必要。

第15章　化解产能过剩的其他对策

在外部需求持续萎缩、国内经济增长速度持续回落的双重影响下，当前我国工业产能过剩问题仍然十分突出，新增产能难以抑制，现有产能难以退出，高产能、高库存、高成本、低需求、低价格、低效益的问题非常严重，化解产能过剩的进程缓慢而艰难。治理积重难返的产能过剩问题，急需市场和政府"两只手"共同发力，真正建立起产能过剩治理长效机制。

15.1　加快要素定价机制市场化改革

1) 在资本要素市场化改革方面，国有企业和大型企业的"预算软约束"及民营企业和中小企业的"融资约束"共存，导致我国资本要素价格扭曲，并且对资本市场和金融市场的严格管制也同样扭曲了资本要素价格。因此，应加快推进利率、汇率的市场化改革，形成能够反映资金供求关系的市场价格信号，一方面要通过完善金融体制、促进商业银行之间的竞争等手段积极推进利率市场化，提高银行系统对小微企业和创新性企业的支持力度；另一方面通过完善直接融资相关法律法规、建立和完善包含中小板和创业板多层次的直接融资体系、鼓励风险投资、扩大债券市场等方式提高间接融资的公平性，促进资本市场发展以提高直接融资便利性，为企业提供更多直接融资方式。

2) 在劳动力要素方面，应积极提高劳动力市场的灵活性，改革户籍制度促进劳动力在全国范围内自由合理流动，使得劳动力价格能够真实反映劳动力市场供求关系，并且应不断提升劳动者知识技能，加快企业生产活动向高端环节延伸，强化劳动力价格在以资本深化为特征的要素禀赋结构对工业研发水平激励中的作用。同时，逐步完善收入分配体制，提高劳动者报酬特别是低收入人群收入，加强对劳动者教育支持和技术培训力度，在促进生产技术进步和转型升级的同时，提高劳动力的消费能力，从需求侧配合化解过剩产能。

3) 在土地要素方面，加快推进土地制度改革，改变土地产权不明晰现象，加快建立和完善土地使用权的市场公开交易制度，积极建设土地产权的市场化条件，加强对土地使用情况的监督审查情况，避免地方政府对土地要素低价转让甚至免费转让行为引发低成本投资现象。

4) 在资源能源方面，应积极推进各类资源型产品的价、税、财联动机制改革，加快推进水、电、煤、气等资源型要素的市场化改革，确保资源型要素产品价格能够真实反映资源市场供求关系和资源稀缺程度，提高企业投资和运行成本，避免企业过度投资和产能过剩形成。与此同时，要强化环保约束，加大对环境管控力度，形成有利于环境保护的产权制度，建立完善的环境补偿制度，推进生产企业环保成本内部化，防止地方政府以牺牲环境来吸引投资，对地方官员实行资源环境损害责任终身追究制度，并且严格的环境政策能够倒逼企业进行技术升级，加大对节能减排技术的研发投入，加快淘汰落后产能。

5）注重推进要素市场改革的区域差异性。考虑到要素价格扭曲对东部和中西部地区产能过剩的异质性影响，政府部门应根据各区域的实际经济情况，有所侧重地推进要素市场化改革进程。鉴于东部地区市场化改革进程较快，要素市场的发育和市场运行的法制环境较为成熟，因此应重点加大对中西部地区市场化进程的改革力度，加快推进西部地区市场制度建设和体制创新，提升技术水平和经济基础，打破地方保护主义，促进生产要素自由流动和高效配置，激发地区协作活力来寻求资源优化，改变以往行政愿望凌驾于本地经济规律之上的现状，制定因地制宜的区域性政策。

15.2　调整产业政策扶持方向促进产能过剩化解

产业扶持政策存在缺陷是推动产能过剩形成的重要原因。中国战略性新兴产业政策给予新兴产业企业的产能投资和生产环节诸多支持的做法，正是推动太阳能光伏产业、风电设备制造业产能过剩的重要原因。而传统产业"扶持大企业限制小企业"的产业政策，导致大中型企业为获得政策重点支持、小企业为避免被政策限制或淘汰而进行过度产能投资，进而推动过剩产能的形成。

战略性新兴产业发展至今，行业内部尚没有建立起完善的行业标准体系。建议通过对产品技术、环保、规格等标准的严格设定，提高产业的进入门槛，提升产品质量和行业竞争力。加强政策引导，鼓励企业之间的兼并重组，加速产业整合，提高整个行业的集中度。制定国家层面上的战略性新兴产业的中长期发展规划及相应的配套政策，实现对战略性新兴产业的持续性投入，充分考虑到各地方现有的自然和社会环境，形成各地区具有不同的特色产业集群，避免出现某个项目各地方政府一哄而上的现象，不仅没有形成集群效应，还容易出现产能过剩。改变现有的招商引资政策，从普惠制政策转向差异化政策，需要依据各产业发展时期的不同，针对性地给予政策支持。加强战略性新兴产业中企业的科技创新能力，避免产品出现较为严重的同质化现象。战略性新兴产业在初期必然具备投入成本高、风险不确定度较大、项目回报周期长等特点。我国战略性新兴产业大多处于初级阶段，产业的稳步发展阶段离不开政府产业政策的扶持，但应将扶持政策的重点放在技术创新环节。政府的产业政策今后要重点培育创新能力较强的企业，使企业具备较强的自主创新能力，打造出具有高附加值、差异化的不同类型产品。深化改革，使市场在资源配置中起决定性作用，深化价格形成和市场退出机制等方面的改革，提高投资实际生产成本。全面贯彻科学的发展观和正确的政绩观，建立以公共服务为主、经济建设为辅的科学政绩考核制度及财力与事权相匹配的财政体制，消除地方政府的逐利行为，减少各级政府对投资活动的行政干预。对钢铁、水泥及有色等传统行业，应积极废止盲目的产业扶持政策，尊重市场规律，发挥企业的主体作用，妥善处理好政府和市场之间的关系，纠正不合适的要素价格定价机制。当前传统产能过剩行业正在经历去产能和转型升级，政府的扶持政策应更多用在去产能过程中企业下岗职工安置和再就业方面，加强对落后产能的退出援助；加大对企业转型过程中技术改造和技术创新等环节的资金支持，积极促进共性技术机构和科技基础设施建设。改变政府从激励投资向优化投资环境方向调整，鼓励少数有条件地区通过建设先进制造业来实现地区间竞争，积极培育和积累有利于产业发展的技术能力和长期竞争优势，加大人才队伍建设，使得地方政府激励结构与先进制造业的技术经济特点和转变经济发展方式的要求相匹配。

15.3 改善以间接税为主的税制结构

首先，应在提高直接税比重的同时降低间接税比重。当前我国以间接税为主体的税制结构虽然有助于政府筹资和保障财政收入，但却不利于产能利用水平提升，因此，应降低间接税比重以遏制地方政府围绕招商引资展开的激烈税收竞争，从制度上消除过度投资和产能过剩形成的根源。同时应提高直接税比重，如加大对高收入人群征收所得税和开征遗产赠予税与房地产税等，更好地发挥直接税对国民经济的调节作用，而不是将税收作为满足地方政府政治和经济利益的工具。直接税的征管要求比间接税高，需加强对居民和法人所得与财产信息的全面掌握并且尽全力降低经济过程中难以监控的现金交易比重。

其次，税制结构改革应考虑地区差异性，综合地方政府财政收入能力、基本公共服务需要和各地区人口数量等各方面因素来制定具体的财税制度。在财政分权背景下，各地区财政收支缺口各异，税制改革的方向应当转向如何使地方政府增收，以使其财权与事权相匹配，中央的税收返还和转移支付应发挥平抑各地区税收差异的重要作用。税收返还额不应以增值税等间接税增长率的形式进行返还，而应当依据地方的经济发展水平和资源禀赋差异等建立科学的转移支付和税收返还的分配计算公式，增加对产能严重过剩地区的财政转移和补贴，促进其产业结构优化，加快其服务业等其他行业发展力度，拓宽其财政收入来源渠道，降低对间接税的依赖程度。

15.4　优化出口结构促进产能过剩化解

　　长期以来我国对外贸易依存度较高，使得我国经济受世界经济增长和外部需求因素影响较大，而且我国长期处于国际产业分工体系的中低端，比较优势主要集中在劳动密集型产品和高新技术产品的劳动密集型环节。随着国内人口红利、外贸红利的逐渐消失及后危机时代欧美等发达国家贸易保护主义抬头和制造业回归，我国这种规模偏大和附加值偏低的出口加工贸易模式将难以为继。

　　需要加快培育开放型经济新优势，优化中国对外出口结构，降低外部需求冲击对中国经济的影响力度。在当下"一带一路"倡议下，及时调整出口市场格局，通过与更多发展中国家的互利合作，实现市场多元化发展，使中国出口结构更加合理，有助于我国分散外贸风险，减少贸易摩擦，扩大出口产品的市场规模，提高我国在国际竞争中的地位。同时，积极促进加工贸易转型升级，出台创新的相关产业、财政信贷、资本市场政策鼓励企业技术创新和应用创新，增强自主品牌和高附加值产品出口，大力推动高端装备和高新技术产品出口，实现国内企业从零配件到整体、由中低端产业链到中高端、由发展中国家市场向发达国家市场的转变，在提升出口产品科技含量的同时开拓更多市场，增强企业国际化经营能力，提升出口产品质量和水平。

15.5　积极扩大内需化解产能过剩

　　1）大力开拓国内消费市场，应更多依靠国内消费来消化大量的过剩产能，提高居民收入并且改善居民收入分配结构，不断完善我国社会保障制度，制定积极鼓励消费的政策，创造良好的消费环境，降低国内消费者购买成本，挖掘国内市场潜力，创造有效需求。通过扩大国内市场的购买力，企业产品可以在更大程度上由国内市场化解，从而有效地降低外部需求，进而减少对工业企业生产与经营的负向冲击力度。

　　2）优化投资结构。投资是拉动我国经济增长的重要因素，然而对工业投资的过度依赖使得我国固定资产投资增速长期远高于 GDP 增速，低水平重复建设现象严重，造成了大量能源、资源的浪费及投资和消费增长失衡，现有投资结构失衡导致环境污染日益加剧、部分工业产业产能过剩严重、产业技术进步滞缓及投资效率低下。目前我国正处于改革的关键阶段，投资不仅是经济发展的重要动力，也是经济转型的重要载体，应尽量合理地控制投资量，特别是对产能过剩的行业，对新建和改扩建项目进行严格审批，使得工业投资控制在合理范围，并且保证在其他方面合理的情况下优化我国投资结构，降低第二产业比重，特别是减少对一些低端制造业的投资,加大对第一产业、第三产业的投资力度;另外,投资体制作为投资的制度框架,决定了市场资源的配置水平和经济效益。为了提高我国工业投资效率并促进经济长期健康发展,应适当降低国有企业投资所占比重,积极促进民间投资。这也契合现阶段我国深化改革,推进国有企业改革,建立竞争有序的社会主义市场经济体制,激发市场和企业活力的要求,能够提高经济整体的投资效率。

15.6　减弱各种不确定性对微观主体投资需求的不利影响

1)政策不确定性。考虑到政策不确定性将会对企业投资形成抑制作用,政府部门应尽量保持宏观经济政策的稳定性和持续性,使得企业能够对经济政策形成连贯的预期,合理安排自身的投资规划。在我国,实体经济以制造业为主体,制造业中大部分行业的固定资产投资具有不可逆性,政策不确定性对投资的负向效应会因为不可逆性的存在而进一步加剧。因此,应密切关注政策不确定性对我国制造业企业投资的影响。特别是在经济衰退时期,国内外经济形势错综复杂,企业对未来的投资方向难以形成合理预期,这就要求政府部门能够准确掌握经济形势,不断微调经济政策来顺应经济活动,在政策上更好地沟通,增强宏观经济政策的透明度,尽量避免不利情况发生以后再进行政策的宣布和协调。应积极引导和管理微观经济主体形成理性预期,缓解市场担忧情绪,鼓励企业进行投资和消费,进而防止在经济低迷时期较大的政策不确定性对投资的负向效应持续发挥作用,对经济形势造成进一步下行压力;长期以来我国制造业很多企业大而不强,其快速发展更多地受益于宏观经济的高速增长,多数企业自身内在成长能力并未得到同步提升,缺少核心竞争能力,应对市场经济中经济大幅波动和外部负向冲击的能力较弱,政策不确定性对企业投资和经济效益会造成较大影响。因此,企业应加强自身能力建设,建立适应市场经济原则的内部管理机制,提高市场竞争能力和抵御外部冲击能力,争取把不确定性对投资和实体经济的不利影响降到最小。

2)能源价格不确定性。随着我国能源价格市场化步伐的不断加快及与国际市场接轨,能源价格不确定性会加剧微观企业投资所面临的风险,引发企业缩减投资,进而会影响整个宏观经济的持续稳定发展。通过研究,得到如下政策启示:首先,我国应该不断完善能源价格波动避险体系,积极建设和发展能源衍生产品市场,为国内企业提供相关的能源衍生品避险工具,能源价格的稳定将会带来企业投资更大的稳定性。积极鼓励国内资本参与和争夺国际上核心能源资源的开发权,进入海外产权市场,增强我国在国际能源价格体系中的作用和影响力,争取能源领域更多的定价话语权,避免被动地接受国际能源价格,规避能源价格波动的风险。其次,我国应制定积极的能源政策,加快推进能源结构调整,加大与能源相关工业的技术研发和创新力度,积极学习发达国家利用风电、太阳能、生物质能等新能源的技术和经验，引导企业逐步降低对石油、煤炭等传统能源的过度依赖，特别是降低各种能源的对外依存度，切断能源价格波动不确定性对企业经济活动的传导渠道。最后，在积极推进能源价格市场化改革过程中可能会增加能源产品波动性的风险，进而增加经济活动的不确定性。政府部门应建立能源价格波动的补偿机制，通过政府补贴、税收减免等手段降低社会福利的总损失，实行中国资源能源战略储备或者紧急库存制度，建立应对国际能源市场供求失衡、价格波动的缓冲机制。

3）需求不确定性和投资者信心。在经济衰退期，外部需求不确定性的增加对企业而言意味着风险加大，制造业企业对未来市场需求的发展走势判断不明，更多地持等待和观望的态度，库存投资相对于经济上升期出现大规模收缩，在很大程度上对宏观经济增速产生下行压力。因此，政府部门应准确把握宏观经济未来走势，利用政府部门在数据、信息、宏观调控政策等方面的优势地位，有计划、分步骤地定期向社会公开详细的库存相关数据，增强宏观经济政策的透明度，积极引导微观经济主体市场预期，缓解经济下滑时期市场悲观情绪，减少需求不确定性对制造业企业所造成的负面影响，鼓励企业积极进行投资。鉴于投资者信心在经济下滑时期对库存投资的作用更大，要想实现后金融危机时期国内宏观经济的修复，就需要不断增强微观层面的经济信心，提升微观经济主体消费与投资的意愿，扩大社会需求，进而增加内生经济增长动力。对国有企业而言，政府应减少对其在资源配置方面的倾斜，尽量公平公正地将资源分配于国有企业和非国有企业，继续深化国有企业改革、完善现代企业制度，促进国有企业积极参与市场竞争，在应对需求不确定性时能够准确判断市场发展态势和企业盈利前景，合理地进行库存投资，提高企业投资效率并促进实体经济攀升。同时，政府应出台相关政策措施促进非国有企业发展并将政策落实到位，营造与国有企业公平的市场环境，提振非国有企业信心，激活非国有企业的库存投资。

15.7　本 章 小 结

本章主要是针对第 3～第 10 章产能过剩宏微观形成机理的内容，有针对性地提出有效合理地化解我国现行产能过剩问题的相应对策，从加快要素定价机制市场化改革、调整产业扶持政策方向、改善以间接税为主的税制结构、优化出口结构和积极扩大内需及减弱各种不确定性对微观主体投资需求的不利影响等方面详细阐述未来产能过剩化解对策的改进方向。

参 考 文 献

阿维纳什·迪克西特，苏珊·斯克丝. 2009. 策略博弈（第2版）. 蒲勇健，等译. 北京：中国人民大学出版社.

巴曙松. 2013-08-16. 去产能需倚重改革和市场力量. 经济参考报，（1）.

曹建海，江飞涛. 2010. 中国工业投资中的重复建设与产能过剩问题研究. 北京：经济管理出版社.

陈乐天. 2013-06-29. 去产能周期拉低GDP增速. 中国财经报，（6）.

陈启斐，楚明钦. 2013. 扩大内需、工资上涨与对外出口. 经济理论与经济管理，（11）：18-29.

陈永伟，胡伟民. 2011. 价格扭曲、要素错配和效率损失：理论和应用. 经济学（季刊），（4）：1401-1422.

陈之荣，张平. 2015-02-02. 煤炭业自救关键是去产能. 经济参考报，（2）.

陈之荣，赵定涛. 2010. 存货投资与经济周期的关系研究. 经济理论与经济管理，（3）：32-37.

程俊杰. 2015a. 转型时期中国产能过剩测度及成因的地区差异. 经济学家，（3）：74-83.

程俊杰. 2015b. 中国转型时期产业政策与产能过剩——基于制造业面板数据的实证研究. 财经研究，41（8）：131-144.

邓慧慧. 2012. 挤压还是促进？——内需对制造业出口的影响研究. 财经研究，（3）：115-123.

董敏杰，梁泳梅，张其仔. 2015. 中国工业产能利用率：行业比较、地区差异及影响因素. 经济研究，（1）：84-98.

傅京燕，李丽莎. 2010. 环境规制、要素禀赋与产业国际竞争力的实证研究. 管理世界，（10）：87-98.

耿强，江飞涛，傅坦. 2011. 政策性补贴、产能过剩与中国的经济波动——引入产能利用率RBC模型的实证检验. 中国工业经济，（5）：27-36.

耿强，章雱. 2010. 中国宏观经济波动中的外部冲击效应研究——基于金融加速器理论的动态一般均衡数值模拟分析. 经济评论，（5）：112-120.

古明清，操志霞. 2003. 我国存货与经济波动的计量分析. 经济问题探索，（2）：42-44.

管清友，李奇霖. 2014-11-19. 中国去产能的困境与出路. http://www.nbd.com.cn/articles/2014-11-19/876841.html [2015-10-20].

郭庆. 2007. 中小企业环境规制的困境与对策. 东岳论丛，28（2）：101-104.

国经文. 2006. 为产能过剩"把脉". 中国市场，（33）：46-47.

韩国高，高铁梅，王立国，等. 2011. 中国制造业产能过剩的测度、波动及成因研究. 经济研究，（12）：18-31.

韩国高. 2017. 环境规制能提升产能利用率吗?——基于中国制造业行业面板数据的经验研究. 财经研究，（6）：66-79.

韩文龙，黄城，谢璐. 2016. 诱导性投资、被迫式竞争与产能过剩. 社会科学研究，（4）：25-33.

韩秀云. 2012. 对我国新能源产能过剩问题的分析及政策建议——以风能和太阳能行业为例. 管理世界，（8）：171-175.

侯乃堃，齐中英. 2011. 石油价格波动不确定性测度及其对经济波动的影响研究. 财贸经济，（2）：125-131.

胡乐明，王杰. 2012. 国有企业比重演变特征及趋势分析. 中国流通经济，（1）：63-68.

花贵如，刘志远，许骞. 2011. 投资者情绪、管理者乐观主义与企业投资行为. 金融研究，（9）：178-191.

华中炜，何珮. 2013-07-23. 重化工业去产能化进程漫长. 中国冶金报，（4）.

黄福广，赵浩. 2009. 政策及经济环境不确定性对企业投资行为的影响. 第二届中国企业投融资运作与管理国际研讨会，南开大学商学院工作论文.

纪敏，王月. 2009. 对存货顺周期调整和宏观经济波动的分析. 经济学动态，（4）：11-16.

贾倩，孔祥，孙铮. 2013. 政策不确定性与企业投资行为——基于省级地方官员变更的实证检验. 财经研究，（2）：81-91.

江飞涛，曹建海. 2009. 市场失灵还是体制扭曲——重复建设形成机理研究中的争论、缺陷与新进展. 中国工业经济，（1）：53-64.

江飞涛，耿强，吕大国，等. 2012. 地区竞争、体制扭曲与产能过剩的形成机理. 中国工业经济，（6）：44-56.

江小涓. 2007. 我国出口商品结构的决定因素和变化趋势. 经济研究，（5）：4-16.

金碚. 2009. 资源环境管制与工业竞争力关系的理论研究. 中国工业经济，（3）：5-17.

金雪军，钟意，王义忠. 2014. 政策不确定性的宏观经济后果. 经济理论与经济管理，（2）：17-26.

鞠蕾，高越青，王立国. 2016. 供给侧视角下的产能过剩治理：要素市场扭曲与产能过剩. 宏观经济研究，（5）：3-15.

科尔奈. 1986. 短缺经济学. 北京：经济科学出版社.

科尔奈. 2007. 社会主义体制：共产主义的政治经济学. 张安译. 北京：中央编译出版社.

雷光勇，王文，金鑫. 2011. 盈余质量、投资者信心与投资增长. 中国软科学，（9）：144-155.

黎文靖，郑曼妮. 2016. 空气污染的治理机制及其作用效果——来自地级市的经验数据. 中国工业经济，（4）：93-109.

李程. 2015. 要素市场扭曲、资本深化与产业结构调整——基于时变弹性生产函数的实证分析. 统计与信息论坛，（2）：60-66.

李涵，黎志刚. 2009. 交通基础设施投资对企业库存的影响——基于我国制造业企业面板数据的实证研究. 管理世界，（8）：73-80.

李华，张鹏. 2010. 全球金融危机对我国出口贸易的影响——基于我国主要贸易伙伴的需求弹性分析. 中国物价，（8）：3-6.

李江涛. 2006. 产能过剩：问题、理论及治理机制. 北京：中国财经出版社.

李凯. 2012. 经济转型期影响产业投资结构的因素研究. 东北财经大学博士学位论文.

李玲，陶锋. 2012. 中国制造业最优环境规制强度的选择——基于绿色全要素生产率的视角. 中国工业经济，（5）：70-82.

李平，季永宝，桑金琰. 2014. 要素价格扭曲对我国技术进步的影响特征研究. 产业经济研究，（5）：63-71.

李琪. 2013. 当前我国战略性新兴产业低端产能过剩问题研究. 内蒙古社会科学（汉文版），（6）：
　　104-107.

李运达，刘鑫宏. 2009. 外部需求冲击与中国投资波动——基于"冲击—传导"关联的实证分析.
　　财贸研究，（4）：85-90.

梁金修. 2006. 我国产能过剩的原因及对策. 经济纵横，（7）：29-33.

林伯强，牟敦国. 2008. 能源价格对宏观经济的影响——基于可计算一般均衡（CGE）的分析. 经
　　济研究，（11）：88-101.

林发勤，唐宜红. 2010. 比较优势、本地市场效应与中国制成品出口. 国际贸易问题，（1）：18-24.

林毅夫，巫和懋，邢亦青. 2010. "潮涌现象"与产能过剩的形成机制. 经济研究，（10）：4-19.

林毅夫. 2004-12-28. 政策性孤单是国企改革最大羁绊. 南方日报，（B06）.

林毅夫. 2007. 潮涌现象与发展中国家宏观经济理论的重新构建. 经济研究，（1）：126-131.

林永生. 2008. 能源价格对经济主体的影响及其传导机制. 北京师范大学学报（社会科学版），
　　（1）：127-133.

刘航，孙早. 2014. 城镇化动因扭曲与制造业产能过剩. 中国工业经济，（11）：5-17.

刘红忠，张昉. 2004. 投资者情绪与上市公司投资——行为金融角度的实证分析. 复旦学报（社
　　会科学版），（5）：63-68.

刘瑞明，石磊. 2010. 国有企业的双重效率损失与经济增长. 经济研究，（1）：127-137.

刘尚希. 2012. 分税制的是与非. 经济研究参考，（7）：20-28.

刘世锦. 2015-05-05. "去产能"光靠市场的力量是不够的. 人民政协报，（5）.

刘伟，薛景. 2015. 环境规制与技术创新：来自中国省际工业行业的经验证据. 宏观经济研究，
　　（10）：72-80.

刘西顺. 2006. 产能过剩、企业共生与信贷配给. 金融研究，（3）：166-173.

刘怡，袁佳. 2015. 增值税分享对产能过剩的影响. 北京大学学报（哲学社会科学版），52（2）：
　　115-123.

刘志强. 2013. 内部供给、外部需求和中国出口的动态变化——基于 SVAR 模型的实证研究. 财
　　贸经济，（5）：76-84.

卢锋. 2009. 治理产能过剩问题(1999-2009). 二 OO 九年秋季 CCER 中国经济观察，（19）：21-38.

陆庆春，朱晓筱. 2013. 宏观经济不确定性与公司投资行为——基于时期随机效应的实证研究.
　　河海大学学报，（1）：56-63.

罗德明，李晔，史晋川. 2012. 要素市场扭曲、资源错制与生产率. 经济研究，（3）：4-13.

吕冰洋，聂辉华. 2014. 弹性分成：分税制的契约与影响. 经济理论与经济管理，（7）：43-50.

马宇，王竹芹. 2014. 外部需求、需求管理与经济增长——基于中国数据的实证研究. 统计与信
　　息论坛，（1）：40-45.

米黎钟，曹建海. 2006. 我国工业生产能力过剩的现状、原因及政策建议. 经济管理，（7）：76-79.

戚向东. 2007. 2006 年我国钢铁行业运行情况及 2007 年供需形势分析. 中国钢铁业，（3）：5-11.

祁飞，李慧中. 2012. 扩大内需与中国制造业出口结构优化——基于"母市场效应"理论的研究.
　　国际贸易问题，（10）：3-16.

乔为国，周娟. 2012. 政策诱导性产能过剩成因与对策研究. 未来与发展，（9）：73-77.

邱斌，尹威. 2010. 中国制造业出口是否存在本土市场效应. 世界经济，（7）：44-63.

任泽平. 2012. 能源价格波动对中国物价水平的潜在与实际影响. 经济研究，（8）：59-69.

桑瑜. 2015. 产能过剩：政策层面的反思与实证. 财政研究, (8)：14-20.

沈利生. 1999. 我国潜在经济增长率变动趋势估计. 数量经济技术经济研究, (12)：3-6.

沈能. 2012. 环境效率、行业异质性与最优规制强度——中国工业行业面板数据的非线性检验. 中国工业经济, (3)：56-68.

盛文军. 2007. 转轨时期我国产能过剩的成因解析及政策选择. 金融研究, (2)：183-190.

施文泼, 贾康. 2010. 增值税"扩围"改革与中央和地方财政体制调整. 财贸经济, (11)：46-51.

石庆芳. 2014. 要素价格扭曲、收入分配与消费需求. 南开大学博士学位论文.

史玉杰. 2010. 要素价格扭曲对产业结构升级的影响. 现代商业, (23)：186-188.

苏宁华. 2000. 投资结构优化的税制结构选择研究. 税务与经济, (1)：11-14.

苏汝劼. 2012. 建立淘汰落后产能长效机制的思路与对策. 宏观经济研究, (5)：80-82.

孙秋鹏. 2011. 我国投资调控政策执行力问题研究. 河北师范大学学报（哲学社会科学版）, (5)：53-58.

孙巍, 何彬, 武治国. 2008. 现阶段工业产能过剩"窖藏效应"的数理分析及其实证检验. 吉林大学社会科学学报, (1)：68-75.

孙巍, 李何, 王文成. 2009. 产能利用与固定资产投资关系的面板数据协整研究——基于制造业28个行业样本. 经济管理, (3)：38-43.

孙学敏, 王杰. 2014. 环境规制对中国企业规模分布的影响. 中国工业经济, (12)：44-56.

唐宜红, 林发勤. 2012. 外部需求冲击与中国的出口波动——基于随机动态局部均衡模型的分析. 世界经济研究, (1)：39-43.

陶忠元. 2011. 开放经济条件下中国产能过剩的生成机理：多维视角的理论诠释. 经济经纬, (4)：20-24.

汪伟, 刘玉飞, 彭冬冬. 2015. 人口老龄化的产业结构升级效应研究. 中国工业经济, (11)：47-61.

王凤飞. 2013. 我国战略性新兴产业何以"过剩". 经济参考研究, (28)：60-69.

王茵, 段进. 2015. 战略性新兴产业发展中政府补贴政策的选择. 管理现代化, (3)：22-24.

王雷. 2014. 比较优势极限论与国际产业转移. 经济研究导刊, (30)：46-47.

王立国, 鞠蕾. 2012. 地方政府干预、企业过度投资与产能过剩：26个行业样本. 改革, (12)：52-62.

王立国, 张日旭. 2010. 财政分权背景下的产能过剩问题研究——基于钢铁行业的实证分析. 财经问题研究, (12)：30-35.

王立国, 周雨. 2014. 体制性产能过剩：内部成本外部化视角下的解析. 财经问题研究, (3)：27-35.

王宁, 史晋川. 2015. 要素价格扭曲对中国投资消费结构的影响分析. 财贸经济, (4)：121-133.

王文甫, 明娟, 岳超云. 2014. 企业规模、地方政府干预与产能过剩. 管理世界, (10)：17-36.

王希. 2012. 要素价格扭曲与经济失衡之间的互动关系研究. 财贸研究, (5)：8-15.

王相林. 2006. 纳入产权分析的产业生命周期演进：对产能过剩的一种解释. 工业技术经济, (7)：99-102.

王晓端, 纪芬叶, 王飞. 2015. 河北省淘汰落后产能职工安置问题与对策研究. 统计与管理, (2)：77-78.

王晓辉. 2007. 我国产业投资结构优化研究. 哈尔滨工程大学硕士学位论文.

王义中, 宋敏. 2014. 宏观经济不确定性、资金需求与公司投资. 经济研究, (2)：4-17.

王勇，郑海东. 2014. 价格管制环境下的国际油价不确定性对企业投资的影响——来自中国资本市场的经验证据. 系统工程，（2）：21-31.

王自锋，白玥明. 2015. 人民币实际汇率对工业产能利用率的影响. 中国工业经济，（4）：70-82.

魏后凯. 2001. 从重复建设走向有序竞争：中国工业重复建设与跨地区资产重组研究. 北京：人民出版社.

温忠麟，张雷，侯杰泰，等. 2004. 中介效应检验程序及其应用. 心理学报，36（5）：614-620.

吴延兵. 2012. 国有企业双重效率损失研究. 经济研究，（3）：15-27.

吴治鹏. 2014. 要素价格扭曲对工业产能过剩的影响研究. 大连理工大学硕士学位论文.

夏茂森，彭七四，江玲玲，等. 2013. 要素价格扭曲与工业产能过剩的关系. 技术经济，（12）：33-39.

谢攀，林志远. 2016. 地方保护、要素价格扭曲与资源误置. 财贸经济，（2）：71-84.

许家云，毛其淋. 2016. 人民币汇率水平与出口企业加成率——以中国制造业企业为例. 财经研究，42（1）：103-112.

许志伟，薛鹤翔，车大为. 2012. 中国存货投资的周期性研究——基于采购经理人指数的动态视角. 经济研究，（8）：81-92.

杨华军，胡奕明. 2007. 制度环境与自由现金流的过度投资. 管理世界，（9）：99-106.

杨振. 2013. 激励扭曲视角下的产能过剩形成机制及其治理研究. 经济学家，（10）：48-54.

杨振兵，张诚. 2015. 产能过剩与环境治理双赢的动力机制研究. 当代经济科学，（6）：42-52.

杨志勇. 2015. 分税制改革中的中央和地方事权划分研究. 经济社会体制比较，（2）：21-31.

叶蓓，袁建国. 2008. 管理者信心、企业投资与企业价值：基于我国上市公司的经验证据. 中国软科学，（2）：97-108.

易纲，吴任昊. 2000. 论存货与经济波动（上）——理论回顾与对中国情况的初步分析. 财贸经济，（5）：5-9.

俞静，王作春，甘仞初. 2005. 存货投资、通货膨胀和宏观经济波动. 中国管理科学，（10）：267-271.

原鹏飞，吴吉林. 2011. 能源价格上涨情景下能源消费与经济波动的综合特征. 统计研究，（9）：57-65.

原毅军，谢荣辉. 2014. 环境规制的产业结构调整效应研究. 中国工业经济，（8）：57-69.

张华明，赵国浩，靳然. 2013. 中国能源价格与相关产业价格影响机制实证分析——基于投入产出价格模型. 北京理工大学学报（社会科学版），15（3）：32-38.

张杰，周晓艳，李勇. 2011. 要素市场扭曲抑制了中国企业 R&D？经济研究，（8）：78-91.

张杰. 2015. 基于产业政策视角的中国产能过剩形成与化解研究. 经济问题探索，（2）：10-14.

张军，吴桂英，张吉鹏. 2004. 中国省际物质资本存量估算：1952-2000. 经济研究，（10）：35-44.

张琳. 2008. 从间接税制到直接税制的制度变迁研究. 湖南大学硕士学位论文.

张茉楠. 2013-08-02. 实体经济"去杠杆"应着重"去产能". 中国证券报，（A04）.

张三峰，卜茂亮. 2011. 环境规制、环保投入与中国企业生产率——基于中国企业问卷数据的实证研究. 南开经济研究，（2）：129-146.

张涛，安荔，陈浩. 2010. 从 5000 户企业存货指数看我国经济周期波动. 金融研究，（7）：35-44.

张欣，成金华. 2011. 中国能源价格变动与居民消费水平的动态效应——基于 VAR 模型和 SVAR 模型的检验. 资源科学，33（5）：806-813.

张宇, 巴海龙. 2015. 要素价格变化如何影响研发强度——基于地区研发强度分解数据的实证研究. 南方经济, (1): 54-70.

张中华, 杜丹. 2014. 政府补贴提高了战略性新兴产业的企业投资效率吗? ——基于我国 A 股上市公司的经验证据. 投资研究, (11): 16-25.

章艳红. 2009. 外部需求冲击对中国出口的影响. 经济理论与经济管理, (1): 69-74.

赵定涛. 2010. 库存投资与经济周期的关系研究. 经济理论与经济管理, (3): 32-37.

赵静. 2014. 地方政府税收竞争对产能过剩的影响. 技术经济, 33 (2): 96-103.

赵云旗. 2015. 我国税制结构主体改革取向研究. 经济研究参考, (37): 11-37.

植草益. 2000. 日本的产业组织: 理论与实证前沿. 北京: 经济管理出版社.

中国人民银行长沙中心支行课题组. 2010. 存货波动与经济波动内在关系的实证研究. 武汉金融, (12): 20-23.

周劲, 付保宗. 2011. 我国工业领域产能过剩表现特征及政策建议. 中国经贸导刊, (13): 36-38.

周劲. 2007. 产能过剩的概念、判断指标及其在部分行业测算中的应用. 宏观经济研究, (9): 33-39.

周黎安. 2004. 晋升博弈中政府官员的激励与合作——兼论我国地方保护主义和重复建设问题长期存在的原因. 经济研究, (6): 33-40.

周学仁. 2012-04-25. 外需型产能过剩行业发展对策. 光明日报, (012).

周业樑, 盛文军. 2007. 转轨时期我国产能过剩的成因解析及政策选择. 金融研究, (2): 183-190.

朱利. 2012. 光伏产业产能过剩问题研究. 中国社会科学院研究生院硕士学位论文.

朱志钢, 高梦莹. 2013. 论直接税与间接税的合理搭配. 税务研究, (6): 46-49.

庄雯, 彭艳艳. 2005. 我国存货与经济波动研究. 价值工程, (4): 7-9.

Abel A B. 1983. Optimal investment under uncertainty. The American Economic Review, 73 (1): 228-233.

Abel A B, Eberly J C. 1999. The effects of irreversibility and uncertainty on capital accumulation. Journal of Monetary Economics, 44 (3): 339-377.

Aghion P, Howitt P. 2007. Capital, innovation, and growth accounting. Oxford Review of Economic Policy, 23 (1): 79-93.

Aizenman J, Marion N P. 1993. Policy uncertainty, persistence, and growth. Review of International Economics, 1 (2): 145-163.

Arif S, Lee C M C. 2014. Aggregate investment and investor sentiment. The Review of Financial Studies, 27 (11): 3241-3279.

Ball R J, Eaton J R, Steuer M D. 1966. The relationship between United Kingdom export performance in manufactures and the internal pressure of demand. The Economic Journal, 76 (303): 501-518.

Banerjee A V. 1992. A simple model of herd behavior. The Quarterly Journal of Economics, 107 (3): 797-817.

Barham B, Ware R. 1993. A sequential entry model with strategic use of excess capacity. Canadian Journal of Economics, 26 (2): 286-298.

Baron R M, Kenny D A. 1986. The moderator-mediator variable distinction in social psychological research: conceptual strategic, and statistical considerations. Journal of Personality and Social Psychology, 51 (6): 1173-1182.

Belke A，Oeking A，Setzer R. 2014. Exports and capacity constraints-a smooth transition regression model for six euro area countries. ECB Working Paper，No. 1740.

Bernanke B S. 1983. Irreversibility，uncertainty and cyclical investment. The Quarterly Journal of Economics，98（1）: 85-106.

Berndt E R，Morrison C J. 1981. Capacity utilization measures: underlying economic theory and an alternative approach. The American Economic Review，71（2）: 48-52.

Bils M，Kahn J A. 2000. What inventory behavior tells us about business cycles. The American Economic Review，90（3）: 458-481.

Blinder A S. 1986. Can the production smoothing model of inventory behavior be saved? The Quarterly Journal of Enonomics，101（3）: 431-453.

Blonigen B A，Wilson W W. 2010. Foreign subsidization and excess capacity. Journal of International Economics，80（2）: 200-211.

Bloom N，Bond S，Reenen J. 2007. Uncertainty and investment dynamics. The Review of Economic Studies，74（2）: 391-415.

Blundell R，Bond S. 1998. Initial conditions and moment restrictions in dynamic panel data models. Journal of Econometrics，87（1）: 115-143.

Bo H，Lensin R. 2005. Is the investment-uncertainty relationship nonlinear? an empirical analysis for the Netherlands. Economica，72（286）: 307-331.

Bo H. 2001. Volatility of sales，expectation errors and inventory investment: firm level evidence. Production Economics，72（3）: 273-283.

Burnside C，Eichenbaum M. 1996. Factor-hoarding and the propagation of business-cycle shocks. The American Economic Review，86（5）: 1154-1174.

Caballero R J. 1991. On the sign of the investment-uncertainty relationship. The American Economic Review，81（1）: 279-288.

Caglayan M，Maioli S，Mateut S. 2012. Inventories，sales uncertainty and financial strength. Journal of Banking and Finance，36（9）: 2512-2521.

Carpenter R E，Fazzari S M，Petersen B C，et al. 1994. Inventory investment，internal-finance fluctuations and the business cycle. Brookings Papers on Economic Activity，（2）: 75-138.

Cerda R. 2002. Taxation and investment: lessons from the microeconomic structure. Documento De Trabajo from Instituto de Economia，No.220.

Charnes A，Cooper W W，Rhodes E. 1978. Measuring the efficiency of decision making units. European Journal of Operational Research，2（6）: 429-444.

Chen J，Chen S. 2012. Investment-cash flow sensitivity can not be a good measure of financial constraints: evidence from China. Journal of Financial Economics，103（2）: 393-410.

Cheung Y W，Pascual A I G. 2001. Market structure，technology spillovers and persistence in productivity differentials. CESifo Working Paper Series，No. 517.

Christiano L J，Eichenbaum M，Evans C L. 2005. Nominal rigidities and the dynamic effects of a shock to monetary policy. Journal of Political Economy，113（1）: 1-45.

Cooper R A，Hartley K，Harvey C R M. 1970. Export Performance and the Pressure of Demand: A Study of Firms. London: George Allen & Unwin.

Crouzet N, Oh H. 2012. Can news shocks account for the business-cycle dynamics of inventories? Department of Economics Discussion Papers, Columbia University.

Cuthbertson K, Gasparro D. 1993. The determinants of manufacturing inventories in the UK. The Economic Journal, 103 (421): 1479-1492.

Davis D R. 1998. The home market, trade, and industrial structure. The American Economic Review, 88 (5): 1264-1276.

Dejong D N, Ingram B F, Whiteman C H. 1995. Keynes vs. prescott and solow: identifying sources of business cycle fluctuation. University of Iowa.

Dimelis S P. 2001. Inventory investment over the business cycle in the EU and the US. International Journal of Production Economics, 71 (1-3): 1-8.

Dixit A. 1980. The role of investment in entry-deterrence. The Economic Journal, 90 (357): 95-106.

Dixit A. 1989. Entry and exit decisions under uncertainty. Journal of Political Economy, 97 (3): 620-638.

Edelstein P, Kilian L. 2007. The response of business fixed investment to changes in energy prices: A test of some hypotheses about the transmission of energy price shocks. The B. E. Journal of Macroeconomics, 7 (1): 1935-1690.

Esteves P S, Rua A. 2015. Is there a role for domestic demand pressure on export performance? Empirical Economics, 49 (4): 1173-1189.

Fair R C. 1969. Elements cause excess capacity caches. American Economic Review, 23 (2): 120-132.

Fare R, Grosskopf S, Kokkelenberg E C. 1989. Measuring plant capacity, utilization and technical change: a nonparametric approach. International Economic Review, 30 (3): 655-666.

Feenstra R C, Markusen J A, Rose A K. 1998. Understanding the home market effect and the gravity equation: the role of differentiating goods. NBER Working Paper, No. 6804.

Ferderer J P. 1996. Oil price volatility and the macroeconomy. Journal of Macroeconomics, 18(1): 1-26.

Fisman R, Svensson J. 2007. Are corruption and taxation really harmful to growth? firm level evidence. Journal of Development Economics, 83 (1): 63-75.

Fitzgerald T. 1997. Inventories and the business cycle: an overview. Economic Review, 71(1): 11-22.

French M W, Sichel D E. 1993. Cyclical patterns in the variance of economic activity. Journal of Business and Economic Statistics, 11 (1): 113-119.

Galeotti M, Maccini L J, Schiantarelli F. 2005. Inventories, employment and hours. Journal of Monetary Economics, 52 (3): 575-600.

Garofalo G A, Malhotra D M. 1995. Effect of environmental regulations on state-level manufacturing capital formation. Journal of Regional Science, 35 (2): 201-216.

Goldstein M, Khan M S.1985. Chapter 20 Income and price effects in foreign trade. Handbook of International Economics, 2: 1041-1105.

Gray W B, Shadbegian R J. 1998. Environment regulation, investment timing, and technology choice. The Journal of Industrial Economics, 46 (2): 235-256.

Greenstone M. 2002. The impacts of environmental regulations on industrial activity: evidence from the 1970 and 1977 clean air act amendments and the census of manufactures. NBER Working Paper, No. 8484.

Greenwood J，Hercowitz Z，Huffman G W. 1988. Investment，capacity utilization and the real business cycle. The American Economic Review，78（3）：402-417.

Grundy B D，Li H. 2010. Investor sentiment，executive compensation and corporate investment. Journal of Banking and Finance，34（10）：2439-2449.

Guiso L，Parigi G. 1999. Investment and demand uncertainty. The Quarterly Journal of Economics，114（1）：185-227.

Gulen H，Ion M. 2013. Policy uncertainty and corporate investment. Unpublished Working Paper.

Hamamoto M. 2006. Environmental regulation and the productivity of Japanese manufacturing industries. Resource and Energy Economics，28（4）：299-312.

Hamilton J D. 1989. A new approach to the economic analysis of nonstationary time series and the business cycle. Econometrica，57（2）：357-384.

Handley K，Limão N. 2015. Trade and investment under policy uncertainty：theory and firm evidence. American Economic Journal：Economic Policy，7（4）：189-222.

Hartman R. 1972. The effects of price and cost uncertainty on investment. Journal of Economic Theory，5（2）：258-266.

Hassett K A，Metcalf G E. 1999. Investment with uncertainty tax policy：does random tax policy discourage investment? The Economic Journal，109（457）：372-393.

Haufler A，Stähler F. 2013. Tax competition in a simple model with heterogeneous firms：how larger markets reduce profit taxes. International Economic Review，54（2）：665-692.

Henriques I，Sadorsky P. 2011. The effect of oil price volatility on strategic investment. Energy Economics，33（1）：79-87.

Huang B N，Hwang M J，Peng H P. 2005. The asymmetry of the impact of oil price shocks on economic activities：An application of the multivariate threshold model. Energy Economics，27（3）：455-476.

Jeong B. 2002. Policy uncertainty and long-run investment and output across countries. International Economic Review，43（2）：363-392.

John R B，Gu W L，Yan B L. 2013. Export growth，capacity utilization，and productivity growth：evidence from the Canadian manufacturing plants. Review of Income and Wealth，59（4）：665-668.

Jorgenson D W，Ho M S，Stiroh K J. 2008. A retrospective look at the US productivity growth resurgence. The Journal of Economic Perspectives，22（1）：3-24.

Jorgenson D W，Wilcoxen P J. 1990. Environmental regulation and U.S. economic growth. The RAND Journal of Economics，21（2）：314-340.

Julio B，Yook Y. 2012. Political uncertainty and corporate investment cycles. Journal of Finance，67（1）：45-83.

Kahneman D，Tversky A. 1979. Prospect theory：an analysis of decision under risk. Econometrica，47（2）：263-292.

Kellogg R. 2014. The effect of uncertainty on investment：evidence from Texas oil drilling. The American Economic Review，104（6）：1698-1734.

Khan A，Thomas J K. 2007. Inventories and the business cycle：an equilibrium analysis of（S, s） policies. The American Economic Review, 97（4）: 1165-1188.

Kilian L. 2008. The economic effects of energy price shocks. Journal of Economic Literature, 46（4）: 871-909.

Kirkley J, Paul C J M, Squires D. 2002. Capacity and capacity utilization in common-pool resource industries. Environmental and Resource Economics, 22（1）: 71-97.

Klein C, Koske I. 2013. Capacity needs in the automobile industry in the short to medium run. OECD Economics Department Working Papers, No. 1097.

Klein L R, Long V, Greenspan A, et al. 1973. Capacity utilization: concept, measurement, and recent estimates. Brookings Papers on Economic Activity, 3（1979）: 743-763.

Koop G, Pesaran M H, Potter S M. 1996. Impulse response analysis in nonlinear multivariate models. Journal of Econometrics, 74（1）: 119-147.

Krolzig H M. 1997. Markov Switching Vector Auto-regressions Modeling, Statistical Inference and Application to Business Cycle Analysis. Berlin: Springer.

Krugman P. 1980. Scale economies, product differentiation, and the pattern of trade. The American Economic Review, 70（5）: 950-959.

Kumbhakar S C. 1990. Production frontiers, panel data, and time varying technical inefficiency. Journal of Econometrics, 46（1-2）: 201-211.

Lee K, Kang W, Ratti R A. 2011. Oil price shocks, firm uncertainty and investment. Macroeconomic Dynamics, 15（S3）: 416-436.

Lee K, Ni S, Ratti R A. 1995. Oil shocks and the macroeconomy: the role of price variability. The Energy Journal, 16（4）: 39-56.

Lee T H, Koray F. 1994. Uncertainty in sales and inventory behavior in the U.S. trade sectors. The Canadian Journal of Economics, 27（1）: 129-142.

Leiter A M, Parolini A, Winner H. 2011. Environmental regulation and investment: evidence from European industries. Ecological Economics, 70（4）: 759-770.

Lieberman M B. 1987. Excess capacity as a barrier to entry: an empirical appraisal. The Journal of Industrial Economics Studies, 35（4）: 607-627.

Linder S B. 1961. An Essay on Trade and Transformation. New York: John Wiley and Sons.

List J A, Millimet D L, Fredriksson P G, et al. 2003. Effects of environmental regulations on manufacturing plant births: evidence from a propensity score matching estimator. The Review of Economics and Statistics, 85（4）: 944-952.

Liu W H, Chung C F, Chang K L. 2013. Inventory change, capacity utilization and the semiconductor industry cycle. Economic Modelling, 31: 119-127.

Liu W H, Chyi Y L. 2006. A markov regime-switching model for the semiconductor industry cycles. Economic Modelling, 23（4）: 569-578.

Liu W H. 2005. Determinants of the semiconductor industry cycles. Journal of Policy Modeling, 27（7）: 853-866.

Lovell C A, Rodríguez-Álvarez A, Wall A. 2009. The effects of stochastic demand and expense preference behaviour on public hospital costs and excess capacity. Health Economics, 18（2）: 227-235.

Mathuva D M. 2013. Determinants of corporate inventory holdings: evidence from a developing country. The International Journal of Applied Economics and Finance, 7 (1): 1-22.

McCarthy J, Zakrajsek E. 2007. Inventory dynamics and business cycles: what has changed? Journal of Money, Credit and Banking, 39 (2-3): 591-613.

Metzler L A. 1941. The nature and stability of inventory cycles. Review of Economics and Statistics, 23 (3): 113-129.

Muscatelli V A, Srinivasan T G, Vines D. 1992. Demand and supply factors in the determination of NIE exports: a simultaneous error-correction model for Hong Kong. The Economic Journal, 102 (415): 1467-1477.

Nakamura T. 1999. Risk-aversion and the uncertainty-investment relationship: a note. Journal of Economic Behavior and Organization, 38 (3): 357-363.

Ogawa K, Suzuki K. 2000. Uncertainty and investment: some evidence from the panel data of Japanese manufacturing firms. The Japanese Economic Review, 51 (2): 170-192.

Osterloh S, Janeba E. 2013. Tax and the city— a theory of local tax competition. Journal of Public Economics, 106: 89-100.

Pahlavani M, Dahmardeh N, Pourshahabi F. 2010. The economic uncertainty and private investment nexus in Iran: application of the EGARCH model and the ARDL approach. China-USA Business Review, 9 (2): 50-59.

Park J W, Ratti R A. 2008. Oil price shocks and stock markets in the U.S. and 13 European countries. Energy Economics, 30 (5): 2587-2608.

Pattillo C. 1998. Investment, uncertainty, and irreversibility in Ghana. Staff Papers, 45 (3): 522-553.

Pindyck R. 1991. Irreversibility, uncertainty and investment. Journal of Economic Literature, 29 (3): 1110-1148.

Porter M E, van der Linde C. 1995. Toward a new conception of the environment-competitiveness relationship. The Journal of Economic Perspectives, 9 (4): 97-118.

Rafiq S, Salim R, Bloch H. 2009. Impact of crude oil volatility on economic activities: an empirical investigation in the Thai economy. Resource Policy, 34 (3): 121-132.

Ramey V A. 1989. Inventories as factors of production and economic fluctuations. The American Review, 79 (3): 338-354.

Rao C P, Erramilli M K, Ganesh G K. 1990. Export intensification by firms during a domestic economic recession. Journal of Global Marketing, 3 (4): 59-82.

Ratti R A, Seol Y, Yoon K H. 2011. Relative energy price and investment by European firms. Energy Economics, 33 (5): 721-731.

Restuccia D, Rogerson R. 2008. Policy distortions and aggregate productivity with heterogeneous establishments. Review of Economic Dynamics, 11 (4): 707-720.

Rodrik D. 1991. Policy uncertainty and private investment in developing countries. Journal of Development Economics, 36 (2): 229-242.

Rumbos B, Auernheimer L. 2001. Endogenous capital utilization in a neoclassical growth model. Atlantic Economic Journal, 29 (2): 121-134.

Sarkar S. 2000. On the investment-uncertainty relationship in a real options model. Journal of

Economic Dynamics and Control, 24 (2): 219-225.

Sensier M. 2003. Inventories and asymmetric business cycle fluctuations in the UK: a structural approach. Applied Economics, 35 (4): 387-402.

Sosa S. 2008. External shocks and business cycle fluctuations in Mexico: how important are U.S. factors. IMF working paper, No. 08/100.

Spence A M. 1977. Entry, capacity, investment and oligopolistic pricing. The Bell Journal of Economics, 8 (2): 534-544.

Tharakan P K M, Beveren I V, Ourti T V. 2005. Determinations of India's software exports and goods exports. The Review of Economics and Statistics, 87 (4): 776-780.

Wang P, Wen Y. 2009. Inventory accelerator in general equilibrium, Federal Reserve Bank of St. Louis Working Paper, No. 2009-010A.

Wang Y Z, Chen C R, Huang Y S. 2014. Economic policy uncertainty and corporate investment: evidence from China. Pacific-Basin Finance Journal, 26: 227-243.

Wen Y. 2008. Inventories, liquidity and the macroeconomy, Federal Reserve Bank of St. Louis Working Paper, No. 2008-045A.

Yang C H, Tseng Y H, Chen C P. 2012. Environmental regulations, induced R&D, and productivity: evidence from Taiwan's manufacturing industries. Resource and Energy Economics, 34 (4): 514-532.

Yoon K H, Ratti R A. 2011. Energy price uncertainty, energy intensity and firm investment. Energy Economics, 2011, 33 (1): 67-78.

Zeira J. 1990. Cost uncertainty and the rate of investment. Journal of Economic Dynamics and Control, 14 (1): 53-63.

Zilberfarb B Z. 1980. Domestic demand pressure, relative prices and the exports supply equation-more empirical evidence. Economica, 47 (188): 443-450.